壹嘉個人史系列

魯冀寶藏

我与文化名人们的交往

高 魯 冀

壹嘉出版
美國·舊金山·2020

壹嘉個人史系列/ 1 Plus' Personal Histories Series
魯冀寶藏：我與文化名人的交往
Luji's Treasure: My Friendship with Chinese Cultural Celebrites (Chinese Edition)

copyright ©2020 by Luji Gao/高魯冀

Published in the United States of America by 壹嘉出版 /1 Plus Books

ISBN-13: 978-1-949736-24-3
Library of Congress Control Number: 2020922905

所有权利保留　All Rights Reserved

No part of this publication may be reproduced or transmitted in any form or by any means, electronic or mechanical, including photocopying, recording, or any information storage or retrieval system, without prior permission in writing from the author and the publisher.

丛書名： 壹嘉個人史
書名： 魯冀寶藏：我與文化名人的交往
作者： 高魯冀
出版人： 刘雁
装帧设计： 高岚

定價： US$ 22.99
出版： 壹嘉出版
網址： http://www.1plusbooks.com
電郵： 1plus@1plusbooks.com
美國・舊金山・2020

目 录

序《魯冀寶藏》 1
李頻致高魯冀信函兩封（代序） 3
緣起（自序） 6

第一部分 作家与学者

沈從文先生 9
我的恩師蕭乾先生 28
譯家楊憲益和他愛妻戴乃迭 44
戲劇家、書法家吳祖光 48
何炳棣教授與我 50
中國文學評論家 教授 夏志清先生 57
永遠難忘的田長霖校長 65
老莊專家陳鼓應 73
華羅庚教授贈詩 77
著名華人女作家聶華苓 80
作家、翻譯家、編輯潘際烔 84
一封潘毓剛吳家偉二人的信 86
主辦國際科技大學的陳樹柏先生 89
中國文博界泰斗 王天木先生 95
在美國辦中文雜誌的尹夢龍先生 98
《台灣文化》總編輯 陳芳明 103

第二部分 艺术家、收藏家

黃永玉七八事　106

畫家黃永玉和我及我的兩個女兒　114

黃永玉小孩不同凡響　119

黃苗子和郁風夫妻　125

雕塑家劉開渠先生　127

藝術奇才王魯桓　131

書法篆刻大師王其祥　134

美院雕塑系教授劉小岑先生　136

我與吳冠中大師的一面之緣　138

我與中國繪畫大師劉國松的交往　142

我與南京版畫院院長 李樹勤　149

與齊白石同等待遇的大藝術家關良　154

百歲畫家朱屺瞻 機場贈畫到金山　157

集書畫鑒賞史論於一身的蕭平　160

奇才陳丹青　166

設計人民幣的油畫大師侯一民　170

李煥民和我及在美國的四川版畫展風波　175

吾師吾友曹仲英先生永垂不朽　184

記黃山畫院原院長葉森槐　194

繪製"夢裡家山"的畫家侯北人　197

中華文化的守護者——王方宇　202

收藏家、鑒定家、畫家王己千　208

雕塑家、畫家、書法家錢紹武大師　214

張大千在舊金山灣區　222

"畫中國故事"的王秉復　226

第三部分 其他

教育部副部長高沂先生和我　230

中國科學院黨組書記、副院長嚴東生　235

原德拉瓦州副州長吳仙標　244

我在中華《聖經》公會的工作與容保羅牧師　247

我的佛教大師朋友宣化上人　253

孫中山的孫女孫穗芳　257

香港影展金像獎得主嚴浩先生　261

祖炳民傅虹霖伉儷長眠灣區　264

在美國劇院演忽必烈・汗的名演員孫道臨　266

鄒森先生與我的短暫情緣　270

氣功大師嚴新　272

附：

李東致作者函　274

序《魯冀寶藏》

李東

高魯冀與我是清華大學土木工程系六年的同窗。他從小喜歡美術，畫作曾在《天津青年報》刊登。他還有音樂才能，歌唱得好，還是清華校軍樂隊的長號手。學理工的，卻在美國做記者，教中文，行收藏。60歲後，攻神學，竟然成為牧師。這是他出的第二本書了，第一本書《一個清華學子的荊棘人生》，記錄了他自己的人生經歷。

這本《魯冀寶藏》，寫了幾十位文化人士，篇幅有長有短，雖沒有宏大的敘事，但一鱗半爪卻也能讓讀者感受到時代的氣息，以及所寫人物的個性與風采。其中有沈從文，黃永玉，蕭乾，劉開渠，孫道臨等，也有未聞其名，卻在各自專業領域內做出出色成績的文化人。正因如此，我們才能從本書中看到文化百花園中的眾生相，園中不但有雍容華貴的牡丹，而且有淡雅清香的蘭花，這正是本書的特色。

作者以記者身份采訪認識一些名人並不難，但要長期交往，並願意為之出主意，想辦法，困難時能幫一把，還以作品相贈，就不容易了。談笑有鴻儒，往來無白丁，文人們自有他們的精神追求，想與他們結交的人有的是。但他們自是會選擇的，選擇作者不是偶然的。作者才華橫溢，愛好廣泛，又能觸類旁通，只要略加指點便可成才，名人也樂於成人之美，何樂而不為呢？後來作者成為收藏家就是明證，此為其一。

作者以山東人的豪爽待人以誠，尊重別人，讓別人感到溫暖。名人大師在他們的專業領域高屋建瓴，一言九鼎，但在生活雜事上往往一籌莫展。作者熱心，辦事能力強。大事做得，小事也精心。為大師們拾遺補缺，解決實際困難，成為他們的好幫手。蕭乾家日光燈管壞了，那時物資緊張，北京買不到。作者竟請朋友從上海坐火車小心翼翼帶來一根一米多長的燈管，自己再拿著它擠公交車，走路，送到家裏給蕭乾安上，解除了蕭乾的煩惱。

作者幫助別人樂此不疲，並不求回報。但大家自有風範，不僅記在心中，且努力回報。蕭乾先生待作者如家人，不但關心作者夫妻兩地分居之事，還為其前程出謀劃策，並為作者報考清華碩士研究生寫推薦信，作者才得以系統學習了中國建築史、美術史等課程，為以後在美國的發展打下了深厚的基礎。

諸如此類事情不再一一列舉，讀者自可從書中讀到。此為其二。

作者能錦上添花，也能雪中送炭，患難之交最可珍貴。中國知識分子多災多難，臭老九是也。運動中，人人對他們避之不及，作者反倒主動上門，虛心求教，在他們困難的時候，想方設法幫他們。文革中，中央美術學院老師被下放到河北磁縣勞動。作者以在韶山修建青年毛澤東塑像為由，經國務院和北京軍區政治部批準，費盡周折去幹校請來以美院雕塑系主任錢紹武教授為首的十位教師進行創作。苦悶中的藝術家如魚得水，工作中充分發揮他們的專業技能，順利完成任務，他們也成了莫逆之交。錢先生曾對別人說："魯冀要求我辦的事，我一定辦！"患難之中見真情，此人可交，此為其三。

以上三點，不但讓我們看到作者的為人處世之道，也正是他能夠寫出此書的重要原因。

作者筆下名人各有其成就，但他們並不高高在上，裝腔作勢，故作高深，相反，他們親切自然，有愛心，並樂於助人。他們像鄰家大哥，不以年齡為意，與作者稱兄道弟。真名士用他們的作品成就說話，他們的人格魅力讓人折服。

反觀現今大陸，物欲橫流，熙熙攘攘，皆為名來，皆為利往，喪失了知識分子的尊嚴和做人的底線，兩相對照，涇渭分明，這是本書存在的現實意義。

本人是此書中許多文章的第一讀者，作者誠心誠意多次邀我作序，因此不避淺陋，勉力成篇，是為序。

李頻致高魯冀信函兩封(代序)

之一

魯冀先生：

您好。

昨日有幸到天津您家中拜訪。昨晚和今天上午就沈浸在尊著《一個清華學子的荊棘人生——高魯冀回憶錄》中。您是該寫傳的——因為您"小人物大作為"的業績，那種嵌入歷史進程的業績；您更是應該寫自傳的——因為您豐富而真誠、清澈而又沈思的內心世界，那是非自傳難以言說和表達的。

您說尊稿曾在大陸出版社流轉，28萬字被刪去20萬字，被迫轉移到臺灣出版。為您的果斷決策慶幸。非如此難見全面、坦蕩的魯冀先生矣。

或許"偏見"，我初步認定尊著的心態史、精神史價值更高於個人史、社會史價值。這隱含一個基本前提：您見證和參與見證的社會變遷是獨特的、唯一性的。我想表達的是，在認同這一基本前提後，我更看重您的心路歷程，一個清華學子到美國後的心路歷程。這種心路歷程固然可以推斷為大陸學子到美國後的共通性甚至一定的普遍性，但也更應該充分認可高魯冀個體的特殊性，那種生存經歷生存經驗的特殊性，那種本真、自然地述說生存經歷生存經驗，以及基於獨特的生存經驗而表達的本真心態、豐滿精神——迥然不同於您大陸同齡人的那種心態和精神。就此而言，真該感念1978年以來中國的改革開放。

您的文字很好讀，平易而又雋永。寫黃永玉的作家太多太多了，您寫的黃永玉是您見到的黃永玉，當是更真切的黃永玉，也是寄托至少流露您某種思想的黃永玉，如您寫他被批鬥時"挑西瓜"。後來的黃永玉或為他自己造勢的，他人寫黃永玉未必沒有附庸風雅的，您不必也不需如此，您所見所寫的黃永玉真是性情揮灑，才華橫溢。

不知何故，引我聚精會神細讀的是尊著第16章《愛妻驟逝》。年近六旬，我漸悟生死乃人間最大最難的學問。您告示讀者，您和師母及家人如何面對生離死別。選擇"臨終關懷"後又放棄"臨終關懷"等系列細節敘述沈毅練達，遠非大陸常見的呼天搶地。我個人高度認同尊著的心態史、精神史價值，啟發我的是字裏行間的"神啟""神示"，"一錘定音"的還是這一章。

感謝您昨天談及高沂。您告訴我，他是您的三爺爺，蔣南翔任高教部部長時，高任高教部副部長（百度也有記載）。您高度贊佩他為政廉潔，您1980年出國時，很想買啟功一幅字帶走，當時高沂正擔任北京師範大學黨委代理書記。您想請高沂引薦，但高沂沒有答應。尊著第224頁談及高沂："行前到高沂家辭行，說起要從廣州到香港，從香港飛美國，還要在日本轉飛機。高沂說，他有一位老戰友於康，是廣州民航局政委，可以托托他，照顧一下，就給於康寫了信。結果，於康不僅在廣州照顧我，他還托了香港中國旅行社的人，一路都是綠燈。"不知尊著其他地方還談及高沂否？

衷心感謝您昨天的賜見。特做如上筆談。拜叩身體健康。

李頻

2019年11月3日

之二

魯冀先生：

您好。前次回復已有十天了，因為忙亂，遲至今日才給你寫信。抱歉。

見到您真是很幸運的。我1986年上碩士研究生，在校期間對一條重大新聞有極深印象：報道江南案的記者遭遇車禍受了重傷。我等研究生大多都猜想極可能是臺灣官方暗害。11月2日拜見您，看您身子骨那麼硬朗，談笑那麼爽朗，我至今總仿佛在夢中。在聯繫上您之前，我何曾想到過我會有機會見到您。在收集到《星條旗下》的審稿意見之前，我甚至淡忘了您的姓名，但報道江南案的華人記者了不得，我是有很深印象的，所以一提起江南案，就把高魯冀與江南案記者對上號了。

當然，另外幸運的是知曉了您作為"名記"的經歷和精神風貌——在我年近六旬時知曉了您的心態和精神風貌。如果十年前我拜見到您，甚至2015年12月前拜見到您，我是否有目前的認識水平、思想結構理解您呢？我真有點懷疑。您皈依上帝，自然將此歸結於神賜。我在神殿之外徘徊沈思，目前只想到了一個解釋：驚人心魄的偶然性。

　　關於為您新著"作序"事，我最初的瞬間以為看錯了，或者您筆誤。我何德何能為您的大著寫序。但是我極願意更多地了解您的人生經歷，尤其是探究您目前心態的由來以及代表性甚至某種象征性意義，這倒是真的。因為您終究是1980年代"出國潮"中的先行者，且一定意義上成就卓著；名"魯冀"（很典型的中國符號）卻長期身居美國腹地；思想情感已經相當程度地"西化"卻又是"而立"之後才去美國……

　　前述這方面您帶給我相當的想象空間。目前僅為想象，尚提不出探究問題並就問題給出解釋答案。所以我11月5日前後給您寫信時，冒昧談及您的"回憶錄"心態史、精神史的價值甚至比其濃烈的社會史價值更高。當然，只能是在您這樣親和、寬容的長輩前才可以這樣坦言自己的不成熟思考的。

　　從與您的交談看來聽來，您的新著主要是關於您的藝術收藏、您與多位知名藝術大家的交往的。因為前述，我當然樂意細讀細品您的交遊以加深加厚對您心態、精神世界的理解，但對藝術，我太外行，寫序事，真的難免"佛頭著糞"。請您三思。

　　先寫到這裡。特頌健康。

李頻

2019年11月15日

（李頻為中國傳媒大學教授）

緣起（自序）

　　我今年七十七歲，生命已進入倒計時。我本人微不足道，但何其有幸，認識很多名家，並獲他們青睞，多人贈我字畫，也有的與我互通郵件。

　　1980年前在中國，接觸的名家有：劉開渠（著名雕塑家，中國美術館館長），沈從文（中國十大文學家之一，亦是考古學家），黃永玉（著名畫家，作家，與我有超過一甲子友情），蕭乾（中國十大文學家之一），錢紹武（著名雕塑家，畫家，書法家），侯一民（著名畫家，中央美院副院長），蕭平（著名畫家，中國畫鑒定家），李書勤（南京版畫協會會長），王秉復（著名畫家），劉小岑（雕塑家，畫家），葉森槐（畫家，黃山畫院院長），吳祖光（著名劇作家），袁振（書法家），汪國渝（清華大學建築系教授），嚴東生（中科院黨組書記，第一副院長），朱屺瞻（著名畫家），関良（著名畫家），納子（陳真龍。畫家，書法家），王天木（中國考古研究所長），陳丹青（畫家，學者），張丙辛（畫家），王其祥（書法，篆刻家）等。

　　美國：王己千（中國畫鑒定，收藏家），曹仲英（中國畫鑒定家，收藏家，作家），田長霖（柏克萊加州大學校長），王方宇（耶魯大學教授，中華文化專家），聶華苓（在美中國作家），尹夢龍（聯合國中文翻譯，出版海內外雜誌），何秉棣（原芝加哥大學教授，明史專家），侯北人（在美中國畫家），吳仙標（原美國德拉瓦州副州長），于長城（著名在美中國報人，菲律賓中文報社長兼總編輯），陳樹柏（美國國際科技大學創辦人），吳家瑋（舊金山州立大學校長，香港科技大學校長）等。

　　台灣：陳鼓應（教授，哲學家），陳芳明（《臺灣文化》主編），劉國松（台灣著名畫家），鄒森（台灣著名歌唱家）等。

我寫了一本自傳,已由台灣華品文創出版社出版。約28萬字,100張照片。這本寶藏書,應是我的第二本書。

關於我:

我1941年5月生於天津,父親乃山東人,我也延續了父親之籍貫——山東沂水縣,高家店子村。但我從未去過老家。1959年我入清華大學　土木工程系就讀,1965年畢業。1978年在清華大學就讀研究生,建築學專業,1980年肆業。

我一生做了三件事:在中國做工程師,在美國做記者及大學教師,晚年60歲以後,又念了三年神學,畢業後,被按立,做了牧師。

關於我的寶藏:

除了用文字將我與這些名家的交往記錄下來之外,這個集子還收錄了很多大藝術家、大作家、大學問家送我的書畫作品,有的是信件。這些東西有歷史價值、藝術價值,不一定有經濟價值,但對我來說,都是寶貝。我若不寫出來,無人能知,更是我對歷史的虧欠。

第一部分
作家与学者

沈從文先生

非常時期 初次見面

我最初知道沈從文先生，是從書本上看到過他的名字。老一輩的人，只要愛看點小說的，大概沒有不知道沈從文的。可我們這些解放後成長起來的年輕人，要瞭解沈先生，頗為不易，因為以前，在國內要想找一本沈從文的小說，相當困難。

我大約是從郭沫若的《洪波曲》中，首度見到沈從文的大名。郭沫若稱沈從文是無聊文人，其實他自己才是。沈從文的小說解放後是否再版過，據我所知，起碼1980年以前沒有。我讀到的他的書，多是民國年代的版本。這些書，在圖書館裡，都是和敵偽報刊放在一起的。所以要想看到，比登天都難。

我一讀沈先生的小說，立即被深深地吸引住了。他用極輕鬆的筆觸，彷彿輕描淡寫一般，寫出了各種人和事。看完以後，一合上書，就能清楚地看到他描寫的人物和場景。有一些那個年代享有盛名的作家的書，我不能欣賞。也可以說我無知、淺薄。那也沒辦法，不喜歡就是不喜歡，戴上幾頂大帽子還是不喜歡。但我喜歡茅盾和沈從文的小說。

文化大革命期間，我們這批臭老九都被下放到工地上去勞動改造。勞動很好，冬天在室外蓋房子，可以多呼吸點新鮮空氣，省得老坐在辦公室裡，被暖氣烤著或被煤氣熏著。

有一次我們在北京光華木材廠幹活兒，忽然有我們建築公司派駐到中國歷史博物館的，毛澤東思想工人宣傳隊的工人師傅來說，一會兒歷史博物館的人要來勞動。我聽了心中一動——我知道沈從文先生就在歷史博物館工作。

休息的時候，我問那位工宣隊隊員，"知不知道沈從文？""知道！"他回答得還頂乾脆。他說，沈從文過去發表了好多小說，因為要整理他的專案，他們全都從各個時期的報章雜誌裡挖掘了出來。那些人搞學術研究多半沒有時間，也不是那料兒，可是整人的時間卻多得用不完，而且整人的藝術也特別有天才，不知道這是否也是國粹？要是把當年沈從文的專案材料，拿來寫《沈從文研究》的博士論文多好！我正想再從那位"政策化身"的身上擠出更多的油水時，不料他一句話就封住了我的嘴——"反共老手"！天啊！這是不是對沈先生的最後結論？

午餐以後，歷史博物館接受再教育的人都到我們的工棚休息，我逐一端詳著每一個人的面孔。不會錯，一定是他！一個小老頭兒，戴著眼鏡，被北京嚴酷的冬天凍得滿面紅光。一頭白髮，怎麼也想像不出這位貌不驚人的小老頭兒，腦子裡怎麼有那麼多的玩意兒！你讀他的小說，真是過癮極了，一氣呵成，中間不打笨兒，只有胸有成竹的大手筆才能辦到。

想不到在那樣的場合，見到了我最崇拜的作家。我當然不敢貿然去跟他打招呼，如果那麼作，不僅我會變成"反共小手"，沈先生的專案材料裡恐怕還會加上一條"腐蝕青年"或"進行反革命串聯"吧。

江青倒台 害沈從文

我和沈從文先生有許多共同的朋友，所以從朋友的閒談中，我逐漸對沈從文先生有了更多的瞭解。

沈先生是湘西人，他寫的很多膾炙人口的小說，都是以湘西為背景。他早年辦雜誌的時候，提攜了很多新進，蕭乾、丁玲等，都得到過沈先生的許多幫助。蕭乾管沈從文叫三哥，而且一口一口地叫著，好不親切。

他是1902年生人，祖父是漢族，祖母是苗族，母親是土家族。所以他的血液中流淌著三個民族的血。他最為人津津樂道的是，他怎樣與張兆和女士結婚。1928-1930年，他在中國公學教書，其間愛上了女學生張兆和，給張兆和寫了不少情書。張兆和不勝其煩，便告到校長胡適處。胡適說，他這麼愛你，你就嫁給他吧。這朵中國文學史上美麗的愛情之花在青島的海邊綻放開來。1933年夏，沈從文和張兆和一起離開青島前往上海。也許沈從文的情書寫得太好了，張兆和就真嫁給了沈從文，從此結為百年之好。

沈從文1923年入北京大學旁聽，1924年發表作品，隨後蜚聲文壇，與詩人徐志摩，散文作家周作人，雜文作家魯迅等齊名。1949年以後，全國第一屆文代會召開，居然沒有沈從文的名字，他竟然憤而自殺，幸得及時搶救，並無大礙。大概所有關於沈從文的介紹中，無人提及此點。

沈先生原在北京大學當文學教授，後來不知何故，竟被調到故宮博物院刺繡館。不僅當不成教授，還被莫明其妙地改了行。這要在一般人，可能就會不滿、牢騷、消極、怠工，甚至沈淪下去。可沈先生不同，調到刺繡部門，他就踏踏實實地在那裡搞研究，詳細地佔有資料，竟然成為一位刺繡考古方面的專家。他在解放後，沒再寫過小說，但在考古學方面卻一頭鑽進去，成為權威，這方面的著作非常豐富，造詣極深。

蕭乾先生曾經親口對我說過，"沈先生的治學態度真是了不起。無論研究什麼，都先詳細地佔有資料，然後一頭扎進去，一直到搞出名堂為止。提起他來，學術界沒有不佩服的。"

文化大革命期間，沈先生的遭遇，可想而知。連小爬蟲都難逃法網，更不用說他這位著名的"反共老手"了。他具體的遭遇，我不大清楚，但總不外乎那一套樣板程序：抄家，壓縮房子，下放幹校，各級批鬥，嚴刑審問，株連九族等。

他原先有大批珍貴藏書，凡中國近代、現代文學史上你能說得出名字來的著名作家的作品，他都有很多，而且多半是有作家題記、簽名的，彌足珍貴。這些書在抄家時，全被風捲殘雲一般被抄走了。難怪有人說，文化大革命是革文化的命。

後來落實政策，那些殘缺不全的書才被落實回來。但落實政策也有很多尾巴，例如房子不能被落實。當局也有難處，中國人口實在太多。書回來了，房子沒回來，書無地容身，只好睡在門外邊院子裡。可以想像一大堆書老在院子裡風吹雨淋，等不到進一步落實政策，就灰飛煙滅了。沒辦法，這些劫後餘生的珍貴藏書全部被送進廢品收購站，只換得30塊錢。我聽到這個消息後，欲哭無淚，我真後悔當時未能代沈先生保存住那批珍貴圖書。

值得慶幸的是，我手中居然保留一本他的《八駿圖》，記得是他一位親戚在文革期間，叫我"永久地拿走吧！"這本書是民國二十四年十二月初版，二十五年六月四版。封面上有沈先生的小楷："從文自存書第四版，三十七年五月"，扉頁有他的題字，"六個月至

四版 其實一次只一千冊。"題記前有他用鋼筆寫的藍色字："自著天字第四號"。內頁還有很多他自己題寫而又用毛筆劃掉的字跡，也有他的評語，例如《有學問的人》一篇，他寫道"嘲諷紳士"，等等。這實在是研究沈從文的上好資料。

記得好像是1976年，"四人幫"剛剛被揪出來，有一次去畫家黃永玉家（他管沈從文叫表叔），他對我說："表叔在文化大革命期間受了那麼多罪，給整得死去活來，江青沒替他說過半句話。突然在她被揪出之前，她對外國記者說，她年輕時最喜歡的教授就是沈從文。你看！她都下台了，她的這句話卻還繼續危害沈從文。"

正式見面 成為好友

我和沈從文先生見過很多次面，大多在我們彼此的熟人或朋友家，沈先生對我這個"小高"大約沒有多少印象。在清華大學讀研期間，我要寫一篇有關考古學方面的論文，想向沈先生求教，我就去找黃永玉先生商量。黃先生對我說，這件事請教沈先生是對的。但是他說："你不可直接去找他，他一定會漫無邊際地把問題扯開了，最後兩個人談得都很高興，反而你要問的問題忘了解決。"我們商量的結果是，我最好先寫封信給他，黃先生見到他時，再囑咐他給我回信，這樣比較穩妥。

當時我在北京一家建築公司做技術工作，因為得罪了一位黨委常委，有幸被下放去北京郊區農村普及大寨縣。我從我所在的公社給沈先生寫了信，但無回復。我再次寫信去，終於收到回信，裡面還夾了一個寫錯了地址的信封。沈先生首先聲明"我以為牢牢地記住了你的地址，不料寫的信被退了回來……"老先生按他的理解寫的我的地址，居然是"北京市郊 十八里堡生產隊 知青下鄉輔導組 轉交"看後令我捧腹大笑。他在復信中謙虛地說自己是個鄉下人，雖然在大城市住了很久，但還是一身土氣。他願意和我共同討論問題，希望我於任何時間去看他，最好先去電話，以便恭候等等。一天傍晚，我騎了一個半小時的車，到了他的工作室。敲門後，他親自開了門。一聽了我的名字，他立刻熱情地把我迎進室內。屋裡到處都是書，是資料。書架高到天花板，床上、桌上、地下到處都分門別類擺滿了各種資料，還有貼在牆上的字條。

我們談了很久，談得很投機，沈先生濃重的湖南口音，我不能聽得很清楚，有時就請他重複一遍。沈先生很興奮，如數家珍一般給我看他的研究成果。他為了寫中國服裝史，蒐集了很多資料，如古人的髮型，頭飾，身上佩帶的裝飾品，古代的家具，各種不同材質的紡織品，皮革製品，鞋子，首飾……他同時在研究四十個專題！談到一個問題，他就走到一堆資料面前，立刻抽出他所需要的圖片、照片、各種圖表等叫我看。他對自己的資料放在何處，了如指掌。他對其研究項目，也熟悉到了像是普通常識的程度。他拿出一幅彩色漢代車馬圖叫我看，說："你看，這不是很像西方現代派的繪畫嗎？多麼生動，多麼漂亮！"他又拿了一幅漢代婦女穿褲子的圖片說："你看，我們兩千年前就有喇叭褲。"

我們談到了玻璃，沈先生說，玻璃肯定是中國人發明的，可考古學界某些人頑固地堅持，玻璃是由波斯傳進來的。他舉出了種種例證，說明從出土文物中不斷地發現玻璃製品，而且年代愈來愈早。他說，中國在春秋時代已經有了極高超的冶金技術，製造了很多精美絕倫的青銅製品，在高溫冶煉過程中，由石英等原料附帶燒出了琉璃，不是很自然的事嗎？

我們一直談到深夜，一方面怕影響沈先生的休息，另外我還要摸黑頂風在嚴寒中騎一個半小時的車回"家"，不得不告辭了。

事後我和黃永玉先生談起這次見面的事，他說："你們談了很多，恰恰沒談你的正題！"他說得真對！他還說，沈先生最喜歡講點兒科學數據，你要是信了他的話，你可就上當了。我舉了沈先生告訴我的一個什麼百分數來印證黃先生的話，我們都哈哈大笑。黃先生還說，他還最愛說，某某在什麼方面，在國際上考了第一，也最不可信。

最令沈先生痛心的是，他搞研究的書都沒了下文。1980年4月，《北京晚報》曾刊登了一篇沈先生的訪問記，其中提到，很多書被朋友借走，有去無回。後來我見到沈先生，提起這件事，他高興地說《晚報》還挺管事兒，有幾本書真的回來了。

沈先生寫《中國服裝史》時，得了白內障，他更抓緊時間不停地寫。他家裡住得太緊，只好在家附近東堂子胡同的歷史博物館宿舍找了一間房作他的工作室。

恩來總理 關心沈老

沈先生在幹校時已經著手寫《中國服裝史》，寫了幾十萬字。這件工作太重要了，試想，如果有了這部鉅著，姑且不論它的學術價值，就是實用價值也很不得了。畫畫兒的，拍電影的，拍電視劇的，演戲的，研究美學的，模特兒走秀的，只要是古裝的，你便都能從中按圖索驥，找出最准確的答案。

據說周恩來總理知道這件事情後，非常關心，特別指示此書一定要出版，並請郭沫若寫一篇序。郭沫若大概捏著鼻子也得寫。

後來，聽說這部書在快馬加鞭地編輯。國家特別把沈老安排在友誼賓館，配備了許多助手，攝影的，畫插圖的，文字編輯，生活助理，等等。但後來又聽說，因為參加的人多了，上面認為不能稱沈先生一人寫的，要稱為合著。沈先生在這種事上，一向都很豁達。他曾親口對我說，他要在有生之年幹的事太多了，恐怕來不及了。他問過我，可否把他蒐集好的專題資料，在他的指導下，拿去寫成文章，用我的名義發表？我表示，幫忙可以，坐享其成，我不會幹。

我曾和考古學界的一些先輩們提起過《中國服裝史》一事，他們一致認為，沈老多年的研究有目共睹。怎麼能夠因為有人參加一些工作，就稱合著呢？難不成因為一本書有人編輯，有人製版，有人印刷，有人裝釘，就把大家的名字一齊寫上去，稱為合著吧！

一個個"叛徒""內奸""特務""右派""死不悔改的走資派""反動學術權威"等都有了出頭之日，紛紛慶祝了喬遷之喜，只有沈先生還按兵不動。不是他不動，是管他的人不動。這不僅是沈先生的個人問題，也反映國家如何對待那些不肯逢迎，踏踏實實做學問的前輩的態度問題。後來聽聶華苓教授說，沈先生換了大房。

幫助後進 不遺餘力

先前提到，我曾為了一些考古學上的問題去請教沈先生，卻得到很多其他的收穫。後來我那篇論文一擱就是幾年。因為那些年天災人禍和大變動接連不斷。朱、周、毛相繼去世，地震，天安門事件，四人幫被揪出來，鄧小平復出……人們的心情經受了各種極端情況的考驗。我偷偷寫的論文也沒條件繼續下去。

後來我又曾多次拜訪沈先生。一去，他就給我講課，說古道今，使我眼界大開。記得有一次去，他正在看一本雲南少數民族地區出土文物的畫冊。他指著照片上種種生動的形象給我解說。例如一個不大的罐子蓋上，雕塑了十幾個栩栩如生的小人，正在激烈地搏鬥，有的騎著馬，有的揮著長矛，有的在垂死掙扎，形象都非常生動。沈先生說，這批材料可惜了，這麼精緻的東西，只出了這麼兩本不大像樣的畫冊，而且還銷售不掉。他告訴我，琉璃廠有處理品賣，十塊錢就買兩本，叫我快去買。

還有一次我們談起中國古代科學技術方面的輝煌成就，談到了鎏金、透光鏡，兩千多年仍未銹蝕的青銅劍，等等。沈先生給我講述了許多生動有趣的事情。例如他說，有一個古代的魚盤，放上水，只要用手一摸，水就會從魚嘴中噴出。他說他親自見過那個魚盤，經常被人摸的部分已經露出銅的本色。不知是由於振動或其他什麼原因，水會噴出來。後來，我還真見過那個魚盤。

我那篇鎏金與貼金的論文拖得太久了，四人幫被打倒兩年後，我把它又從箱子底翻了出來，寫了封長信去向沈先生請教，並把論文初稿也一併寄去。沈先生在百忙中看了我的論文初稿，並且就我所提的問題給了許多明確的答覆。他老人家回了我一封四倍於我的信的長信，蠅頭小楷工工整整地寫滿了八頁。他不僅提供了許多參考文獻，而且有的就直接旁徵博引，省得我再去查考。經他老先生提供的線索，我翻遍了《漢書》，終於查出鎏金在漢代已經應用到建築裝飾上的實例。我在論文中引用了一段沈先生復信中的話，我的指導教授，建築史專家陳志華教授也是獨具慧眼，他一眼就看出這些材料有來頭，他問我資料來源，我老老實實說明是沈先生復信的摘抄。他說應當把材料來源出處寫明，於是我加上"據考古學家沈從文先生致函介紹"等字樣。

後來為了寫這篇東西，我還麻煩了沈先生好幾次，他每次都一一復信。例如他叫我看《漢書》，我希望他給出個範圍，因為《漢書》太難啃了。他建議看看《趙飛燕傳》，最後還是在相關篇章，趙飛燕妹妹住的昭陽舍查出，銅製門檻為鎏金的。黃永玉先生看了那些信後說："不要說它有多少學術上的價值，就是得到沈先生的這幾張字，也是太難得了"。可惜那封寫在紅格信紙上八頁紙的信，竟然丟失了，令我心痛不已。

赴美深造 臨別贈字

我臨來美國前，到沈先生家去辭行，他剛從外地考查回來，聽說我要去美國，很高興，勉勵我好好努力，今後必有成就。

我想請沈先生給我寫一幅字，沈先生是國內有數的幾位書法大師，可是總覺得不好意思，他已經給我寫了那麼多信了。但想想再不提就沒有機會了，我終於鼓起勇氣提出了我的請求。沈先生倒是一口答應，說，"可以。但是馬上寫不行，我要有情緒的時候，才能寫出好些的字來。你可以留下地址，提出寫什麼內容，寫好後我寄給你。"我不好意思再說什麼了。

我忽然看到沈先生床頭有一本厚厚的英文書，便問沈先生那是什麼書，怎麼那麼厚！沈先生說，那是美國研究他的博士論文。沈先生說："他們說，美國每年有三四篇高質量的研究沈從文的博士論文，碩士論文就更多了。"聽了這話，我唯有嘆息。我把書放回去時，赫然發現有一卷小小的宣紙，抖開一看，是一幅寫得極其精美的書法作品。沈先生看到後說："這是我寫的，只是已經送給人了。"沈師母在旁邊說："你送給誰了？"沈先生風趣地說："不就是送給你了嗎！"沈師母說："你要說送給我了，就好辦了，我就做主送給小高。你自己寫得得意了，不捨得送給別人，就說送給我了。"沈先生也笑了，說："也罷，這幅字就送給你吧！"沈師母說："就是麼，省得以後郵寄還麻煩。"沈先生在題款時頗費躊躇，他說："寫魯冀兄吧。"我連忙擺手說："沈先生，您要折殺我了，絕不能這麼寫！"沈先生最後鄭重寫下"魯冀先生正"的字樣，逐字逐句給我念了一遍，並講解了其涵義。送我出來時，沈先生對我說："也是咱們有緣分吧，這幅字我原來是捨不得送人的，你帶去留個紀念吧。"

我總在想，中華民族真是一個偉大的民族，她的人民遭受了那麼多的痛苦和折磨，但在最惡劣的環境下，卻磨煉出人世間像金鋼鑽般的瑰麗奇才。

錢鐘書曾這樣評價沈從文："從文這個人，你不要以為他總是溫文而雅，骨子裡很硬。不想幹的事，你強迫他試試！……"

沈老訪美 特出專刊

我1980年4月來美，三個月後，我便脫離了姨父母，自己一人跑到西岸舊金山，獨立了。來美前，蕭乾先生介紹我認識一位文友，叫尹夢龍，我一到美國，就與他聯繫。他是聯合國中文翻譯，自己辦了一份中文雜誌《海內外》。我給他寫了一些稿子，最多時，一期寫四篇，用不同的筆名。

沈從文先生1980年訪美，我竟鼓吹尹夢龍先生在《海內外》出了一期專刊，稱為"歡迎沈從文先生訪美專輯"。尹先生在"編者的話"中說："在鐘開萊教授和高魯冀先生的鼓勵下，本刊不自量力地决定出版一期'歡迎沈從文先生訪美專輯',當時做此決定是有些大膽,幸得金介甫教授,傅漢思教授及其夫人張充和女士支持,其他如王浩、林蒲、黃伯飛、安格爾、聶華玲、於梨華、黃金銘、羅杞筠教授和先生們熱情協助,特別是《株州日報》編輯龍海清先生遠從國內應邀寄來長文,這全因沈從文先生的人格感人,才能讓本刊在短短的兩月內編出份量還不算少的專輯。"

作者真不少,有聶華苓、於梨華、金介甫、王浩、龍海清、林蒲、張充和、黃伯飛、傅漢思、安格爾等,當然還有我。專刊發在1980年11-12月號。1981年1月21日,竟收到沈師母張兆和的信。

信中寫道:

小高先生:

　　幾次收到來信也看到你在《海內外》寫的文章,我非常感謝你的盛情。

　　你知道,從文是個愛朋友愛談天但不喜歡社交的人,特別不習慣為他個人安排熱鬧場面,為他宣傳。有記者的地方,特別使他感到受窘。你說籌備"隆重歡迎""發新聞稿"都是聽來叫他害怕的事情。總脫不了鄉下人的脾氣,有什麼辦法!作家他也希望能見見面,但範圍小一點,人少一點才好。吃飯,就一定請代為辭謝了。感謝那些已熟悉和未見面的朋友們好意,希望能得到諒解。

　　在西部一月卅一日—二月三日的行程已安排好,在斯坦佛活動。三日—一七日還有預定的講演,日期尚不詳。在這期間還有不少親戚好友見見面,很緊張。而從文長期患高血壓心臟病,來美前醫生一再囑咐每天只能活動半天。前不久去Princeton,痛風病復發,舉足困難,迄今尚未完全痊癒。畢竟是快八十的人,必須十分小心。同作家見面安排在週末好,但不要同舊金山州立大學講演衝突,此事請電話與許芥昱先生聯繫。

問安好

兆和 一月二十日

諾貝爾獎 失之交臂

諾貝爾獎評委，懂中文的馬悅然教授認為，沈從文最應該得諾貝爾文學獎，雖然1949年後他不再寫小說了，但他寫的《中國歷代服飾研究》是"非常刺激的長篇小說"。他曾經向中國駐瑞典大使館文化處詢問，沈從文是否還在世？因為諾貝爾獎從不頒發給死者。但文化處的回應是"從來沒聽說過這個人"。因此，沈從文與諾貝爾文學獎失之交臂。

斯坦福大學數學系教授鐘開萊，對沈從文先生和中國文化有深刻的認識。他說，對一個國家，一個民族，我們要瞭解它，主要是看文學。沈先生是中國文化界的傑出代表。但他的書很難譯成外文，與巴金、茅盾不一樣。有一個美國人佩恩（Robert Payne）與一位中國人合譯過沈先生的短篇小說，佩恩當年在昆明當訪問教授，他曾經寫過《毛澤東傳》和《列寧傳》。

沈先生的書一定要譯成外文，再難也要翻譯。這樣他的書和他本人，才能走向世界。

法國一位著名的漢學家，叫于儒伯（Robert Ruhlman），在他給學生列出的四本必讀書中，三本是中國古典文學經典，一本是沈從文的小說集。法國人瞭解沈從文——法國人特有的細膩、柔情和浪漫色彩，與沈從文息息相通。

日本人對沈從文也非常崇拜。沈先生的作品，與夏目漱石有相似之處。日文源於中文，所以日本人更容易瞭解中國的好文章。沈先生的考古專著，也在日本學術界引起很大的轟動。

美國聖約翰大學的金介甫（Jeffrey C. KinKley）是專門研究沈從文先生和湘西的漢學家，他不僅翻譯了很多沈從文的文章，還曾寫出《訪問沈從文之後的感想》。他是美國著名漢學家費正清的學生，中文講得不錯，也能寫。他說，沈先生把湘西的風土人情寫絕了。他專門蒐集了沈先生的著作600多種，已全數用電腦儲存。

鐘開萊君 談沈從文

沈從文先生給我寫過一些信，其中最重要的八頁紙的信已經不在了。還有幾封，也彌足珍貴。我願意把它們捐給有關部門，作為研究沈從文的原始材料。

我曾到美國斯坦福大學訪問數學系教授鐘開萊先生,他在概率論方面的研究,蜚聲中外。按今天的說法,鐘教授從小就是沈從文的"粉絲"。他說:"沈先生的書看來真過癮,記得很短的一篇文章,描寫上海一個亭子間裡,一個小孩在哭,繪聲繪色,寫得好極了。我看了真高興,心想:天下真有這樣的好文章!從此,我就成了一個沈從文迷。"

他說:"沈先生的文章是字字珠璣,擲地有聲。"

他也回憶了他與沈先生的交往。他說在昆明西南聯大時,他和哲學系一位王遜先生同屋居住兩三年。我說:"王遜先生後任中央美院美術史系主任,也是我的好友。"他聽後與我熱烈握手:"太好了,咱們有許多共同的朋友!"他說,有一次王遜說,沈從文先生來了。他們就去看他。那時沈從文先生住北門街。他說,"我對沈先生的印象很深刻。他的文章寫得那麼好,可人卻是小小的,很溫和,沒有任何架子。他說話總是輕輕的,一口濃重的湘西口音,說到高興之處,總是眼睛眯起來,聲音輕得都聽不見了。"我說:"嘴巴還要張開,半天合不上的。"鐘先生撫掌大笑,說:"完全對完全對,您對沈先生太瞭解了!"

鐘教授說,沈從文的文章,處處散發著芳香的鄉土氣息,這正是他的文章精彩之處。普通的人、物和事,經沈先生淡淡幾筆,馬上活靈活現,生動而又親切。

他說,沈先生曾說過,寫作的人比搞科學的人往往更辛苦。搞科學的人,大都工作與生活是分開的。可是寫作的人往往是文章與生活聯成一氣,腦子無時無刻不在緊張地開動,耗盡了自己全部的心血。有一件事我印象極深刻:

有一次我去找沈先生想聊聊天,敲了半天的門,沒人應。我再敲門,沈先生把門打開一個縫,露出半張臉,面部表情極為緊張。他說:"我忙,你改天再來。"我深深地體會到,沈先生把全副精力都投入了寫作。

我問鐘教授:"關於沈先生個人生活的事情,您還記得些什麼?"鐘教授說:"對了,他追求他太太的事,傳為一代佳話,但這是不供發表的。"他講述了詳細經過。他說,我們看到他太太時,都認為她好極了,溫和、柔順,在寫作上,在生活上給沈先生很多幫助,真是一對美滿夫妻——我說過,這段話是不供發表的啊!我說,"一定,一定!我一定請讀者代為保密!"

鐘教授說,以後他和沈先生的信往來很多,他從沈先生的信中，似乎察覺到一絲淡淡的苦澀。後來到了北京，他要去拜訪沈先生，沈先生說，很抱歉，房子太小，不能夠接待。沈先生希望有一間較大的房子，主要是為了工作。

鐘先生還說，"他們（沈先生）夫妻倆曾到酒店來看我兩次，我們見面後真是高興極了。沈先生給我的第一印象是非常健康，精神很好，面孔紅潤。不像我們在大西南時面色蒼白。而且十分開朗，講話聲音也響些，總是講他身體很好。沈先生還跟我吹牛，說他們十幾個人到黃山去玩，他一馬當先，第一個登上黃山之巔。沈先生後來還把我們拉到榮寶齋去看畫，他對畫是很懂的。他還送我許多字，考古資料的副本等，以及古代的刺繡作品，非常珍貴。"

沈老來信 呈現摘要

沈老給我寫的信，目前還保留四五封，有的很正規，寫在紅格信紙上，有的卻寫在一張小紙上，或信封背面。看他寫的地址，也反映了我的居無定所。一會兒是農村，十八里店（老先生寫堡）公社；一會兒是西郊，八大處甲一號309信箱，那是北京軍區政治部。也有美國舊金山《東西報》轉交，也真難為老先生了。

其中一封信，是他寫在信封上的，內容是：這是大前天發出，今天退回的一個信封，我真是老到昏頭昏腦，把原來寫的通信處擱到小抽屜裡，自以為牢牢記住了通信地址，料不到卻寫錯了。因此退還原信。真是抱歉！希望照第二次來信的地址寫上，可以收到就好。

老先生真的很認真，對我這個毛頭小伙子，也是有信必回，怕我誤會，竟用原信封的反面書寫，以證不虛。

另一封信：

魯冀同志：

謝謝您充滿好意真情的來信。遲遲經月未回復，心中也不安之至。先是不認識冀字，已昏花到如此程度。其次是一回信即五六七八嘮嘮叨叨寫個不完，重新再看看，卻不知說了多少空話，把你要明白的卻忘掉了。原來我真像一個朋友說的，已深深陷入"嚴重職業病"中。日夜為爭取時間，預備寫的四十個專題而蒙心，已經約一年，把所有信件全擱下，以至于回信的能力也失去了。上次回了個信卻又把通信地址寫錯了而退還，抱歉之至！你在北京時儘管來談天罷。我經常上、下午總在東堂子住處，只中午返小羊宜賓吃一頓午飯。歡迎你談談，看看我在進行的一大堆工作。可能有一部分你也會感到興趣的。永玉總容易在友好中把他的表叔放大萬千倍。說來嚇人，可能容易失望。其實我是個十分庸俗拘迂的鄉下人，到了大都市混了半世紀，到頭，鄉下人的種種還是不折不扣地保留著。在我性格中，學什麼都只是些常識，不深入，不科學。即使"假裡手"，也是不像的。萬萬別抱什麼不切實的希望來，才不至於失望。和永玉比，他為人就通融深刻多了。我所以說是個不讀書的"書呆子"。行為拘謹而情緒卻極其放縱。大致這正是我卅五年吃不開的重要原因。盼望你經常來談談，或許我倒能向你學不少。我唯一的興趣在於學習，得益不少。

沈從文

　　沈老的信還有一些，不一一摘錄了，因為他的字我不大認識，要逐一考古，辛苦得很。但從以上幾封看，他真是位大智若愚，滿腹經綸，虛懷若谷，提攜後進的大師。我從他身上學習到很多。他的信，不是僅僅給我的，任何人看了，都得益匪淺。我願把它們奉獻給有關部門，以保留大師的手蹟。

　　最後，我引用一段巴金先生的話，他說："我們文學界，有些人和事，外國人知道，中國人反而不知道，你說奇不奇？例如沈從文，寫了那麼多作品，貢獻那麼大，我們知道他的人卻很少……"

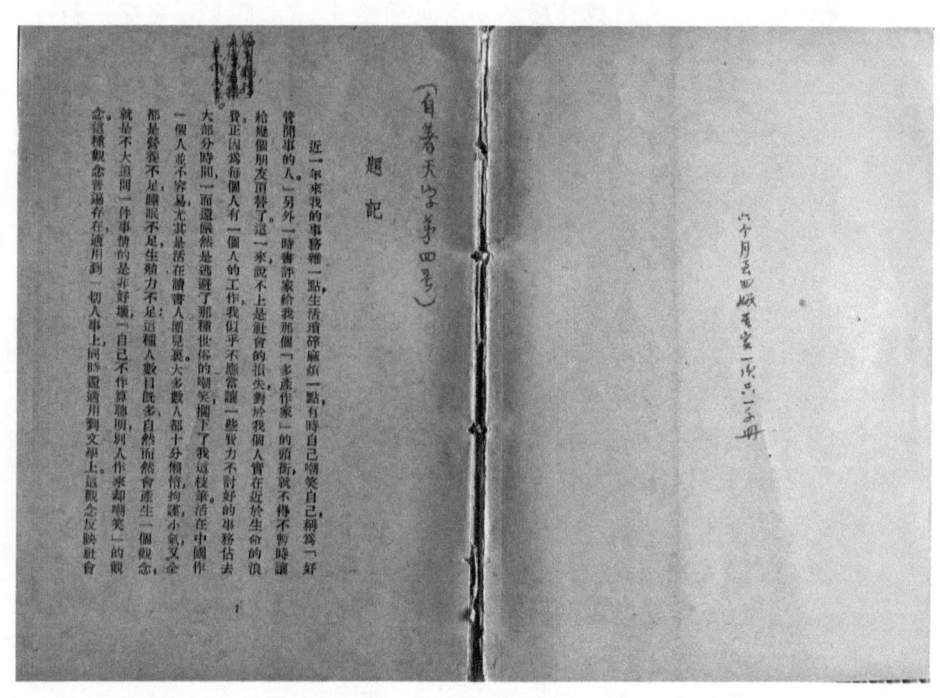

沈先生自存书《八骏图》内页上的沈先生笔迹

沈從文書法條幅

沈從文致高魯冀信函之一

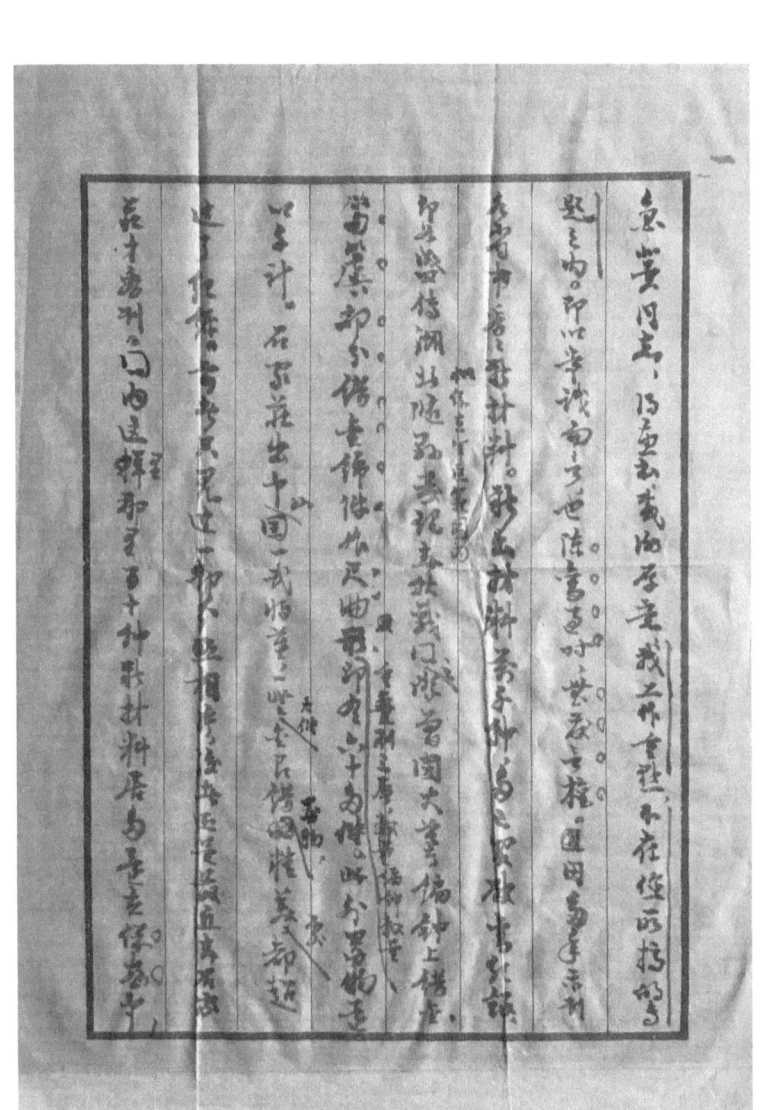

沈從文致高魯冀信函 之二——1

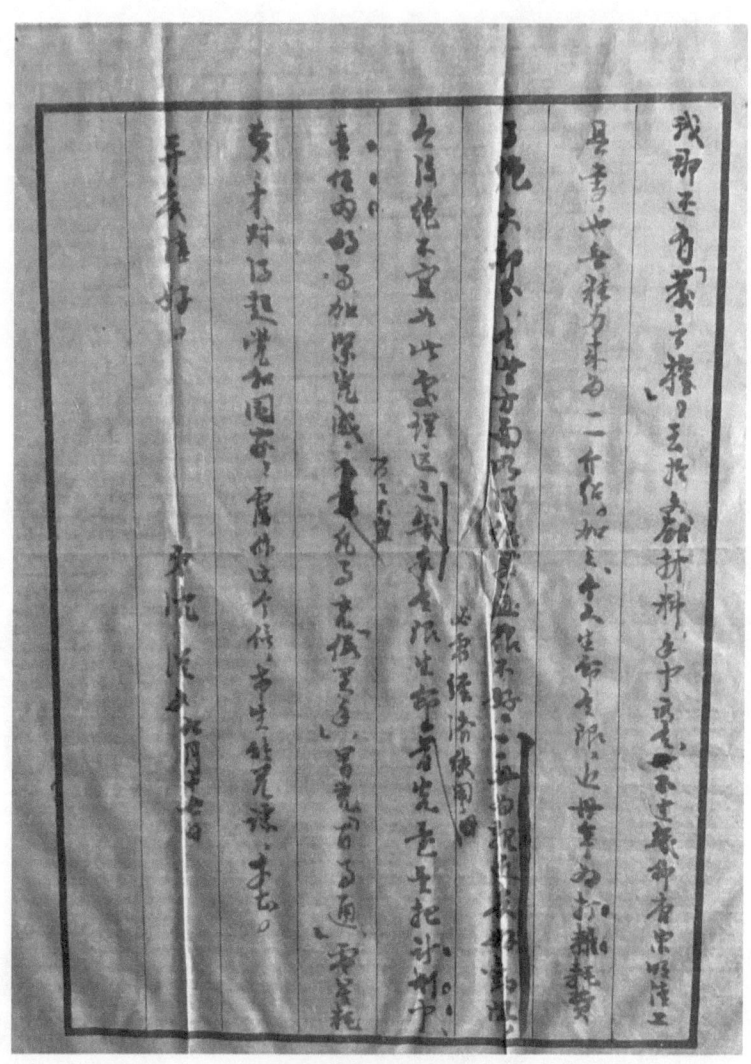

沈從文致高魯冀信函之二—2

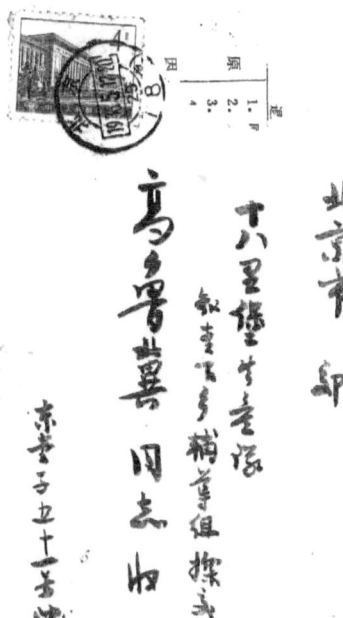

北京市 邮

十八里堡牛奶站
敘書室多 搞筆組 探美

高多鲁翠 同志收

京昔子五十一号收

沈從文寫錯地址的信封和
寫在信封背面的解釋

這是大前三号寄出今天返回信封。
我先以老到原張家腦, 担承末害气
行案類列中抽屉里自以为字記忆上通行
地址, 料不到把字搞上, 固此退迴原住
只是报歉, 书生坚印, 改本件俗
此地字上写收到就好。

住家电话 53 47 5 1 6
是专张省告訴 搞方谅.

我的恩師蕭乾先生

多年前回國，看到國內電視台播出中國十大文學家，有沈從文和蕭乾。沈從文和蕭乾都是我的好朋友。他們也有條件列入十大文學家之列。

童年無父 自強不息

蕭乾也叫肖乾，本文統一叫蕭乾。蕭乾（1910年—1999年2月11日），蒙古族，生於北京。原名蕭炳乾，蕭秉乾。他是遺腹子，尚未出生，父親就去世。到了13歲，含辛茹苦拉扯他長大的母親又去世。在親戚們幫助下，他半工半讀念書，自己相當努力。所以他從小就飽受憂患，但這些，他從未向我提起過。他1935年畢業於燕京大學新聞系，1939-1942年任英國倫敦大學東方學院講師，兼《大公報》駐英記者。1942-1944年在劍橋大學研究英國文學，後任《大公報》駐歐特派員及戰地記者。他曾親口告訴我，他隨盟軍參加了打擊德國法西斯的諾曼底登陸。二戰期間，他放棄了穩定的讀書生活，當了一名與死亡並肩的戰地記者，也是唯一一名來自中國的戰地記者。他是有良心的中國人。

1949年蕭乾回國，任《人民日報》文藝部顧問，《人民中國》英文版副主編，主編是喬冠華。他曾親口告訴我，因為他不是黨員，所以待遇比喬冠華還好，他的辦公室內還有浴室。

初識蕭乾 一見如故

我和蕭乾認識，是在文革後期，約1974年，在畫家黃永玉北京站前的家裡，當時在座的還有《南行記》的作者艾蕪。黃先生鄭重其事地把我介紹給蕭乾，說他和太太文潔若剛從湖北幹校回來，很多事需要幫忙。蕭乾也給我寫下他家裡的地址。那時大家都沒有電話，欲拜訪某人，你得親臨其門。人在，你可能得以進門。人不在，你就撞了門，要改日再訪。

我那時雖然結了婚，但妻子在西安，夫妻分居，我有大把的時間，就去拜訪蕭乾。我住在公司宿舍，在右安門，乘公車到蕭乾在東城的家，要一個小時。倒是每次都能見到他，從未撞過門，因為他根本不上班，終日在家裡，是名符其實的作（坐）家。每次見他，他都在桌前忙碌，不是看書，就是翻譯。記得第一次拜訪他，他就借給我一些書，都是他寫的或編的。經過文革，他們這些老作家的書，圖書館裡都沒有了，或者有也不出借了。他借給我的書有：他寫的《人生採訪》《未帶地圖的旅人》《蕭乾短篇小說集》，以及他編的《英國版畫集》等。我不僅看完這些書，而且把書都包上書皮，再還給他。

我記得後來熟悉後，我還曾帶我大女兒去他家，那時女兒大約四五歲。他和他三姐都愛死了我女兒，誇孩子聰明又漂亮。我和蕭乾談話，他三姐一直攬著我女兒，說下次再帶她來。可能是老人家長時間沒接觸到小小孩兒了。次日蕭乾寫來的信，說可以讓我女兒去當童星，說他認識某某人，此事後來也沒有下文了，大概事情不好辦。

以後的交往，記得他有很多事情要我幫忙，我也樂於幫忙。他們夫妻從幹校剛剛返京，在京又不認識什麼年輕人。當時文革餘威猶在，他們也不敢貿然找人托關係。反正他的大小事，我都當成事來辦。我辦事能力超強，認識人又多，辦起事來，得心應手。現在回想，有一兩件事印象深刻。例如，他有一張什麼證書之類的，要裝個鏡框。那時可不像現在，商店裡有各種尺寸的鏡框可供選購。那時要請木工師傅親自加工的。剛好我在建築公司工作，有要好的雕刻細木工，我就請他做了一個鏡框，上面還用特殊刨子刨出曲線。總之，做得不錯。蕭乾看到，大喜過望。還有一次，他家的日光燈管壞了，是那種一人多長的燈管，北京沒賣的。我請上海朋友買了燈管，乘火車送到北京。多困難，但朋友願意幫忙。我要到北京站去接車，拿到管子後，要乘公車送到他們家。一路提溜著易碎的管子，要十分小心。蕭乾享受著我的服務。所有的朋友都如此。畫家黃永玉曾說我是"通天交手",我也不知出處,大概是說我太能幹了。

較大的事情是他們家太小了,三個大人,一個孩子,好像只一間小房,他與太太文潔若,孩子,和太太的三姐,怎麼住?我是建築工程師,突發奇想,他們大雜院的一個門洞,有頂子的,好像還蠻大。兩頭一堵,開了門窗,就是一間房。但這個門洞可不簡單,不能自己幹,要通過房管局的。不知托了什麼關係,很複雜的,但終於辦成了。從此,他多了一間房,在當時可是件大事。卻很遭鄰居忌妒。總之,他們家事無巨細,都需要我插手,我也樂意幫助他們。

彼此熟悉 成為至交

我大約每週都要去他家看他,他到我們公司,只有唯一的一次。有一次,我買到了稀缺的奶粉,怎麼通知他的,忘了。當時蕭乾並沒有電話,也許是傳呼電話。總之,他很樂意跑一趟。我們公司在右安門,乘公車要坐到底的。他來我公司,我給了他一袋奶粉,他還要乘公車回去。有同事看到了,問:"這是誰?"我說:"他可是大名鼎鼎的作家,翻譯家,記者……二戰時,盟軍在諾曼底登陸,他是唯一的中國戰地記者。他還是斯諾的好朋友及助手……"我一通介紹,同事笑了:"這麼有名的大人物,我倒是聽說過。你要不說,我還以為是蹬三輪的呢。"

蕭乾說,他們以前在這附近買了房,有十幾間呢。但文革時都充了公。最精彩的是,他們有一套綫裝本的《金瓶梅》,當時這也是大禁書,被砌進牆裡了。這引起了我極大的興趣。因為是我渴望一閱的。蕭乾說,書內有大量的"性描寫"。他一位什麼親戚,還都用紅筆畫了出來。我一直追問這套書的下落,據蕭乾說,以後他們還去找過,牆已經被挖開,書是不知所終。後來到了美國,我在舊金山中文書店"東風書店"看到有這部書,毫不遲疑地買了下來,那是後話。

我把自己在文革中的經歷講給蕭乾聽,引起了他極大的興趣。我說,我乘火車到達湖南衡陽附近,突然看到車外一座雕塑,雖一閃即逝,但旅客中有人說,那是歐陽海的塑像。歐陽海好像是什麼英雄,我早已忘掉,但那塑像卻給我留下深刻印象。我說,文革期間,我在全中國建造了38座毛主席塑像。北京天安門廣場毛主席紀念堂室外四組群雕,我是工程總負責人,混凝土配方為我手定。最後技術總結由我一人完成,等等。蕭乾聽到,大為興奮,他力主我一定把這些總結下來。那時的大環境是不重視知識份子，不重視知識，我也提不起精神來。但蕭乾有不同的看法。他認為，一個國家要想發展，離不開知識和知識份子。當時雖然整體氛圍不對，但這些是暫時的，今後一定會有大的改變。他一直鼓勵我在自己的專業上發展，見我不起勁，他就對我生拉硬拽。說他"逼"著我去清華念研究生，一點不為過。

蕭乾為我寫了一篇論文提綱，有四頁之多。開頭就是火車路經衡陽車站附近，車外有一座歐陽海塑像，雖然一閃即逝，但給人留下深刻印象。論文題目是《關於雕塑建築的設計、建造與維護的幾點建議》。他雖然不是建築師或雕塑家，但他寫的這份提綱還有模有樣，很有點參考價值，雖然內容多是我告訴他的。但也有他自己加的，如建築工程技術人員要與雕塑藝術家互懂。我曾告訴他，我就是互懂的典範，他也欣然接受。後來在清華大學念研究生時，我把此論文寫了出來，系裡將此論文報到全校科研討論會。

蕭乾寫信 讀研究生

我一個堂弟高歌，在北京航空學院就讀。畢業時，正是文化大革命開始，他被分配到青海茫崖石棉礦電廠。他是一個幻想家，在那裡，他居然發明了一個理論。剛想出來時，他自己都不敢相信，一個禮拜之間，頭髮就掉光了。他來北京，想看看論文有無機會發表。蕭乾聽說這件事後，寫了一封信，把我和我堂弟的事情都寫了進去，並不是特定寫給某個人。蕭乾的生花妙筆，寫得十分生動。老先生就是這樣，聽了我的講述，他腦子裡總會冒出火花，而且一定會寫出來。或是長信，或是文章提綱。

我和堂弟有一次去看我三爺爺高沂，我父親管他叫三叔，是我們本家爺爺。高沂自己常說我們"沒出五服"。他原是高教部副部長兼清華大學黨委副書記，文革中受到衝擊，文革後被分配到北京師範大學做黨委書記。在高沂家，我們巧遇何東昌，他原是清華大學教務長，文革後擔任教育部長。何東昌和高沂原在清華大學是同事，兩人關係不錯。我那封蕭乾寫的信正帶在身邊，想，這是個機會，就拿出來給何東昌看。何東昌很認真地看了信，馬上對我說："你，去清華大學進修享受研究生待遇。我馬上給清華大學黨委打電話。"對我堂弟說："你去航空學院念研究生，我也馬上給北航黨委打電話。不過你大概要考考英文。"我和堂弟兩個人的問題同時得到解決，我們真高興。我在清華念了兩年，學了兩個專業的研究生課：建築設計和建築規劃。在寫論文階段，我的兩篇論文已在清華發表，一篇報清華大學科研討論會，一篇發表在清華大學《建築史論文集》上。當時的研究生同學都十分佩服，因為整本論文集全是老師寫的，只我一個是學生。那篇論文是《鎏金與貼金在中國建築中的應用》，是我不務正業，自己研究了十年的成果。為寫這篇論文，我請教了許多專家，如沈從文（著名作家，考古研究家）、王天木（考古研究所所長）、王世襄（著名雜家，玩家）等。

我堂弟在校期間寫出一篇論文，好像叫《沙窩駐丘理論》，竟得到中國科學發明一等獎。他的那篇論文，曾拿到錢學森處最後裁決。錢學森說，"有實用價值，一等獎，沒有實用價值，沒有獎"。後來送至瀋陽和成都的某研究所檢驗，有巨大的實用價值，所以得了一等獎。胡耀邦、趙紫陽在中南海接見他，還獎了他一萬元獎金，家人都說，"高歌也是萬元戶了"。高歌後來一路升遷，做到了該校的一級教授。蕭乾老先生一定很高興，他的朋友沒給他丟臉，而是雙雙取得成就。他寫的那封信，起到了關鍵的作用。

我在清華大學讀研期間系統地學習了中國建築史、中國園林史、中國美術史、世界美術史等課程。我姨父在為我翻譯我的學習成績單時，說，"你看看你都學了些什麼功課！"但正是這些功課，大大開闊了我的眼界，為我今後研究中國美術史，學習中國畫鑒定，打下了堅實的基礎。可以清楚地看到，上帝揀選了我，並且在各個領域培養我，使我成為祂合用的人。

蕭乾為我 多方擺上

蕭乾為了我，也真花費了心血。記得一次，我去找他，他帶我去走路，路上渴了，他買了北京酸奶，每人一瓶。我呼嚕呼嚕喝了下去。他一看我喝得那麼快，就又給我買一瓶。他一直在鼓勵我，說我十年工夫做了一件事，又是那麼有意義的事，值得大大地總結提高。但我一直沒有信心。因為我在單位一直被下放做工人，被壓抑得厲害，我失望到極點。他到底是學貫中西，識多見廣。他認為，國家要進步，絕對離不開科學技術和知識份子。

大約1970年代末期，我寫了一篇科學故事，是我研究中國古代科學技術的副產品，叫《青銅寶劍》，講中國出土的一些春秋戰國時代的青銅箭簇等青銅器，經兩千多年而不銹蝕。經檢驗，表面氧化層含2%的鉻。但這種技術，西方國家在1937-1958年才發明出來。

我以此寫了那個科學故事。他看了我的文章以後，大加讚賞，給我寫了一封信，說，"老高，此文寫得生動活潑，很能引人入勝。既有科學知識，又能啟發愛國主義思想。我只覺得尾巴那段聲明給人以蛇足之感，似可刪。聽潔若說，我上次給你去的信寫錯了地址，退到她那裡了。我本來極喜寫信，但目前一是忙病交加，二是發一封信得坐五站車，所以能不寫就不寫了。請諒。祝好。蕭乾　7月14日。"這篇小說，後由天津人民美術出版社出了一本連環畫，也叫"小人書"的，就叫《青銅寶劍》，竟然在1981年得了全國獎。

蕭乾說他"極喜寫信"，我可以證明，那時，每次我們見面後，次日馬上可以收到他的信。我1974年認識他，直到我1980年出國，七八年時間，就算一週一封信，大概也有三四百封信了。因為出國，信全部丟了。這些信，大都寫在八開大的稿紙上。就是一般影印紙的一倍大，上面印著格子的。

那時我在建築公司工作，有時可以從甲方要到一些演出票，"甲方"就是指建築的原單位，我們承建單位稱為"乙方"。例如為國家體委蓋房，就可以要到體育比賽的票，也能從有關單位要到文娛演出的票。有時在東郊的體育場館，我會給蕭乾送票去，因為他住東城，他總是樂意去看。有一次，好像是全國運動會開幕式的預演門票，非常熱門，我只有一張票，我決定，蕭乾若願意去，就送給他，他不去，我就自己看。結果到了他家，他正在睡覺，我說，不用叫他，就走了。事後，他很懊惱，說為什麼不叫醒他，他是新聞記者，對這些活動最有興趣。

記得我還介紹了一位朋友與他認識，是我們公司原黨委書記的孩子，書記在文革中患抑鬱症，上吊自盡了。我仍不避諱，繼續與他們家來往。我介紹那孩子跟蕭乾學英語，後來他去美國留學裡。我自己倒沒跟蕭乾好好學英語。那孩子的母親是一個大醫院的黨委書記，也是大有能量之人。蕭乾家的門洞是否通過她的幫忙，真不記得了。八十年代末期，我和那孩子同時回國，我們一起去看蕭乾，他還笑著說，"有本事的人都到美國去了"。蕭乾那時已搬到復興門外號稱"部長樓"的公寓去了。

兩地之書　鴻雁傳情

我1980年來美，從此和家人分隔11年。此期間，與家中有信來往，與蕭乾也有信。大概信件不是很多，我目前還保存的有1983

年、1984年、1985年、1986年等的幾封。

1983年的信說：

老高：

　　八月三日示悉。我與潔若將於八月卅日搭 Pan Am 飛機從北京起飛，卅日上午十點四十可抵舊金山。同行尚有吳祖光、菇志鵑（上海女作家），王安憶（其女）。總領事館會來接。並在那裡過一夜。次晨八點四十分飛往中西部。九月我們均在Iowa 講學。住址為（略）。十月再回西岸，也許先去 San Diego。這次講學之外，主要去看看小桐及潔若的大姐。我們想模模素素，希望不要為我們宣傳什麼。一些閒人在場合上遇到了算，也不去走訪。我有些老友想好好聊聊。你受騙事未詳告，我主張還是扎扎實實好。你似已改行為記者，很可惜。專門學問更為可貴。我們許久未晤，彼此有些不瞭解，不便亂說。但在海外尤其要扎扎實實，穩穩妥妥。

蕭乾 8月14日

　　信中提到的小桐，是他和文潔若的兒子，當時在美國留學。後來在舊金山，他們同行之人我全都見到了，而且都訪問了他們。吳祖光還寫了大幅字送我。

　　蕭乾到舊金山，我帶他去拜訪了江南（劉宜良）。江南開車帶我們看了紅木森林，去了十七哩風景區等一些地方。每到一處，他都把當地的歷史、地理、人文一通介紹，江南腦子極好，任何事情，他都記在腦海中。蕭乾稱他為最佳導遊。那次，蕭乾還送我一本他的書，《中國現代作家選集·蕭乾》。書中題字："魯冀老友指正 蕭乾 一九八三年十月 重逢於 舊金山"。

1984年的信說，

　　魯冀兄，（這裡要說明一下，蕭乾的信，對我的稱呼有多種：老高，小高，以及魯冀兄等。）

　　謝謝你寄來的《時代報》，它使我們對海外華僑有所了解。每次閱完都送給報界（如《北京晚報》）的朋友們看，你們編得很精彩。你用些什麼筆名？江南兄確是有"絕技"的好記者，對內幕，對一些人物瞭解得真透，寫得真生動。我與潔若八月四日即赴歐旅行。要去十六天，遊歷七個城市，多為舊遊之地。只是以前戰時是些廢墟，如今必大改觀。挪威講學十四日，已通知國王將接見。九月七日至廿六日在英國講學，通訊處為（略）。歸途也許重訪新馬，經港回京，因十月八日將舉行中美作家會見，雙方各八人，我為中方之一。所以必須趕回也。

即頌近安。潔若附候。並祈代候江南兄嫂，

蕭乾 7月29日

1985年的信說，

小高：

你於一月十六日凌晨寫的信，寄到時，潔若與我正在新加坡、馬來西亞訪問，遲復為歉。從版面，從信中見到你的記者生涯如此地成功，實在高興。一個人心放得正，又有機智，有能力，總會成功的。我只有兩點建議，供你參考。

（1）你離家已快五年了，不能也不應讓愛人長久這樣分離。不是那麼多人爭取你嗎？要他們把你的家小接去才是。一個人這麼混，兩地分居，真不是辦法。我是過來人，所以才這麼勸你。

（2）記者生涯是轟轟烈烈，然而，一定得設法利用這個機會，（a）把英文學好——不是一般應付的英文，而是能看他們的名著——只有看名著文字才能提高。（b）朝著成為"美國問題專家"或"美國華僑問題專家"奔，切不可滿足於眼下這種報導文字。你是能有大成就的，望不沉醉于眼下這點，有更高志向才好。我們一切如常。好容易住定了，去秋訪歐也是farewell trip。今後我也要安頓下來埋頭寫自己最後的作品。願與你共勉之。祝春好 潔若附候。老蕭。再，《時代報》目前我閱後即送給《晚報》及《北京政協報》他們參閱或引用。

蕭乾對我的殷切期望，我一條也沒做到。英文沒學好，藉口一大堆，都不是理由，就是沒下功夫。蕭乾的英語，比一般美國人都好，達到文學家的水準。另外，我也未成為某某專家，倒是念了三年神學院，做了牧師。在我的人生規劃中，也沒有這一條。大概要讓他失望了。

1991年他從國內給我寫的信，尚有保留，信是這樣寫的：

魯冀兄：

　　信悉，知你在大學當副教授，甚喜。家人團聚總是很好。你能幹，勤奮，一身本事，而美國活動範圍又大，相信總會有巨大成功……

蕭乾 91年11月27日

還有一封信，大約寫於1992年。信說：

小高 你好！

　　來信收悉，知蕾萍入境問題已解決，甚慰。她有專門技能，抵美謀生當無問題。希望你做到保持她不參加那裡的政治生活，置身於漩渦之外。不過這一點，說來容易，做到難耳。

　　關於國內出書事：

　　（1）我在友誼公司無熟人。據我所知，他們專業美籍華人之書是帶有統戰性質的，你在不在他們範圍？我無把握。另外，我知他們只出文學作品，如小說。你在《時代報》上的基本是報導性的文章，他們出書不出，不知。

　　（2）目前國內出版社十分講求經濟效益，即出書不至賠錢。太平洋彼岸記者的興趣與國內迥乎不同，倘有系統地描繪美國之書，也許有銷路。我們知之出版社，寫作，皆為文學的。

　　（3）一般接洽出書之程序，不能紙上談兵，必需把書稿交到出版者之手，他們才能考慮要不要的問題。你如在國內有位幫你經手此事的人，也不妨交他一試。我現實無此力。

　　（4）我自己從1932年即從事報紙寫作，至1948年才出版了《人生採訪》。近年又淘汰了許多。新聞記者所寫的，往往一時風行。事過境遷，可讀性即銳減。望你對自己所選，務必要嚴格些。

　　匆問節安

蕭乾 1月22日

國內來鴻 大不相同

我這裡有一封國內來信,和他寄到美國的信簡,大不相同。因為從國內寄美國的信,相對較貴,所以蕭乾總用信簡,就是那種信封信紙一體化的。蕭乾要兩面寫。國內信件便宜很多,他就可以敞開寫了。

這是一封國內的來信:

老高,信寫好寄上。老莊就住在東直門內馬杓胡同(也叫順城街)人民出版社宿舍,一問即知,一座兩層樓的建築,在一所中學旁邊。老莊人很好,也很活躍。你們會談得來。你再問問他想看球賽還是什麼,一聯繫,他就更幫忙了。這條路子打通後,你的"摘記"將比我全了。(我們因無處堆放,新書基本全不買,全讓給你買了。)

我老早想同你談一個問題,即如何讀書這個問題。我們交友不僅僅為了相互解決些實際問題,更重要還在大處的互助。比如你對小桐插隊的關心。我長久以來感到你的讀書辦法有些問題。有幾種讀書,一種是to kill time(消磨時光),大凡退休人員,家庭婦女這種讀法,是見書就讀,只要有的讀即成,既不求甚解,也無任何研究動機。我這裡附給你一信看看,徐盈(?)是已退休五六年的老友,心臟病嚴重,我把一些老掉牙的內部書拿給他看,去消磨時光。他兩次來信(一封丟了)。說他時間有限,只想看與他心目中的題目有關的書。文藝書不看,這不看,那不看。只看有關的書。他這種看書法是為積累知識,佔有資料而看的。年輕人,中年人,尤其有專業的(更不用說有個專題在研究、寫作的),都是這麼看書法。你今天這個看書法(不客氣地說)還不如我那個退休朋友。你是為看書而看,幾乎是個"癮",這種看書法,對你用處實在不大。文潔若最近認識了一位大夫,神經科的,半休,但她十分用功,把有限的時間全用在研究專業上。潔若因感激她為小弟治病,所以總把一些"熱門書"如《戰爭風雲》帶給她,但她一律退回。說,她時間有限,只能用來鑽研業務。(潔若幫她看些日文醫學資料)。我常把她同你比較。你(1)時間也有限(2)正在開創一個路子,一個科目,一個專題。而且已初步創出來一點了,正應乘勝前進。然而我所看到的狀況是:你對生活中的"主",卻十分淡泊,不起勁。而對屬於"閒"的方面,卻拼命追求。這個問題你似應再考慮一下。有空再聊吧。

寫得太直率了，相信你不會見怪的。如果我是你，我一定設法弄到一個北圖借書證，盡一切力量，佔有資料，把雕塑作為戰鬥目標，全力以赴地搞下去。許多人都是這麼過來的。你扭轉航向還不遲。

這信你不要保留，我絕無意鼓勵你走白專道路。我只希望你在看書方面加強目的性，講求些方法論，以期更能有所成。

祝好。

肖 5月31日

信中所說的老莊，叫莊浦明，是人民出版社的編輯，後升為副社長，我和他成了好友。我來美國後，我們還有聯絡。後來，他為我出了一本書《星條旗下》。蕭乾叫我"此信不要保留"，我恰恰保留了下來。

蕭乾仙逝 潔若贈書

蕭乾去世是1999年2月11日，享年89歲，也算喜壽了。當時我不在國內，未能送他一程。不過到晚年，他生活無缺，家庭團圓，也算美滿了。回想起來，他真是一個大學問家，一位偉大的記者、作家、翻譯家。他在晚年，和太太文潔若一起，翻譯了極難翻譯的愛爾蘭作家詹姆斯·喬伊斯的《尤利西斯》，文潔若說，這是二十世紀西方小說中的名著，一九二二年就出版了，但至今中國還沒有譯本。她雄心勃勃地答應翻譯此書，蕭乾也被深深地捲入，成為合譯者。半世紀前蕭乾就認為此書為"天書"，但晚年還是完成了這件大工程，堪稱表率。這本書每章的注釋，都有幾十條至幾百條，甚至超過本文。可見其翻譯難度之大。當年他也曾翻譯一本"天書"《拿破崙論》，他說是古英文，極難翻譯，是為毛主席翻的。他說，翻譯完，只印大字本幾十本。但最後我並沒見過這本書。

回想起來，蕭乾對我可說極為關注。但他總以平輩與我交談，而且從不說自己的"光榮歷史"。例如他在英國時，曾與一位馬來西亞人為室友，後來此人成為馬國總理，蕭乾夫婦應邀去訪。這是多麼榮耀之事，但他提都不提。而且他以八十高齡翻譯天書《尤利西斯》，竟歷時四年，但他也沒講其中之艱辛。

在國內時，他把一本絕版書《夢之谷》送給我，並說那是他在潮汕教了半年書，鬧了一場初戀的產物。那位初戀對象終生未嫁，晚年在天津和弟弟相依為命。他托我回天津時，去看看她。當初我還質疑，背著文潔若去看她有什麼意義？蕭乾說，也許她有些難處，他可以幫幫她呢。我還真替他去看了她，回京後，把情況報告給蕭乾。

蕭乾對我的情誼，真不是一兩句話可以概括的。所以2001年我回國，執意去看望文潔若。那次看望她時，文潔若特意給我看當時的總理朱鎔基給蕭乾寫的信，毛筆書寫，足足滿了兩頁紙，他的毛筆字寫得好，滿是頌贊之辭。文潔若說，她要去美國，從舊金山機場要去奧克蘭，問我可否接送她？她還送了我許多他們的書，每套書上都書寫"魯冀 蕾萍 賢伉儷留念 二○○一年元月十五日"，而且蓋上兩方圖章。一是"蕭乾藏書"，一是"文潔若印"。

六四之後 未被整肅

1989年10月11日，香港《信報》專欄"神州瞭望"有一篇馬典梁的的文章《仁政的樣板》，其文說（節略），北京傳來關於文化界幾位名家的信息，其中一位是作家蕭乾出任中央文史館館長。

這的確是喜訊。蕭乾兩度簽名支持學運。"六・四"以來，不少人以焦慮的心情期待這些文化界精英的信息，默默地為他們的安全祈禱。如今，得悉他們完好無損，總算釋了懸念。這位老知識分子能逃劫數，有諸多原因，最主要是拜其年齡和聲望所賜。比起老舍、翦伯贊等無數民族精英，他們是交了好運。據說蕭乾簽名支持學運，"六・四"之後，誠恐誠惶。自身也危危乎的統戰部部長閻明復受命兩次登蕭府造訪，除了現身說法，還向蕭乾表示了理解和慰問，並請他出任中央文史館館長。他們非常幸運被選為典型，以示"重視知識，重視知識分子"的政策不變。同時向世人顯示，知識分子並沒有受到迫害，不僅如此，還升了官，並有"樣板"為證。

不知樹了幾個"樣板"，能不能消除眾多知識分子的疑惑，因為"六・四"以後失蹤的知識分子多於被"諒解"的知識分子。當前，已很難在報章上讀到知識分子關心國事，意氣風發地提出自己見解的文章。如果說"萬馬齊瘖"流於誇張，人人心口不一卻是普遍現象，如此這般，政治局面怎能生動活潑起來。蕭乾雖然沒有戴晴那樣秘密失蹤的遭遇，而且受到禮遇，但是，他們未必"覺今是而昨非"。

他們都是在人海惡浪中搏擊過來的人，深明"世途旦復旦，人情玄又玄"的道理。但他們腦子裡的東西，不會輕易跑掉的。不管怎樣，他們平安，總該慶幸。

1989年後，我沒和蕭乾討論過"六‧四"問題。但我們彼此都是啞巴吃餃子——心中有數。上文說蕭乾是在人海惡浪中搏擊過來的人，一點都不假。他是飽經風霜，心理成熟之人，也是信得過的好朋友。我真為我此生能有他這位良師益友而慶幸。

追思蕭乾 晚年加油

　　蕭乾是位大學問家，在晚年仍孜孜不倦地埋頭工作，居然以80高齡，和快70歲的妻子，雙雙啃出了一本天書《尤利西斯》。

　　蕭乾自己對此有過描寫，在序《尤利西斯》中譯本中說：很吃力，但也感到一種愜意，因為一個奔七十歲和一個已過八旬的老夫老妻，三四年來起早貪黑，終於把這座堡壘攻下來了。在這項工作中，潔若是火車頭。她為此書稿放棄一切休息和娛樂，還熬過多少個通宵。從一九五四年我們搭上伙，她就一直在改造著我：從懶散到學著勤奮。譯《尤利西斯》是這個改造過程的高峰。

　　蕭乾還說：

> 　　四年前八月間的一天，南京譯林出版社李景端社長來到我家。他說他們社出完普魯斯特的七卷本《追憶似水年華》之後，還想把愛爾蘭作家喬伊斯的小說《尤利西斯》也請人翻譯出版。他風聞我早期摸過這本書，又知道文潔若也是學英國文學的，就力促我們合力動手把它譯出來。
> 　　四十年代初，我確實曾鑽研過這本書。當時我才三十幾歲，都沒考慮去譯它。如今八十開外，去搬這麼一座大山，那是太自不量力了！所以就一口就回絕了，說我不想沒罪找枷扛。
> 　　然而這位想做一番事業的年輕出版家熱情敦促，執意慫恿。當我告訴他出這麼厚而難懂的書是會賠錢的時候，他氣概軒昂地說，只要是好書，我們不在乎賠錢。這在五十年代聽了，並不足奇。然而在"一切向錢看"的九十年代聽了，可使我一怔。他的話深深打動了我的心。

　　從這段文字，我回想起來，以前每次我去看蕭乾，文潔若從不參與我們的談話,她總是在另一間屋內,默默地做自己的事。和蕭乾一樣,或翻譯,或閱讀。倒是他們單位賣一些內部書,因為他們自己不要,都讓我買。她打電話來,我就會去人民文學出版社買。那時我家住在東四附近,人民文學出版社就在我們斜對面,很近。

蕭乾已過八旬,仍在硬啃翻譯《尤利西斯》,我今年竟也將近八十了,受他精神的感召,仍然在寫一些文章,例如本文。我主要想為歷史留下一些痕跡。蕭乾是中國十大文學家之一,我何其有幸,竟與他成為摯友。我需要把這段友情寫下來,以慰其在天之靈。同時也自勉,面對愛妻三年多前逝去的悲哀,面對一個人的寂寞,在晚年,也要做一點事,按照我另一位摯友曹仲英(中國書畫鑒定家,收藏家,作家)的話:"為中國文化做一點事"。

八三來函 透露玄機

很多人說蕭乾是安全部的人,我聽後,一笑置之。但是從他1983年12月17日信中,倒是透露了某些玄機。信中寫道:

魯冀好友:

你好!茲介紹徐輝先生(政府工作人員)來看你。他將短期在華埠工作,人地兩生,希予協助指點為荷。

即頌春安

蕭乾 83年12月17日

徐輝拿這封有人民文學出版社抬頭的信來訪,妻子蕾萍心細,她發現信封中還有一張小小的收據,是徐輝在舊金山總領事館買了兩瓶茅台酒及兩瓶紅葡萄酒,一共才17美元。收款人張某某,交款人徐輝。今收到一欄明白寫著"安全部"。而且有"中華人民共和國駐舊金山總領事館財務專用章"的大印。妻說"這四瓶酒也太便宜了",我告訴她"這酒是外交用的,免稅的"。不過為一張小字條暴露了自己的身份,似不符合安全人員規定。

徐輝來訪,還引出了包一鳴的來訪。包當然也是安全部的,而且是個總字輩人物。據說是中央保衛局的局長。他們為趙紫陽訪美打前站。他們叫我做的事,是讓我提供一些中國城僑界的情況。記憶中我寫了四個人的情況。一是王靈智,一是一位李女士,我和她都在華商總會工作。他們對李女士有興趣，因為她是從台灣來的。他們找她談了話，我並不在現場。後來李女士回國，與他們聯絡，他們還請她吃了飯。

　　我手中還有徐輝的賀卡，日期是1983年12月26日。還有一封包一鳴托人帶給我的信。信中說，"魯冀先生：舊金山握別後，轉眼間一年多過去了，你們好！茲有我的好朋友周平、侯泉兩位先生去美國安排李主席出訪事宜，估計在美國停留一段時間，特委託他們去看你，並向你問候。他們有些事可能需要你從旁協助，希望你能像協助我和徐先生那樣盡力協助他們，詳情由他們和你面談，特此拜託。你暫時無法回國，家裡有什麼事情需要我們幫忙，請不用客氣告之。順祝 近安，向李小姐問好！包一鳴啟 七月二日。"應該是1984年了。

高魯冀2018年10月22日
寫於美國加州核桃溪樂詩畝寓所

作者與蕭乾（右）合影

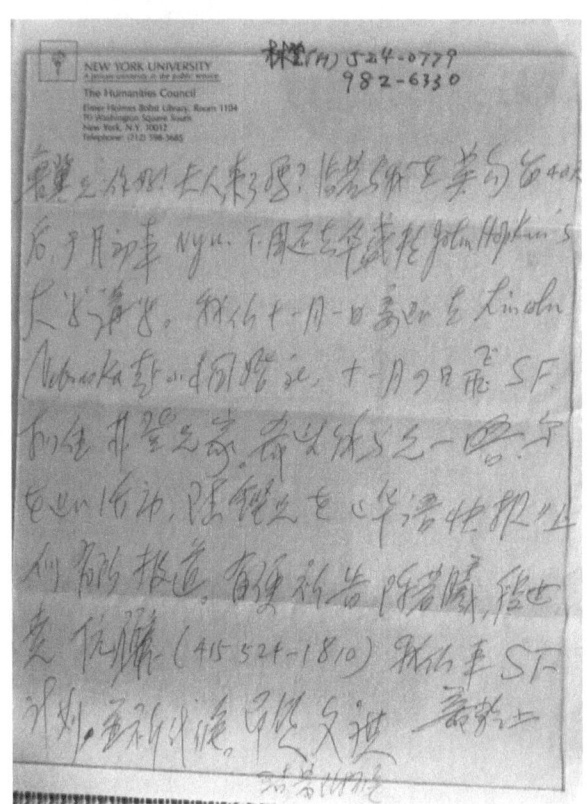

蕭乾致作者信函

譯家楊憲益和他愛妻戴乃迭

　　我認識翻譯家楊憲益和他太太，是在黃永玉家。其實在黃家見過他們夫妻好多次。但我認識他，他卻不認識我，他只知道我叫"小高"。

　　記得第一次見到他們，大約是文革前期。黃先生事後對我說，他們夫妻是著名的翻譯家和文學家，把許多中國文學名著都翻譯成了英文。而且是"真翻譯"，中文書中所有的一切都翻譯了，包括書中的詩詞歌賦，而且翻譯得非常好，好到目前還沒有人能超越他們。絕不是任何簡本或刪節版可以比擬的。

　　他們翻譯了《楚辭》《史記》《紅樓夢》《長生殿》《儒林外史》《水滸傳》《老殘游記》《魯迅選集》《芙蓉鎮》《白毛女》等等古今中文名著。最重要的是，他們還訓練了不少中國的翻譯人才。

　　對楊憲益最深的印象是，他嗜酒。記得有一次他拜訪黃先生，帶了一扁瓶白酒。女主人梅溪體貼地把酒打開，他就一個人自酌自飲，最後竟把一瓶白酒喝光了。他自己好像還不相信，拿著空酒瓶說，"怎麼就喝光了呢？"他是真正的喝酒，不需要任何下酒菜。

　　楊憲益生於1915年，1934年畢業於天津英國教會學校新學書院，後去英國牛津大學墨頓學院研究古希臘羅馬文學。抗戰時期與錢鐘書、呂淑湘、向達等人在倫敦華僑中做救亡工作，出版中文版報紙。

　　他24歲翻譯《離騷》，竟然驚動了周恩來。1953年，他和一群科學家與藝術家接受毛主席接見。周恩來向毛主席介紹他說，這是一位翻譯家。毛主席握著他的手說，你覺得《離騷》能夠翻譯嗎？

他大膽地回答:"諒必所有的文學作品都可以翻譯吧。"

楊憲益是一個風流才子,但他非常愛他太太,相當尊重她。他太太是英國人,英文名是 Gladys Margaret Tayler。她的中文名是楊憲益取的,譯音。她去世時,他寫了一首詩懷念她:

> 早期比翼赴幽冥,
> 不料中途失健翎。
> 結髮糟糠貧賤慣,
> 陷身囹圄死生輕。
> 青春做伴多成鬼,
> 白首同歸負我卿。
> 天若有情天亦老,
> 從來銀漢隔雙星。

戴乃迭的母親曾不贊成他們的婚姻。她預感他們的婚姻不會長久,最多不超過四年,他們將會坐牢,他們的孩子會自殺。

但是,戴乃迭的母親預言看錯了一件事,她認為他們的婚姻不會長久,但事實上,他們廝守了六十年,非常恩愛。戴乃迭的父母都是來華的英國傳教士,曾任教於北京大學。她在北京出生,自幼對中國文化有極深的興趣。她與楊憲益在牛津大學相識。她本來是唸英法文學的,後來改讀中文,也成為牛津大學首個研讀中文的畢業生。楊憲益與她志趣相投,彼此相愛。雖然楊憲益在牛津大學考獲碩士,並獲美國哈佛大學聘任,他們卻毅然離開英國,返回中國,並於1940年在中國重慶市結婚。

那時的中國正陷於水深火熱的抗日戰爭之中。楊憲益任教於重慶大學,後於1941年開始改任貴州師範學院英語系主任。1942-1943年則任成都光華大學教授。在戰爭期間,雖是大學教授,但薪水低微,夫妻二人過著極貧窮及簡樸的生活。楊憲益本來身家豐厚,但在他留學期間,家人花光了他全部身家,以致他一窮二白。正如他說,結髮糟糠貧賤慣。

1943年4月,蒙梁實秋賞識,介紹他在編譯館工作,並開始從事翻譯與寫作,出版了《譯余偶拾》。解放後,他們並沒有去台灣,而是留在新中國。1953年起,調任北京外文出版社翻譯家。夫婦二人同屬一個單位,二人經常合作,先後譯有《魏晉南北朝小說選》《唐代傳奇選》《聊齋選》及全套《儒林外史》、全本《紅樓夢》(Dreams of Red Mansion),還有極多其他作品,都是極有水準之作。楊憲益1993年獲香港大學頒贈文學博士學位。

1949年，南京剛剛解放，各國使館正準備撤離。加拿大駐華大使館代辦朗寧先生告訴楊憲益，使館有一舊木櫃，裡面有些紙包的骨片。他看了以後，認為是殷商時期的甲骨文，便叫了一輛三輪車，把文物送到了南京博物院。這是多麼珍貴的文物！博物院曾昭燏院長專門致信感謝。這批文物，其價值甚至超過"居延漢簡"。

這對夫妻在學術上的成就極為卓越，但他們的遭遇卻是慘不忍聞。當他們回國時，楊憲益的母親得悉他娶了一個洋人妻子，非常不高興，並且病倒了。因此，楊家親戚對戴乃迭極不友善。到了1968年4月27日，正是文化大革命進行得如火如荼的時候，他們夫妻二人雙雙被判入獄，罪名是"英國間諜"。起因是一個原在大使館工作的中國僱員，因曾在英領事館服務而被控"反革命"，被關押。在受盡折磨之後，他承認自己是英國間諜。但他跟著說，"如果我是反革命，楊憲益也是反革命，他整天都跟伊文思（英國駐華大使）在一起。"就憑這一句話，楊憲益就被囚多年，戴乃迭也被牽連。

在獄中，任何親人及朋友都不能接觸她。她受盡了折磨。然而，她在這樣境況中仍然沒有失去一個英國淑女的優雅風度，一樣待人接物有禮貌。獄卒送上飯來，她總是說，"多謝！"，既無怨恨，也無衝動。在審訊時，提審員答應她，他們的孩子會得到國家照顧。就憑這句話，她就得到安慰，安心渡過了四年鐵窗生涯。然而提審員所承諾的完全是謊話。她出獄後才明白什麼叫"株連九族"。當他們在獄中時，他們的三個孩子受盡痛苦，被迫流放，過著非人的生活。他們天生睿智的兒子楊燁抵受不住，精神崩潰。他宣佈自已不是中國人，又很怕與中國人來往，也不承認楊憲益是他父親。更只說英文，不說中文。後來中國政府把他送回英國。雖然離開了中國，但在英國一見到中國人就害怕發抖。最後這位年輕人選擇了在聖誕期間，點煤氣自焚，結束了自已的生命。在他墓碑上刻有他的英文名字 Dawld Green。

至此，戴乃迭母親當年的預言一一應驗，她唯一的兒子自殺，大女兒傷心欲絕，不願意留在中國，家庭四分五裂。戴乃迭出獄後面對所有這些殘酷的現實，患上了抑鬱症。她經常一個人在房間裡自言自語，晚年更患上老年痴呆症。但楊憲益一直陪伴著她，直到她1999年11月病逝。她去世後，他便停止了所有的翻譯工作。他的生命彷彿和她一同離去。他也謝絕一切應酬，常說："她不在，我不出現。"2009年11月，他也離開人世。

我在黃永玉家看到他們夫妻時，他們還很健康，尤其戴乃迭，長得貌美不說，眉眼間還透著一股英氣。那種氣質，不是一般人有的。她話不多，但顯然中文都聽得懂，因為反應都很及時。

　　出獄後的楊憲益夫婦，本來已不問國事，但"六‧四"槍聲驚醒了他們。楊憲益在"六‧四"槍聲後，拍案而起，直言怒斥，聲震寰宇，在BBC對他的採訪中說："我譴責戒嚴部隊屠殺北京市民的罪行！中國人民是殺不絕，也嚇不倒的！他們可以將我加在殺害的名單上，但是他們不能夠殺光我們所有的人！"

　　楊憲益的英文自傳 White Tiger 在中國是禁書。

高魯冀寫於2019年5月30日
於美國加州舊金山灣區核桃溪樂詩畝寓所

戲劇家、書法家吳祖光

我與祖光有一面之緣，他曾送我一幅他寫的字，內容是他自作的一首詩。他也是書法家，他的字自然不錯。當時我是中文報記者，一般國內來了文化或各領域的名人，我都要採訪。對他對採訪是在一家舊金山的中餐館進行的，我們一般都在此請人或採訪。飯店老闆有文化，且常年預備著筆墨等文房四寶，還有大幅紙張，方便題詞。記得李瑞環未成國級時，也來過這家餐館。

我早就知道吳祖光，知道他是一位有成就的戲劇家及电影導演，很早就仰慕他。我舅舅是天津人民藝術劇院的話劇演員，抗戰時期參加演劇隊。他對吳祖光也非常欣賞。但我不知道，他還是一位有成就的書法家。

印象很深刻的是，他與新鳳霞的婚姻，我以為他們是老夫少妻，後來才知道，兩人也不過相差十歲，而且他也只是二婚。他們是1951年，由作家老舍介紹認識後結的婚。

吳祖光很年輕就在戲劇電影界嶄露頭角，1937年創作抗日劇《鳳凰城》，一舉成名。1937-1945年，在南京國立戲劇專科學校任校長室秘書、講師，同時擔任一些劇團的編導。

他1947年去香港，任香港大中華影片公司編導、香港永華影業公司導演。1949年在中央电影局，北京電影製片廠任導演，並任牡丹江文工團導演。

1955年，在周恩來邀請下，吳祖光將梅蘭芳的表演藝術拍成黑白電影《洛神》和彩色影片《梅蘭芳的舞台藝術》《白蛇傳‧斷橋》，以及《宇宙鋒》《霸王別姬》《貴妃醉酒》等。周恩來稱吳是戲劇界的神童。

　　吳祖光有如此成就，和他出身有關。他父親雖是做官的，但卻以詩、文、書、畫聞名。他還是一位文物鑒賞家。

　　再說周恩來對新鳳霞演出的評劇《劉巧兒》非常欣賞，這原本是發生在陝甘寧邊區的事。當時的陝甘寧蘇維埃主席是習仲勳。他後來擔任中共中央宣傳部部長兼國務院文教委員會副主席。周恩來請中共中央南方局負責文藝工作的徐冰，把吳、新夫妻介紹給習仲勳。習向他們詳細介紹了陝甘寧婦女工作的歷史背景。

　　現任國家主席習近平，在2009年6月——那時他還是國家副主席——到陝西慶陽市華池縣視察時，還專程去看望了劉巧兒的原型封芝琴老人。

　　吳祖光1957年被劃為右派份子。據說這還是田漢害的他。田漢和吳祖光都講過"外行不要領導內行"的話，但田漢和周揚、夏衍商議後，決定嫁禍於吳。他們召開了座談會，但最後僅把吳祖光的發言，刊登在《戲劇報》上。標題還是田漢擬的：《黨"趁早不要領導文藝工作"》。吳祖光被送到北大荒去勞改，1960年才回京。

　　吳祖光1980年加入了中國共產黨。1987年反對資產階級自由化運動中，胡喬木親自登門，勸他退黨，遭到拒絕。

　　1983年，吳祖光訪問美國時，我採訪過他。他當時托我給他家裡打個電話，我回家後給他家裡打了，是新鳳霞接的，我報了平安，還與新鳳霞聊了幾句。

　　在一次飯局中，吳祖光專門為我寫了一幅字，我至今保留。上書"一九七二年枕下詩越十一年書贈魯冀老弟。吳祖光於舊金山。"

高魯冀寫於2019年6月26日

何炳棣教授與我

何炳棣教授（1917—2012）乃海內外知名中國明史專家，美國芝加哥大學終身教授，晚年曾到加州某大學任教。並曾於1980年代初，受到鄧小平接見。

1982年前後，我正住在芝加哥。華人圈子很小，彼此都有聯絡，芝加哥部分華人還有每月一次的餐會。我姨父和三姨住芝加哥郊區的小鎮，與何教授是一個圈子裡的。他們經常在聚會中見面。

我們家與三姨曾斷了聯絡幾十年。三姨原是中共地下黨員，1948年，她在中國考上了美國大學生聯合基金會的獎學金，要到美國留學。她那時的男朋友也是地下黨員，後來告訴她，大姐來信了，同意你去美國。大姐指的是組織。三姨到美國後，我們本來一直有信件往來。1949年後，每當她來信，母親和舅舅都要拿到單位去交代。三年困難時期，她托香港的一位牧師給我們寄過豬油和一些食品，如奶粉等。以後，我們的聯繫突然中斷了。文革時，說我們裡通外國，說我們是反動家庭。我們不但被抄了家，還被壓縮了住房。但文革期間，三姨過去一些戰友的單位來外調，母親都說他們的好話。文革後期，這些戰友都被解放了，他們聯合起來，給天津市委寫信，其中包括河北省委書記，中國農業大學校長及其他一些高幹。信中說，"楊國欽老人（指我母親）是我黨在抗日戰爭和解放戰爭時期的保壘戶，掩護過大量革命志士，對我黨貢獻極大。文革中，受到不應有的衝擊，甚至被壓縮了房子，希望給予平反"。

七十年代末，家中一位表舅在美國中文報紙刊登廣告，尋找我三姨楊懿德。這廣告居然被何炳棣先生看到了，他認識我三姨一家，而且相當熟悉，就馬上致電三姨。三姨給我們寫了信，說她每年聖誕節一定給我們寄信，但我們從未收到過。我們遂與三姨重新聯絡上。我當時正在清華大學唸研究生，給三姨寫的第一封信，就要求來美國留學，三姨回復，馬上答應了。1980年，我經香港來美。

　　我到芝加哥，住在傅開鵬神父家，他是山東人，曾任輔仁大學訓導長十七年。我在伊利諾大學芝加哥分校唸了兩年英文，此期間認識了何教授。何教授也認識傅神父，且有來往。他們彼此敬重。有時三姨他們的聚會，我也參加。他們一般都講英文，但每次，只要何教授在，他就與我講中文。交談起來，我說我有些民間的小瓷器，是挖河挖出來的。還有一大包拓片。他聽了，極感興趣，非要馬上到我住處看。

　　說起拓片，這是我家的倖存品。文革期間破四舊時，我家主動燒了兩樟木箱字畫，捲軸的，兩樟木箱可放多少？總有幾百幅。因我姥爺（外公）是古董收藏家。什麼人的畫不記得了，當時我也不懂。只記得一幅馬，據請來看的人說，可能是郎士寧畫的。燒得太多，我媽又怕憐居告密，說我們燒黑材料。就把一大包舊紙交給我，叫我帶到北京去燒，我那時在北京工作。那是一包拓片，據父親說，是他在抗戰時期用金子買的。父親喜愛書法，自己的字也寫得漂亮。因為那時我在湖南韶山建毛主席塑像，這包拓片我就托朋友拿給摯友黃永玉看，問問東西怎麼樣？據同事說，黃先生說，"不怎麼樣"，但要求"送給我吧"。我說，"不怎麼樣要送給他，不送！"後來我來美國，那包東西就帶到了美國。

　　何教授到我住處，先看了瓷器，一些小罐，是我帶領知青挖河時挖出來的。何教授說，是民間的東西。又看拓片，他看得認真，因為都很大，我展開一幅幅地給他看。看後他提出，"賣給我們圖書館吧"。我同意了，反正放在我手邊也沒什麼用。我抱著那包東西去了芝加哥大學圖書館。圖書館接待我的全是中國人，他們找出四五本石門頌拓片來。台灣出版的還不是拓片，而是摩寫本。石門頌是中國最早的隸書石碑，為漢代作品，原碑在陝西漢中，因是砂岩碑，風化嚴重，明朝以後就拓不出了。碑也挪到室內。我那件是明朝拓片，記得很大，紙也很厚實，像是棉紙，彌足珍貴。可惜我完全不懂。他們看到此拓片，都十分興奮。問我要多少錢？我也不知道，就說，"給三千塊錢吧。"他們就去申請，但只得一千五百元，問我怎麼辦？我也窮大方，說，"賣給你們吧！"後來，圖書館館長還給我寫過一封感謝信，信是1983年6月3號寫的。信中大意為：隨信附1,500元支票，感謝你如此大方把一批拓片賣給芝加哥大學圖書館的遠東部收藏。也謝謝何教授的協助。信中並附有我寫的拓片目錄。後來，此地一位普林斯頓大學藝術史博士吳定一聽說此事，大為震驚，他說，"什麼？石門頌拓片只賣一千五百元！我賣兩幢房子，也要買你的石門頌。"朋友幫我算了一下，那時，吳博士在舊金山的兩幢房子，大約值四五十萬。我才知道我犯了大錯，賣得太便宜了。而且一共卅多幅拓片呢。不過想想，萬一文革中給燒了呢，還不如給圖書館保存好。

何炳棣先生給我寫了三封信，分別是一九八三年五月十七，五月廿四，和十月五日。五月十七號的信，"知道你在《時代報》作記者，很好，甚慰。拓片事原則上已通過，學校的出納將給你發支票1,500元，但需時二週，屆時將掛號寄到報館地址。"那時我已搬到了舊金山，因我接到舊金山時代報社長黃運基的電話，聘請我為報社記者，並幫我辦理移民手續。。

五月廿四日信說，"承《時代報》主持人惠贈此報，至感々々。千乞代為致謝。見此信，乞立即通知貴報同仁，將地址由學校改為舍址。原因是我不每天到校，校方郵箱有限。"並告之"芝大圖書館已決定照原議價格收購拓片，惟支票尚須數日才能寄上。"因我在報館工作後，請老闆給何教授寄份報。在信眉上，何教授還寫著，《時代報》內容甚佳。

十月五日信主要是因為我約他撰稿，並轉達是陳省身先生推薦。信中道："正值開課，特忙。撰稿一事，今年無法進行，請他位先生先撰為宜。陳省身先生好意，至為心感"。並說，"你的貢獻很大，為貴報所依重自屬必然。"

最後一次見到何教授，他已到灣區某大學任教，我們共同出席每年四月份一度的清華大學校友會。他知道我已投入中國畫鑒定及收藏行列，有大師級的收藏、鑒定家教導，並有了相當的成果。他非常高興，因為一些大畫家的作品，他都認為自己可望不可及的。所以對我大加稱讚。

高魯冀寫於2018年7月29日
於美國加州核桃溪寓所

THE UNIVERSITY OF CHICAGO
DEPARTMENT OF HISTORY
1126 EAST 59TH STREET
CHICAGO · ILLINOIS 60637

鲁冀：

　　谢谢你的信。且《时代报》工饭饭好，甚慰。

　　帐洗事原则上已通过，邓先生印掉（周知陵板'的出纳处给你发支票，1500美元，但需时二週始能寄出。届时当挂号寄到报馆地址。

　　余容——，即谷

　　时绥

　　　　　　　　　何炳棣
　　　　　　　　　一九八三
　　　　　　　　　五月七

何炳棣致高鲁冀信函之一

《時代報》內容甚佳。

THE UNIVERSITY OF CHICAGO
DEPARTMENT OF HISTORY
1126 EAST 59TH STREET
CHICAGO · ILLINOIS 60637

魯冀:

承《時代報》主持人惠贈此報,至感感。千乞代為致謝。

見此信乞立即通知貴報同仁,將地址由學校改為舍址:

PING-TI HO
4741 S. Woodlawn Av.
Chicago, IL. 60615

原因是我不每天到校,校方郵件保稅有限。

上週有信通知田括汇生大告訴館已泱定此原設價格42元集,4件支票海郵寄日後往寄上。

另謝之,此詢

撰祺,

何炳棣 一九八
五月廿日

何炳棣致高魯冀信函之二

拓片目录

(1) 汉建和二年杨孟文石门颂碑.
   该碑为书法艺术上的极品，许多著名书法家对其均十分赞赏。中国曾根据明代拓片出过影印本.石门颂。该拓片可能即明代拓片，因系已不可多得。

(2) 庆元元年晏袭择阁道碑.

(3) 颜真卿神道碑.

(4) 开元十三年六月九日建碑.

(5) 魏碑拓片.

(6) 魏碑拓片 包生中散大夫荥阳太守 薛道猪 (大伐太和七

(7) 碑额一拓片.

(8) 汝帖 (大小共十九片拓片，可能有残)

一、右三代金石文八种.

二、右秦汉三国刻书五种.

三、右晋宋齐梁陈帝王书三十行

四、右魏晋九人书四十八行

五、右晋度江三家　帖四十八り

六、王羲三十帖.

卖给芝加哥大学的拓片目录

THE UNIVERSITY OF CHICAGO
THE JOSEPH REGENSTEIN LIBRARY
1100 EAST 57TH STREET
CHICAGO · ILLINOIS 60637

June 3, 1983

Mr. Gao Luji
c/o The San Francisco Journal
1600 Armstrong Avenue
San Francisco, California 94124

Dear Mr. Gao,

It was very nice to meet you in April.

Enclosed please find a University of Chicago check for the amount of US$1,500.00 as our payment for the Chinese rubbings that you had so kindly agreed to sell to the Far Eastern Collection of the University of Chicago Library. We have received these rubbings from you and I am also enclosing a copy of the list of items prepared by you for your record. The endorsed check will be your acknowledgement of receipt of the said amount.

I would like to take this opportunity to thank you for selling these Chinese rubbings to us. We are also very thankful for the kind assistance of Professor Ping-ti Ho in this matter.

With best wishes,

Sincerely,

James K. M. Cheng
Curator
Far Eastern Library

Enclosures

cc: P. T. Ho
    Gail Pinc

芝加哥大学遠東圖書館信函

中國文學評論家 教授 夏志清先生

夏志清（1921年2月18日-2013年12月29日），江蘇吳縣人，生於上海浦東，著名的中國文學評論家，哥倫比亞大學教授。

1946年隨兄長夏濟安至北京大學擔任助教，醉心于歐美文學。因研究威廉·布萊克檔案(William Blake Archive)的論文脫穎而出，取得留美獎學金。1948年考取北大文科留美獎學金赴美深造。1952年獲耶魯大學英文系博士學位。1962年應聘為哥倫比亞大學東亞語文系副教授，1969年升為教授。1991年榮休後為該校中國文學名譽教授。2006年當選為台灣中研院院士，2013年12月29日在美國紐約去世，享年92歲。

在紐約州立學院任教時，夏志清獲洛克菲勒基金會贊助，完成《中國現代小說史》，奠定了他學者評論家的地位。這是一部中國現代小說批評的拓荒巨著，1961年耶魯大學出版後，立即成為中國現代文學的熱門書。他從已湮沒的文學史中挖掘出錢鐘書、張愛玲、沈從文等傑出作家，他對這三人的評價，在上世紀六十年代，可謂石破天驚，影響極大，可以說，他是把中國現代作家推向世界的重要推手。

《中國現代小說史》英文版問世四十年後，2005年終於在中國內地出了中譯簡體字版。他的其他作品還包括：《中國古典小說導論》《中國古典小說史論》《文學的前途》《人的文學》《新文學的傳統》《歲除的哀傷》《談文藝，憶師友：夏志清自選集》《夏志清論評中國文學》《愛情，社會，小說》《夏志清文學評論集》《夏志清序跋》，散文集《雞窗集》《談文藝憶師友》。英文著作：《中國古典小說》（1968年）《夏志清論中國文學》(2004年)等。

我與夏志清教授認識，大約在1981年，記得好像是摯友蕭乾寫的名單。否則我怎麼會有夏教授的通訊地址？他1981年8月4日的回信是這樣寫的：

高先生：

　　來函收到已一個多月。今夏我教了一門Seminar，忙了八星期，上星期剛結束。大函遲遲未復，至歉。

　　晚近大陸旅美青年寫信給我的也相當多，我在哥大無權無勢，實在很難幫忙。您多才多藝，學有專長，自應幫助你，可惜想不出一個具體的辦法。在哥大謀一個獎學金，不大可能，除非你正式申請入學。給獎學金與否，當由系方決定。暑期申請，可能也太遲了。你有充分的土木建築，最好申請幾家有建築系的大學。中國古代石碑拓片，當然很珍貴，但沒有聽過以珍貴的拓片換"一蓆"之地的。你多寫文章，或可維持生活，同時在美國進修建築，我想這是最妥的辦法。白先勇是我好友，沈從文、蕭乾先生我都見過。祝你 諸事順利。

　　　　　　　　　　　　　　　夏志清 1981年8月4日。

　　從他回信中看出，我去信中曾簡單介紹了自己，並稱與沈從文、蕭乾都是好友。而自己帶來美國一批中國碑拓，最著名的是中國最早的隸書碑"石門頌"拓片。夏志清先生幽默地回應我說，沒聽過以珍貴拓片換"一蓆"之地的。可見我原信中有不情之請。那批拓片後來經芝加哥大學何秉棣教授推薦，賣給了芝加哥大學遠東圖書館，他們付了我1,500元。那批拓片據他們鑒定，為明拓。

　　不過從信中可以看出，他還真為我動了腦筋。他提出的方案也可以說是最佳方案。不過我並沒有照辦。聶華苓女士曾勸我回國，我也不是沒考慮過，但立遭家人反對：你一無錢，二沒學好英語，三沒有拿一個學位，回來幹什麼！後來我和夏教授通過幾次電話，我也給他寫過一些信，告之近況。並說如果他太忙，可以不要回復。

　　他的第二封信寫於1983年2月11日。這次信親切很多，而且密密麻麻寫了兩頁紙。開頭就是，

魯冀吾弟：

　　正月十五日函已由金介甫轉來。我上次打電話後，即致書台

北好友畫家何懷碩，書家董陽孜夫婦。懷碩回信謂一般書畫收藏家不大有興趣收藏拓片。"書畫原作（如齊白石，吳昌碩，傅抱石等）才值錢"。我建議他出三千元把弟的二十餘幅買下來，他並無興趣。我平日不同書畫收藏家來往，他們愛交往的都是闊人，尤其外國富翁。我同情你的處境，但一向過較清苦的生活，並無能力收藏書畫。你肯把你的拓片廉價出讓，但我也拿不出三千元來。即使動用銀行存款，太太也一定不肯的。在美國一切事都得夫婦商量，這種情況想你是知道的。我不便因此事而引起爭鬧。芝大歷史系何炳棣，政治系鄒Tang教授皆集書畫，不知你同他們有來往否？他們如知道你有名貴的拓片，一定有興趣要玩賞一番，二三千元對他們說是一筆小數目，看得中意一定肯買的（我至今無房產，無汽車，情況同一般的教授大不同）。此二人我不熟，芝大好朋友只有一位余國藩（《西遊記》譯者），你不妨給他一封信，謂曾同我通信多次，他一定會接見你的。他自己對拓片無興趣，也肯定把芝大同事介紹給你的。他的地址是（略）。我想那些拓片極名貴，不如就近在芝城找到買主最好。余國藩係將軍之後，人極正派，不妨寫封信給他，看他反應如何？

　　你寫了一本報告文學，是否一篇篇寫的，還是當整本書寫的。台北副刊肯登一篇篇的報告大陸知青遭遇的文章，但不一定把你的書在副刊上連載（你的知名度不高）。普通一本書賣給書商，所入不多（版稅多少視銷路而定）。文章一篇篇地投稿，稿費反而多。最近台北《中國時報》副刊剛換人主持，我可以先寄兩篇給他看看，如被錄用，則美國《中國時報》一定也會登，你可拿兩筆稿費。你可以寄我兩篇此類文稿，由我轉去，看編輯反應如何。內容精彩，他一定肯登的，這樣一篇篇刊出，一般讀者知道你的名字，將來出書也有人看了。（出書可用筆名，可能政府查不出來。）如能寫稿糊口，不返大陸也是一個考慮。無能力買拓片，很感遺憾，

　　即頌 康健

夏志清 1983年2月11日

來信可直接寄我，不必由金介甫轉。

　　先說金介甫，此人是位學者，他的博士論文是關於沈從文先生的。所以與他相識，可能是沈從文的關係。為什麼由他轉信給夏先生，我已毫無印象。夏先生在信中，為我賣拓片一事，費勁心血。先是給台灣友人寫信，再是介紹芝大兩位教授，說他們都收藏中國字

畫。又介紹他在芝大的好友。也解釋為什麼他自己不能買,甚至說怕引起家庭糾紛。關於我寫文章事,他也絞盡腦汁,出了很多主意。甚至叫我寄兩篇文章,由他出面推薦。不知為什麼這些建議都未實行?他還建議出書要用筆名,他天真地認為,"政府查不出來"。信中看出他的一片赤子之心。今天重讀35年前的信,仍使我非常感動。

後來1991年夏天,我應紐約王己千先生邀請去紐約,住在他的家中,為他寫他的藏畫集,期間抽空去哥倫比亞大學拜訪了夏先生。一見到他,他劈頭就說,當年給我寫信的人很多,但一看到你的信,就想一定要給你回。去之前,我到酒莊買一瓶葡萄酒,在店員的幫助下,選了一瓶性價比最好的紅酒。記得當時夏先生剛剛搬家。他看了酒,說,"一定是好酒!"此人真是性情中人。

他大談哥大分房制度。說,教授分到了房,可一直住下去,住到你死。如果教授先走了,配偶可繼續住下去,也是住到死。他稱讚哥大的分房制度,真是仁至義盡。他搬了家,主要是書多,請了一位工人,在牆上釘了一圈圈的板條,放書,花了3000元。我看到一幅吳昌碩的大畫,他說是在香港買的。那真是好東西。此時我們已經通信、通電話有十年以上,彼此都知根知底,所以聊得很投機。他太太下班回家,我以為要在他家吃飯,不料他說,我們出去吃,附近的一些中國餐館都很好。我們在一家四川館子吃的飯,真是又便宜又好。他知道我為王己千先生做事,非常高興,說王己千先生可是世界很知名的中國畫權威,跟他能學到很多東西。

第二次見他,是在2002年,女婿在哥倫比亞大學法學院博士畢業,我和妻去紐約,出席他的畢業典禮。我事先買了一瓶上好的紅酒,準備送給夏先生。那瓶酒的包裝是一條雕刻精美的木船。我們全家去拜訪夏先生,他看到我在美國站穩了腳跟,並且闔家團聚,非常高興。我們一起去出席畢業典禮。他和我女兒走在一起,兩人有說有笑。

夏志清先生是位世界級的學者,他研究中國現代小說史,把中國現代文學推向了世界,由此,很多人對中國文學、中國文化產生了極大的興趣。沈從文訪美回去後告訴我,在美國,光寫有關他的博士論文的,就有好幾個,碩士論文的,更是上百。大概與夏先生的推介有極大的關係。

說起夏先生,我是心存感激,我們素昧生平,他居然這麼幫我,作為一個大學問家,他在中國文學史上貢獻極大,可以說有不朽的地位。但他也是一個象牙塔中之人,對於世界上的事,有些天真。這也說明,他有一顆赤子之心。

高魯冀寫於2018年10月3日
於美國加州舊金山灣區核桃溪樂詩畝寓所

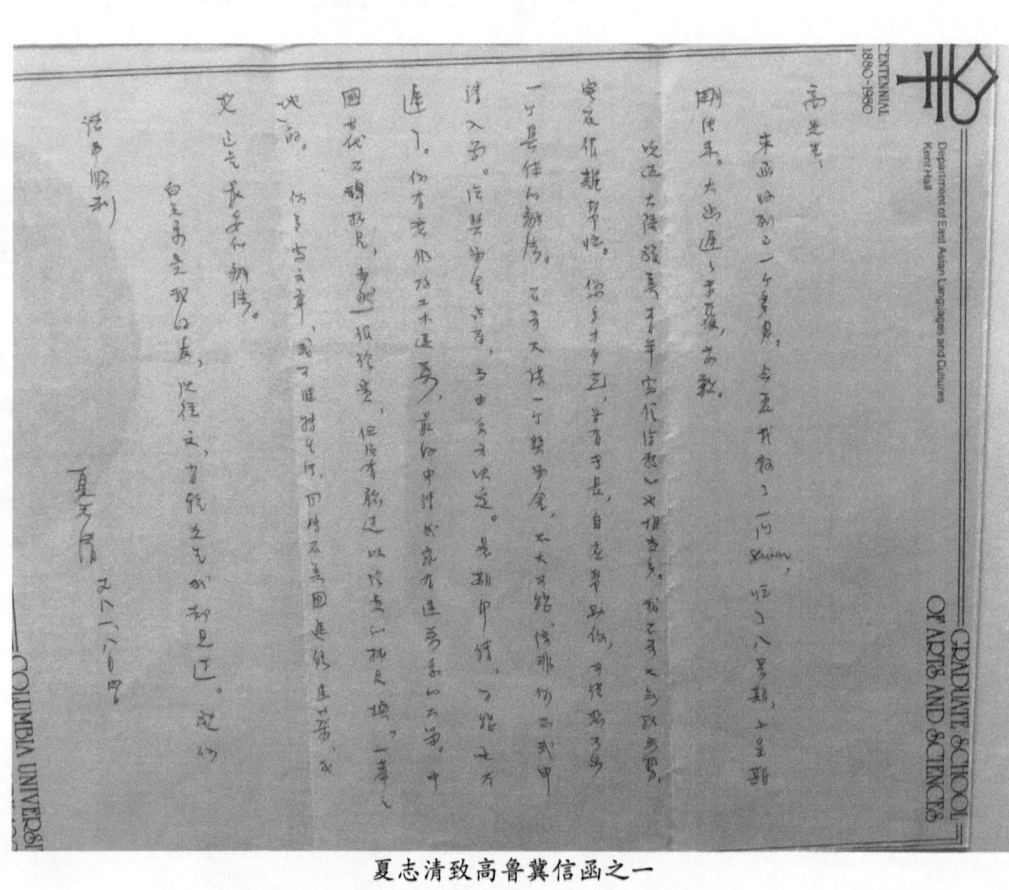

夏志清致高鲁冀信函之一

魯冀吾弟：

五月十四日幼七回金今雨其來。刻上次打電話後，即執書给你好久好

王飯，公安

懷碩壹階我來，懷碩回信說一張今畫由藏家六七千包地似奇

我尺，要查看作（袁白飛、吳昌碩伯紹名等）才任錢，我去感他

出三千之把另外二十幅買下來，他寄個島故。我同詳你可畫收藏

要未佳，他們還不紀約毛同人。尤其外國富商，我回詳你们一盒名，但

一向很致他多自老板，並無能力收藏名畫。他們把你的畫高價上標，

但家七拿字二十之車，即使動用銀行貸款，也是拉不受的，不愛同

一切手我得先和高竟，山稼作我來们也知道的，我不忧因他们华而引起

麻煩。七大阿物國揭，鄧小鞏抬皆集為畫，不知他们同她们的方来往

忘。他们大概還沒有名甚欣款，一定有舌趣托實一番。回三五千

三对他们说是一筆小數，看得中意一定肯買的（我王專与房意与

凡手，們那也回一张名扔枝大可同）。此之人彼不惠，美人好朋友六方一

任余國藩（"西遊记"译者），你可以托他一起代，理實同他通信多次，

他自己对扎长其名趣，真中把亡大同亊

今天纪你的。他山紋此七

Prof. Anthony C. Yu, Divinity School,

夏志清致高魯冀信函之二—2

永遠難忘的田長霖校長

我近年開始寫文章，回憶我與中美兩國文化名人的交往。二女兒問我，田長霖寫了嗎？二女兒是柏克萊加大的畢業生。我說，還沒寫，我馬上寫。幸運的是，我還保留有田長霖的兩封信。一封是1985年3月20號他任柏克萊加大副校長時，為我身份的事，給美國移民局寫的信。一封是1995年5月10日他任柏克萊加大校長時，對我4月22日信的回復。

要寫田長霖校長，我有點為難，因為他是首位華裔擔任美國公立大學排名第一的柏克萊加大校長，網路上關於他的文字，汗牛充棟。不過想想，我只把我與他交往的事情寫出來就可以了。不需炒冷飯。

初次訪問 成為朋友

我1980年代初期，在舊金山擔任中文報紙記者，既是當地報紙記者，又是香港《文匯報》駐美特派員。1983年某日，在田長霖擔任柏克萊加大副校長後，我去學校訪問他，和他聊了不到一個小時。回來寫了文章，並把發表後的文章寄給他。他馬上打來電話，一方面表示感謝，另一方面表示贊賞。他說，怎麼才談了半個多小時，就寫成一篇大文章，還加了小標題。我回答說，田校長，這就是我的工作呀！

以後凡柏克萊加大有活動，我都出席，與田校長成為好朋友。有時候找他，打電話到學校辦公室，說出我的名字，他總會接聽。如果打電話到他家裡，他太太劉棣華接聽，知道是我，也馬上叫他接電話。

他無論當副校長或校長，時間分配都以分鐘計算，他的忙可想而知。但如我們華人社區有重要的活動，給他打電話，他總是撥冗出席。而且每次我都是聯絡員，因為別人不認識他，或與他不熟。有時中國城有活動，我請到三位校長同時出席：柏克萊大學校長田長霖，舊金山州立大學校長吳家瑋，舊金山市立大學徐校長。

年輕有為 嶄露頭角

　　以後對田校長熟悉了，才知道他年紀輕輕，已經不同凡響。他1935年出生於湖北黃陂縣。1949年隨家人一起到了台灣。初抵台灣，很不習慣，因為從一個起居有傭人使喚，出入有汽車代步的家庭，成為一個無家可歸，十二三人擠在十個榻榻米大小房子的難民。

　　田校長說，他在台灣幾年，奮發向上，1956年得到美國肯塔基州路易斯維爾大學的錄取。這所大學在全美排名非常低，但給他全額獎學金，所以成為他唯一的選擇。

　　當時美國南方黑白種族分明，吃，喝，上廁所，搭公車等，全部隔離。田長霖第一次上公廁，就遇到了麻煩，因為公廁上寫著"只限白人使用"，他想了半天，最後還是上了有色人種的公廁。這樣的經驗，對他日後在柏克萊加大推動多元化，有很大助力。

　　後來他轉到普林斯頓大學，按他的說法，是有"天壤之別"。當時他已經戀愛，但雙方家長挑明，只有拿到博士學位，才能結婚。所以他為了早日結婚，快馬加鞭地攻讀。他毫不諱言，這也是他念書的動力。他只用20個月，就攻下碩、博士學位，成為該校最快的記錄。

　　他回憶說，未婚妻在7月4號美國國慶日來美，7月25號他們就結婚了。婚後自助旅行度蜜月，他向我描述了其中的美好。我好喜歡，覺得他真是性情中人，毫不隱諱自己的幸福感，並和朋友分享。他說，走到柏克萊，就留下來了，當了教員，當時才24歲，連英文都講不好。

　　田校長有幾項紀錄，他26歲就成為柏克萊加大最年輕教授。40歲當選美國工程科學院院士，並成為總統科技顧問。1983年48歲成為柏克萊加大副校長。1988年，成為爾灣大學執行副校長。1990年成為柏克萊加大校長，時年才55歲。他還是香港創新科技委員會的主席，為此而成為大紫荊勳章獲得者。

推銷自己 成功入選

　　1990 年，柏克萊加大需要新校長，經過獵頭公司搜尋及半年多冗繁的篩選，共有258名候選人，個個了得。加大總校長迦德納在一堆貼滿白色臉孔照片的履歷表中，獨具慧眼地挑出一個黃面孔的人，並用堅定的口吻對外宣佈：田長霖是帶領柏克萊走進下一頁輝煌的不二人選！

　　田長霖說，面試時，他有三項弱點：生在中國，恐怕融不進美國校園狂熱的運動文化；工程師懂得數學，但行政事務與人際關係可能蹩腳；中國腔的英文影響他的溝通能力，不易募到款項。但田長霖據理力爭，終於說服聘選委員，得到這個職位。

　　他在機械系的同僚，副校長摩特說：他已經成功地把自己推銷出去，讓柏克萊少不了他！

　　他剛來美國時，他的教授稱他為Chinaman，他還挺高興，以為是尊重他。後來有老中告訴他，那是很難聽的話，就像"日本鬼子"一樣，是種族歧視。他犯了躊躇，想向教授表達不滿，又怕獎學金沒了。但最後他還是向教授表達了不滿，教授說，念不出他的名字。田長霖說，你隨便叫我什麼都行，叫田也好，叫長霖也好，就是不要叫我中國佬。教授表示願意改正。下一個學期，他的獎學金還在。而且從每月 50 元增加到 80 元，增加的錢是為表示尊重。

　　他當了校長後，在八成以上教職員為白人的大學，要樹立起威信，相當不容易。當時因經濟不振，州政府大砍教育經費 18％，並要大量裁員，搞得人心惶惶。在與州長的會議上，田長霖與州長辯論，闡述柏克萊加大的重要性與不可替代性。最後州長敗下陣來，答應柏克萊可不受限制，自行其是。田長霖獲得完勝。

官邸遭襲 有驚無險

　　1990年，田長霖任柏克萊加大校長的消息才公佈幾個小時，他就收到恐嚇，對方揚言要殺死他，強調華裔不配做美國最重要大學的校長。

　　1992年8月25日，是學校的開學典禮。田長霖和太太想早點上床，以便早起。不料凌晨五時，一位身穿暗色衣服的女子，潛入四層樓的豪華官邸。此人帶有高溫噴槍，想融化門上玻璃入侵。但因校長身份特別重要，門窗都換成了特殊防護玻璃。她最後融化了地下室的玻璃，拿兩把刀子，直奔二樓主臥室。不小心觸動了警報系統，警方迅速出動，把田校長夫婦安全轉移。

原來田長霖夫婦因為主臥室過於龐大，缺乏安全感，便常住次臥室，幸運躲過一劫。該名女刺客是一年前到柏克萊人民公園居住的激進份子。人民公園是柏克萊的一塊靠近學校的土地，卻是一個毒瘤。學校原想在此建學生宿舍，遭到反對。後改為學生休閒娛樂用地。此地有一些無家可歸者、吸毒者、性放縱者、激進份子等居住，環境惡劣，犯罪率高。田長霖曾要求當局掃蕩該區，遭到激烈反對。

那名入侵女子後遭警方擊斃。她身上還帶有一張字條，上面寫著：我們願為這塊土地而死，你願意嗎？

經此大難，25日一早，田校長竟神彩奕奕地出現在校園，絲毫未受影響。讓所有的人敬佩不已。

後來，田長霖校長因腦瘤，手術後沒幾年便辭世。我的恩師曹仲英先生說，他是被美國人害死的，因為美國人容不下一個黃種人出任世界知名大學的校長。他這樣講，雖並無確鑿證據，但從一系列激烈反對田長霖任柏克萊加大校長的人和事看，此說並非完全臆測。

酷愛藍球 籌款冠軍

田長霖曾對我說，他非常喜愛藍球，上台大四年，每天打球四五個小時。來美後，更樂此不疲，因為美國是藍球王國。但他身高不高，5呎6吋，約合1米70公分。他很為自已未成為職業藍球選手而感到終身遺憾。而且他也一直希望自已成為一個藍球教練。

我二女兒來美後，上了舊金山市立大學，後轉學到柏克萊加大，成為田長霖當校長時的學生。有一次，中國藍球冠軍隊八一隊訪美，與柏克萊大學球隊比賽，我和妻及二女兒去看。我看到田長霖校長也來觀戰，就走過去打招呼。田校長聽說我妻女都來了，非要去拜望。我趕緊阻止，說，"您是校長，她是學生，哪有校長看望學生的？"田校長不依，硬跟我到我們的座位處，和我妻子女兒打了招呼，熱情問候。此事我終生難忘。那次打球，八一隊打不過，一個隊員對裁判不滿，狠狠地把球摔在地上，被判罰技術犯規。

田校長還對我說過，他最喜歡看電影，上學時，每週看四五場電影。我叫了起來，"您每天打球四五個小時，每週看四五場電影，您還有時間念書嗎？"田校長也笑了，說，"幸虧我的功課還不錯，全考第一。"

美國的大學校長要能籌款，所以田校長向我講了很多籌款的事。

有一次學校有什麼活動，我去參加，田校長對我說，"你看那個老頭兒，穿著那麼樸素，他給學校捐了一百萬，你要訪問他一下。"田校長上任後，中國及亞洲的捐款增加很多。剛剛宣布他上任，唐氏集團就捐了一百萬，台灣當局捐了兩百萬。田校長在任七年，為柏克萊加大籌到八億美元，最多一年籌款一億八千萬。田校長告訴我，平均一天要籌五十萬，也很辛苦。他一年要六次去亞洲籌款。他說，他去籌款時，很誠懇地告訴對方，我不光是來籌款的，是要和你溝通，得到你的支持。支持學校，就是支持你自己。他說，最好的結果是，捐助人很樂意地自掏腰包。

兩封信函 流露真情

田校長告訴我幾件事，也值得一記，不過由於年代久遠，或有細節不一定準確。他說，就任校長後，每天要看500頁的文件。500頁！一本聖經，新舊約加起來，不過1,500頁。不知他怎麼看的。

他就任柏克萊加大校長後，有關方面為了糾正他的英語發音，特別給他請了老師。他說，美國人還真專業，訓練方法很特別，但他學了兩個星期，就不學了。他說，語言是為了溝通的，大家聽得懂他的意思就行了，有口音也沒辦法。他說，後來，他的英文竟成了他的招牌。

有一次他去外地，美國政府有急事找他，他趕忙趕回來。原來是因為三里島核事故，政府要咨詢有關方面的熱力學問題。田長霖帶團隊到事故現場診斷，化解了巨大危機。

他和妻子育有一子二女，他說，我們家就是一個小聯合國，有白人，有中國人，還有一位女婿是印度人。

我因為移民問題，想請田校長寫一封推薦函，他竟然以柏克萊加大副校長的身份，直接給移民局寫信。信中寫道，我以機械系教授及副校長的身份，強烈推薦高魯冀先生，討論關於他移民案件第三優先問題。我就任副校長後，高先生對我有幾次採訪，他專業的，高水準的報導，令我印象深刻。他大學專業是科學與技術。但他有多方面的知識及才能，這對一個記者十分重要。在我們學校，僅研究院有新聞專業。高先生高水準的專業能力，相當於美國新聞專業碩士的水準。他的第三優先應當被確認。

這封信直接寄到移民局，田校長也寄我一份副本。有柏克萊加大華裔教授看到此信，說：田長霖真夠義氣，能為你寫出這樣的信！很多中國人知道此事後，都稱讚田長霖真棒。

田長霖榮任柏克萊加大校長後，還專門有熟悉中文的秘書，為了和華裔密切溝通，令人感動。我女兒被柏克萊加大錄取後，想學電腦專業，有一次與加大校董，一位華裔實業家李信麟聊天，說及此事，他建議"給田長霖寫信！"我當時還覺得他那是老一輩中國人的做法。但李先生一再催促，我就寫了一封信。田校長還真有回覆，而且是中文打字。信中說："高魯冀先生：您好！四月二十二日來函敬悉。恭喜令媛順利轉入本校，而攻讀電腦科學也是一項很好的選擇，期勉她能再接再勵，更上層樓。此復 順頌 道安 田長霖（簽名）啟"。信是官樣文章，對女兒的入學及選專業毫無助益，但這就是美國。回信日期是五月十日，可見他有多忙，此信排隊近三週。

我曾帶很多中國人訪問田校長，有香港《文匯報》社長李子誦，《文匯報》總編輯程翔等。帶程翔訪問那次，我還送給田校長一幅錢紹武的書法作品。我問田校長，會找人裱嗎？田校長連聲說，"會，會！"

有一次中國科學院黨組書記、第一副院長嚴東生先生來訪，他也是我的好友。我和他一起去田長霖家裡。嚴先生早年留學美國，和田校長也是老朋友了。我們在田校長家談笑風生，大家都很高興，聊一些輕鬆的話題。老嚴看到地板很乾淨，就誇贊了幾句。不料一位仁兄說，櫃子底下乾淨，才是真乾淨。還有人真的爬在地下，往櫃子底下摸了一把，還真乾淨，大家笑成一團。

田長霖擔任柏克萊加大校長七年，受到大家的愛戴。有人說，還沒有過這麼受學生愛戴的校長。

有人問田長霖，你為什麼那麼年輕，額頭上沒有一點皺紋？田長霖笑道：因為我天天去衝玻璃天花板，衝得頭破血流！這就是我們華人的驕傲——田長霖校長。

高魯冀寫於2018年11月18日
於美國加州舊金山灣區核桃溪樂詩畝寓所

UNIVERSITY OF CALIFORNIA, BERKELEY

BERKELEY · DAVIS · IRVINE · LOS ANGELES · RIVERSIDE · SAN DIEGO · SAN FRANCISCO　　　　SANTA BARBARA · SANTA CRUZ

COLLEGE OF ENGINEERING　　　　　　　　　　BERKELEY, CALIFORNIA 94720
MECHANICAL ENGINEERING

March 20, 1985

To: U.S. Immigration and Naturalization Service

As a professor of mechanical engineering and the Vice Chancellor for Research on the Berkeley campus, I am offering my strong support to Mr. Gao Lu-Ji's appeal from your decision denying his third preference classification.

In my position of Vice Chancellor-Research, I have had numerous occasions to interact with Mr. Gao as well as other professional journalists. These interactions give me clear observations that Mr. Gao is a journalist of high-level professional competence and the San Francisco Journal, the newspaper he works for, is an important and respected news media about China and the Chinese American community. In particular, Mr. Gao's college-level education in scientific and technological subjects, coupled with his professional experience, has made him a most effective journalist in many areas of reporting in our increasingly technological society. I cannot over-emphasize the importance of a general college education (not necessarily in journalism) as essential training for a person to enter the profession of journalism. Indeed, the Berkeley campus has only a Graduate School of Journalism and does not have an undergraduate major in journalism. Mr. Gao's college training plus extensive experience in professional journalism is at least equivalent to a level of Master's degree in journalism.

In short, in my opinion, Mr. Gao is a member of the journalism profession and his third preference petition should be approved.

　　　　　　　　　　　　　　　　　　　　　　Chang-Lin Tien
　　　　　　　　　　　　　　　　　　　　　　Professor and
　　　　　　　　　　　　　　　　　　　　　　Vice Chancellor-Research

CLT:SB

田长霖致移民局信函

UNIVERSITY OF CALIFORNIA, BERKELEY

BERKELEY · DAVIS · IRVINE · LOS ANGELES · RIVERSIDE · SAN DIEGO · SAN FRANCISCO   SANTA BARBARA · SANTA CRUZ

BERKELEY, CA 94720-1500

OFFICE OF THE CHANCELLOR
200 CALIFORNIA HALL # 1500

高魯冀先生
185 Santa Cruz Avenue
Daily City, CA 94014

Chang-Lin Tien
May 10, 1995

高魯冀先生：

　　您好！

　　四月二十二日來函敬悉。恭喜令媛順利轉入本校，而攻讀電腦科學也是一項很好的選擇，期勉她能再接再勵、更上層樓。此复　順頌

道安

田長霖 敬

田长霖致高鲁冀信函

老莊專家陳鼓應

陳鼓應教授是台灣知名的哲學家，我有幸於八十年代初期，在美國加州柏克萊他家中訪問過他，以後我們頻有交往，相談甚歡，成為朋友。他曾送我一本他的著作《老子今注今釋》，上書"鼓應敬贈 魯冀兄 一九八四，五。陳鼓應（章）"。

1984年他到北京大學講學，我們通過幾次信。記得那年我寫過一篇《胡娜事件幕後人物》，寫完後給一位左派朋友魏需遜打電話，當時我正在病中。老魏接電話後，馬上來到我家。他看了文章後，認為"茲事體大"，要請"重量級"的朋友看看，遂帶我去了柏克萊陳鼓應教授家。那時，陳教授正在全美著名的柏克萊加州大學任研究員。老魏請陳教授仔細看看，從內容到文風，是否完全像台灣人寫的，以免我身份暴露。陳鼓應閱後問我出處，我不能說。因為是國民黨知情人物所述，我自己又進行了深入考證。當時為查證一些事實，我到斯坦福大學胡佛研究所找了圖書館館長張富美，她後來出任陳水扁政府的僑委會委員長。她提供給我了許多台灣雜誌。陳鼓應對此表示理解。

陳鼓應先生仔細閱讀了文章，閱後，一字未改，僅把我的筆名改了。當時我正在看金庸的武俠小說，自己起筆名"童顏子"，陳教授給改成"童顏怡"。後來，該文在香港雜誌《九十年代》上刊登，引起轟動，那是後話。

當時，我在舊金山任中文報記者，也是香港文匯報駐美特派員。曾經訪問過陳鼓應。之前，我做了功課。知道陳鼓應是1935年7月1日生。福建長汀縣人，台灣著名哲學家，曾是台大哲學系研究生，師從殷海光、方東美。後任哲學系副教授，參與台大哲學系事件。台灣白話文大師李敖曾經評價陳鼓應，說他比他的老師殷海光差遠了。被李敖罵，說明你有料，李敖不罵一般人。所以陳鼓應應該為此感到慶幸。

他曾以"孤影"筆名寫出《開放學生運動》和《一個小市民的心聲》，引起論戰。"孤影"和"鼓應"同音。

在學術上，他游走於尼采和道家。空間上，他輾轉於台北、柏克萊和北京。他同時受到兩岸最高領導人接見：台灣的蔣經國和大陸的鄧小平。年輕時，他遭多所大學解聘，事隔30年，又被恢復教職。真是一個傳奇人物。蔣經國曾與他談話兩小時，都是他針砭時弊，抨擊特務統治造成的民怨。蔣經國只聆聽，不發一言，僅在最後談了15分鐘。那之後，台灣高壓統治終止。1972年，在台灣大學民族主義座談會上，他高調主張國家統一。1973年發生台大哲學系事件，他遭解聘。

我訪問陳鼓應，是在他柏克萊的家中。因為是臨時居所，家中樸實無華。我們一見如故，談得很開心。談完，他執意要請我吃飯，我們就去了附近一家中餐館。但我們倆人都不會點菜，這得有一定功夫。最後互相協商，點好了菜。不在吃什麼，主要倆人投緣，談得投機。

以後我們見過多次面，有時在公眾場合，有時在共同朋友的家中。還有一次，就是我請他審查文稿。

以後，他應聘去北京大學教書，我們有書信往來。我目前只保留兩封信，都是1984年寫的。與大多數人不同，他每次都寫下年份，這對我寫回憶文章，方便不少，不用去考查郵戳等。一般人，只寫月日，而不寫年。

一封用北京大學信箋寫的信為：

魯冀兄：

萬萬沒想到江南兄竟遭如此暗算，太震驚了！案情發展如何，盼速告。

我返國兩個月，回鄉探望親人之後，一直忙著備課等事。很抱歉，接到你的兩封信，現在才回你。

大嫂已通過電話，因我住西郊，去一趟城內，交通不便，路途不熟，容以後再見面。下月初，我要去成都，武漢，上海一帶，可能要兩個月才回北京。來信請寄：北京友誼賓館南工字樓4405號

鼓應 1984.10.20

第二封信寫在國際航空郵簡上。內容為：

魯冀兄：

　　接來信。為江南被害事，你做了不少事，這裡的大報及香港名報，曾多次用你的特稿。

　　請當心，那樣的政權，實在太卑鄙了！明年我要去成都，重慶，武漢，安徽，上海一帶，約兩個月才回北京。

　　代向老魏及諸友問好。來了這裡，備課，找資料及訪問學人，十分忙。

　　我在這裡，精神極好，過得很充實，請勿念。

　　順祝 安康。

鼓應 1984,11,4

　　我曾問過台灣朋友，陳鼓應和陳若羲二位的現狀，他們說，兩位大師級的人物，目前還都健在，但情況不詳，算起來，陳鼓應教授已經83歲了。但願他健康長壽。鼓應兄大我六歲，但比我老成穩重得多。他年輕時，也真做了些"出格"的事，例如高調主張祖國統一。當然這是大好的事情。但在台灣白色恐怖統治時期，是犯忌的。幸好他未被逮捕甚至被自殺，只是丟掉工作。但三十年後，竟然被平反，又恢復了教職。在北京，他還和我太太通電話，關心她的生活，令人感動。我雖然兩次赴台，但都是蜻蜓點水，只待數日。如再有機會赴台，不知可否見到大哥哥一樣的鼓應老師？

高魯冀寫於2018年11月12日
於美國加州舊金山灣區核桃溪樂詩畝寓所

北 京 大 学

鲁冀兄：

萬萬没想到江南兄竟遭如此暗算，太震驚了！案情發展如何，盼豫告。

我返國兩个月，回鄉探望親人之外，一直忙着備課等了，很抱歉，接到你来的兩封信，現在才回你。

大嫂已通过电话，因我住西郊，专一趟城内，交通不便，路途不熟，容以後再久面。

下月初，我要去明邦、成成、上海一带，了解要兩个月才回北京。来信，请寄：北京 友誼賓館南工字樓 4405号。

陈鼓应 1984.10.20.

陈鼓应致高鲁冀信函

華羅庚教授贈詩

對華羅庚教授（1910年-1985年），仰慕已久，知他乃自學成才之大數學家。他兒時家貧，僅上初中，不得已輟學。全靠刻苦自學，竟成為一代數學宗師。1930年，清華大學數學系主任熊慶來在《科學》雜誌上看到一篇論文，《蘇家駒之代數五次方程式解法不成立的理由》，作者為無名之輩華羅庚，遍問同事，才知其為何人。即請他到清華大學。華羅庚以21歲年齡，在清華自學英、法、德、日文，並在國外雜誌上發表三篇論文。後為英國數學家諾伯特‧維納發掘，將他強力推薦給英國數學家哈代大師。華於1936年到英國劍橋大學留學，其間發表15篇論文，其中一篇關於高斯的論文，為他贏得了世界聲譽。1937年他在清華擔任專任教授。1948-1950年，任美國伊利諾大學正教授。1985年6月12日，華羅庚在東京大學講台上去世。美國數學大師貝特曼稱華羅庚是中國的愛因斯坦。

1980年代初期，我在美西舊金山任一中文報紙記者，兼任香港《文匯報》駐美記者，後升至香港《文匯報》駐美特派員。1982年，中國駐舊金山總領事館科技組官員通知我，華羅庚教授來美訪問，正在舊金山，並給了我他酒店電話，建議我訪問他。我於是打電話至他酒店。不巧，因時差，他正在休息。我自報家門，表示抱歉，影響他休息，可改時專訪。不料他一口咬定，現在可以。於是我問了幾個問題，他以數學家的嚴謹一一答復。大約半小時，結束了訪問。事後我寫了文章，刊登在報紙上，也就忘了此事。

數月後，總領館官員又通知我，華教授又來舊金山了，說想見我，約好時間，我去酒店看他。他見到我，十分熱情，雙手拉著我，表示他的喜悅。原來他受聘為舊金山柏克德公司顧問，來美訪問。柏克德乃美國最著名工程公司，其總裁曾任美國國務卿，另一位總裁曾任國防部長。他們建造了舊金山至東灣屋崙的海底隧道，及很多核電站等超級工程，是美國頂尖大公司。

華老對我說，上次電話訪問，他正暈頭脹腦，也不知自己說了些什麼。但事後看到報導，居然有頭有尾，有事實，有分析，特別還加了小標題，真出乎他的預料。我表示這就是我的工作。他說，不一樣，一位台灣方面中文報記者當面訪問了他，但是寫得一塌糊塗。我說，這也很好理解，因為他們對國內情況不瞭解，且兩岸分隔日久，文化上有相當差異。我說起對柏克萊加大副校長（後來為校長）田長霖的訪向，也就談了半個小時，田校長事後看到報導，對我大加讚賞。以後我申請移民，田校長竟直接給美國移民局寫信，說我的水準，絕對是美國新聞專業碩士生水準以上。大家都說，田長霖夠義氣。華老說，田長霖說的是實話。

談到我個人，我大致介紹，在清華大學念了八年，學工程出身。華老說，所以你的訪問有深度。他說，他是學數學的，田長霖是學熱力學的，我也是學工程的，對數理化有相當的瞭解，所以寫的文章都在點子上。華老對我的個人生活，職業情況，今後發展，也給予了相當關切，令我深受感動。

談了很久，華老一定要請我吃飯。我百般推辭。因國內有傳聞，說華老"小氣"。說一次什麼聚會，華老出錢買了冰激淋，大家人手一個。吃完，華老竟挨個向每人收錢。這事若在海外，還真不是問題，如果說好AA制，那麼每個人須自己出錢。但在中國，一般是大頭兒出錢，或職務高，或鈔票多，或人豪爽。也可能是公款吃喝。

華老或許也知道這些傳聞，他說，今天一定要請我吃飯，勿要推辭。其實我們記者，吃飯完全不是問題，很多大款經常主動請我們。而且一般大型宴會或活動，我們都有飯吃。因為我們是上天言好事的。我接受了華老邀請。事後想想，柏克德的顧問，大約鈔票也不會少。

邊吃飯，邊交談，兩人關係進一步拉近。飯後，到他酒店，繼續交談。華老談到弄斧必到班門的問題，時間長，已記不清楚。正好梁羽生先生在《共同關注》2017 年 7 期也談到此問題。1979年8月梁先生訪問了華老。該年 5 月，世界解析數論大會在英國伯明翰召開，華老應邀出席。大會閉幕後，華老在伯明翰大學講學，他還分別接受了德國、法國、荷蘭、美國、加拿大等國許多大學邀請。華老說，"講學以學為主，講的目的是把自己觀點亮出來，容易接受別人的意見，改進自己的工作，精益求精。"他說，"我準備了 10 個數學問題，包括代數，多復變函數論，偏微分方程，矩陣幾何，優選法等。我準備這樣選擇講題，A大學是以函數論著名，我就講函數論；B大學是以偏微分方程著名的，我就講偏微分方程……"。華老說，"中國俗語說，不要班門弄斧。我的看法是，弄斧必到班門。對不是這一行的人，炫耀自己的長處，於己於人都無好處。只有找上班門弄斧（獻技），如果魯班能夠指點指點，那麼我們才能進步得快些。如果魯班點頭稱許，那對我們攀登高峰，亦可增加信心。"

　　華老說他寫了一首詩，他拿給我看。看完，我表示要抄一下，徵求華老意見。不料華老說，"這張就送給你，我還有底稿。"說著，在紙上寫下"高魯冀先生留念 華羅庚1984, 3, 4"等字樣。這首詩是這樣寫的：

　　　　"材大難為用"辯
　　　杜甫有詩古柏行，他為大樹鳴不平。
　　　我今為之補一語，此樹幸得列門庭。
　　　苗長易遭牛羊踐，材成難免鋸斧侵。
　　　怎得參天二千尺，端賴丞相遺愛深。
　　　樹大難用似不妥，大可分小諸器成。
　　　小材充大傾樓廈，大則誤國小誤身。
　　　為人休輕做小事，小善積久大業陳。
　　　自負大材不小就，浮誇輕薄負此生。
　　　XXXXXXX
　　　個人要求雖如此，為國必須統籌論。
　　　科學分工盡其用，高瞻遠矚育賢能。

　　事情過去近四十年，華老早已駕鶴西去，我也成了近八旬老翁。幾日前，整理舊物，突然看到這張贈詩，睹物思情，想起華老的大家風範，平易近人，質樸簡約，忍不住心中悲傷。所以願把這篇贈詩與大家分享。

高魯冀 2018年7月26日
於美西核桃溪寓所

著名華人女作家聶華苓

著名華人女作家聶華苓（1925年1月11日-），湖北應山人（現湖北廣水市）。出生於武漢。南京中央大學外文系畢業，在美國取得柯羅拉多大學，可歐學院和杜布克大學三個榮譽博士學位。著有中英文作品22部。主要有《千山外，水長流》《失去的金鈴子》《桑青與桃紅》《王大年的幾件喜事》《黑色·黑色·最美麗的顏色》《台灣軼事》等。英文著作有《沈從文評傳》。翻譯作品既有英譯中，如《德莫福夫人》，也有中譯英，如《中國女作家小說選》。

1949年全家赴台，為養家，她拼命工作。1950年起加入《自由中國》，任職凡十一年（1949-1960）。聶此時也發表散文和小說。1960年，因台灣島內"白色恐怖"，《自由中國》被查封，主持人雷震等被捕。

1963年認識美國詩人保羅·安格爾，保羅其時在美國愛荷華"作家工作坊"工作，到台灣為尋找作家。1964年，聶華苓赴美，住在愛荷華州小鎮，在"作家工作坊"從事教學、寫作和翻譯。1965年，聶的兩個女兒來美。1971年5月，保羅與聶結婚，兩個女兒開車送媽媽去法院公證結婚，她們笑言"我們送媽媽去出嫁。"聶華苓曾說，我是一棵樹，根在大陸，幹在台灣，枝葉在愛荷華。

受"寫作工作坊"啟示，聶華苓首先提出《國際作家寫作室》的計劃，每年邀請世界各國作家齊聚一堂，交換彼此對世界各國文化的看法。並說服保羅，兩人到處寫信，旅行，從私人與大企業募款，共募得三百萬元基金。1966年得到學校當局贊同。1967年舉行第一屆國際作家寫作計劃。在美國國務院幫助下，"國際作家寫作室"發展成為包括中國大陸，台灣，法國，英國，日本等七十多個國家和地區作家參與的盛事。這些年來，共有近千位各國詩人和作家參加了這項活動。

為世界和平、文化交流與人類進步作出極大的貢獻。聶華苓也被稱為"世界文學組織的建築師"。

她和保羅1970年開始翻譯《毛澤東詩集》，由此，對中國近現代歷史及毛澤東本人，有了更深刻的瞭解。1976年，世界各國作家300多人提名他們夫妻為諾貝爾和平獎候選人。1979年，首次開辦中國週末，邀請了中國作家畢朔望及蕭乾，這是中國作家第一次參加此項國際盛事。1980年舉行了第二屆中國週末。歷年來參加的中國作家有丁玲，劉賓雁，北島，茹志娟，王安憶，莫言等。

我和中國作家蕭乾是摯友，我1980年4月赴美，他把聶華苓的地址，電話告訴我。後來我在舊金山為中文報紙工作，和聶華苓取得了聯絡，我有時打電話給她，我們也有書信往來。1984年，中國作家劉宜良（筆名江南）被國民黨特務殺害，震驚世界。我們在舊金山，為江南舉行了盛大的追悼會。聶華苓還請我替她送了花圈，並來信致謝。她在美國總統大選日，曾收到匿名恐嚇信，她也寄我一份要求在報上刊登。記得趙紫陽訪美時，我打電話給她，要求她說些祝賀的話，她一時想不起來，我建議，何不說"紫陽高照，雷根冰消"？她聽了哈哈大笑，說，"這個好，這個好！" 1997年香港回歸，我作為香港《文匯報》駐美特派員，邀請一些美國各界名人發表祝賀言論，也有請她。

她給我的第一封信，寫於1981年元月二十號。信中寫道：

魯冀先生：

歡迎你到了美國！收到你的信很久了，今天才回信，只因從中國回來後，身體不好，又加上忙碌繁重的工作，現在才喘一口氣。很對不起！你要我介紹在美國的華文報刊，我自己有時投稿的是《北美日報》和《華僑日報》（他們沒有稿費）。地址如下：（略）。我並不認識報紙編輯，你寄稿時，說明是國內來美的，他們大概更注意一些。你也可以寄稿給香港的《七十年代》。

祝福！

聶華苓元月二十日。

第二封信大約是同年三月十日。

高魯冀先生：

遲遲作復，只因太忙，太忙。身體不好，還有時在外地。你的情況，我很了解。在任何地方靠賣文為生，尤其是一個中國人在美國，簡直是不可能的。美國中文報紙全不付稿費，也許會給你，我就從來未收分文。在國內有成績的人，出來的確是很委屈的，這已經是一本很老的留學生苦經了。有的人，因為精神受不了，整個人崩潰。有的就回去了（我見過許多這樣從台灣來的人。）我在這兒也只是個教書的人，教書匠在哪兒也是一樣，也只限於我這個小小的"國際寫作計劃"範圍之內，學校全是各自為政。至於我們這個小機構，也因經費減少而裁人，下年我們自己在工作上也有困難了。我對你真不知說什麼才好。我是心有餘而力不足。假若我是你，我是會回去的。

聶華苓 三月十日。

再有的信，是1984年。內容為：

魯冀先生，

十分謝謝代送江南花圈！我仍然十分悲憤！人民日報我每天收到，但沒有看到有我談話的那一天報紙。若方便，請寄下剪報。若沒有，就作罷。花圈費已直接寄走。以後到SF，希望見到你。祝福，保重！

聶華苓十月卅一日

另一封就是關於恐嚇信的了，奇怪的是，並沒有恐嚇信原件，是中文或英文也不可知。推想，大約是中文，否則她不會要求中文報刊登。信為：

編輯先生：

我在美國總統大選日，收到一封匿名恐嚇信。此風不可長，尤其在江南命案發生以後。希望貴報將該信公諸於世。我亦將該信寄給美國FBI（聯邦調查局），警察局，中國駐美大使館，台灣北美事務協調會駐美辦事處。謝謝！

聶華苓1984年11月6日

看完這幾封信，一個在美國的中國著名女作家對同胞的熱愛，語重心長的叮囑，對自己工作客觀的描述，對非法恐嚇的義情填膺，躍然紙上。聶華苓是一位真誠的人，一位偉大的女作家。

作家、翻譯家、編輯潘際炯

　　我認識老潘，是在黃永玉先生家，他是黃永玉最好的朋友。有固定的一批人經常到黃先生家，其中有協和醫院的內科醫生邵醫生；有外交部的翻譯歐陽；有作家、畫家黃苗子和郁風等，還有一些其他人，無庸贅述。

　　老潘叫潘際炯，1919年生，江蘇淮安人。我在黃永玉家經常看到他，彼此也熟悉起來。文革期間，江青批"黑畫"，所謂"黑畫"，是一批畫家為北京飯店新樓畫的，當時我們都很高興，"我們"包括老潘和我，當然還有其他一些人。我們覺得，能到北京飯店去畫畫，說明黃先生還受到賞識，得到重用。

　　江青批"黑畫"，首當其衝的是黃永玉畫的貓頭鷹：睜一眼，閉一眼。江青說這是對社會主義祖國的仇視，睜一隻眼，閉一隻眼。鑒於江青的淫威，黃永玉不得不表態，他說，貓頭鷹本來就睜一眼，閉一眼。老潘說，得，得，叫你寫檢查呢！最後，黃的檢查是老潘代寫的。老潘拿了一疊稿紙，和黃先生討論。我當時也不知道是什麼東西，後來才聽說，是老潘為黃先生寫的檢查。所以我知道，老潘是個作家。

　　老潘從四十年代就開始發表作品。他1943年畢業於浙江大學數學系，歷任《大公報》翻譯、編輯。也曾任香港《大公報》駐京記者、評論員，商務印書館編輯、世界史組組長，香港《大公報》編輯部副主任，香港《大公報》副刊《大公園》主編。他的筆名是唐瓊。他是中共黨員。這是我直到今天才知道的，真是後知後覺。

他1979年加入中國作家協會，從1978年開始，他開始向上海作家巴金提供《隨想錄》園地。順便說一句，巴金和蕭乾是好友，蕭乾多次表示，願意把我介紹給巴金，但終未實現。也許因為巴金在上海，我們在北京，太遠了。

他有時會把巴金寫的文章拿來，請黃先生看。記得有一篇巴金寫心疼的情景，他還手捂著自己的胸口，表示心疼的樣子。

他寫了一些有關朝鮮的書籍，例如《朝鮮戰地散記》《朝鮮紀行》，想必他一定去過朝鮮，而且是戰後去的。他還寫過其他一些書，像《末代皇帝傳奇》《慕尼黑陰謀》《京華小記》《八方集》《娛情集》《快意集》《唐瓊隨筆》等等。譯著有《反蘇大陰謀》等。他自己從未提起過自己有這麼多作品，不然我一定會找來看。我是喜歡閱讀的人。他是學數學之人，想必有邏輯思維，文章不會"打高空"。

那時，我也喜歡寫一些文章，曾經拿了幾篇給老潘，他還真幫我發表了。記得好像有毛主席紀念堂建設的有關文章。因為我參加過毛主席紀念堂的施工。他那時是香港《大公報》的編輯。那是文革以後，一天他突然說他要調到香港，去香港《大公報》工作。我覺得有點奇怪，覺得他是有背景之人。今天知道了他是中共黨員，再返過來看，他去香港，一點也不奇怪。香港的《文匯報》和《大公報》都是共產黨的報紙，當然得共產黨員去辦。我多年後作了香港《文匯報》駐美特派員，去香港述職，才察覺報社很多領導都是共產黨員。我在大學時，就因為家庭問題，不能入黨入團，僅在畢業前被拉入團內。其實這是誤會，我家才是真正的革命家庭。

我曾經喜歡黃苗子的書法，想請老潘幫助我討一幅。老潘一口答應，說沒有問題，而且很快要來了。記得是我去他們家取的。

1980年我去美國，路過香港，曾去《大公報》社找過他，但連門也進不了，可能那天是假期。一位女士說，他不在。我問，可否告知他在哪兒，我去找他。對方答：我不能告訴你他的住處。好像叫我再去一趟。我第二次去，他仍不在，不過對方給了我一點港幣，說是我的稿費。我又不是為了這點錢去找他，不過想看看老朋友。但覺得，他有點神秘。

他的子女後來也有的去了美國，我和他一個兒子還在南灣見過面。

高魯冀寫於2019年6月22日

一封潘毓剛吳家瑋二人的信

潘毓剛和吳家瑋都是美國著名的學者、科學家、教育家和社會活動家。我與潘毓剛不認識，但與吳家瑋很熟。他們二人先後擔任過全美華人協會總會主席。兩個人都是1937年出生。

潘毓剛是位量子化學家，是波士頓學院化學系終身教授，1978年獲聯邦德國高級科學家特別獎，1994年獲全美華人傑出成就獎，是中國科學院名譽教授。

吳家瑋是位物理學家，曾任舊金山州立大學校長，是美國歷史上第一位華裔大學校長。他也是香港科技大學創校校長。我和吳家瑋很熟，因為多次訪問他。有一次打電話到他家裡訪向他，他說，中國有位科學家正在他家作客，記得是吳仲華，我竟然連吳教授一併訪問了。

吳家瑋說，他最喜歡看我寫的人物專訪。那時，我想辦我太太的移民來美事宜，吳校長說，"叫她做我的研究生！"但後來此事沒有辦成，因為美國總領事館說她有"移民傾向"。

兩位大科學家是好朋友，有很好的互動。1984年4月14日，我收到一封信，是兩位科學家共同寫的。信的內容如下：

全美華協總會的教育委員會最近與北京大學合作舉辦1984年華裔漢語及中國文化夏令營，茲隨函附上招生簡章，在中國上四星期語文課，再加上十天（五個城市旅遊）。旅遊費用非會員子女八百九十美元，會員子女為七百九十美元。希望各分會代為招生。每招到一名學生，總會將撥給該分會五十美元行政費。請分會自行複製招生簡章及申請（報名）表，分發給各會員，如決定報名參加，交了訂金後，再將其他表格寄給申請人填好寄回總會。因時間無多，盼各分會盡快進行招生，名額有限，先報名的先錄取。

　　　　此致
全美華協各分會會長

潘毓剛 1984.3.10.
總會總幹事兼教育委員會主席

信是潘毓剛用黑色筆手寫的，在信端又有他給吳家瑋的信，是用藍色筆寫的。信如下：

　　　　家瑋：北大與華協合辦的夏令營，目前西部都沒人來報名，也許西部宣傳不夠，茲寄上簡章一份，歡迎你的小孩或朋友的小孩參加。匆祝好！

潘毓剛 1984.4.10

　　　P. S. 希望5月9日能在波士頓見面。

信的下端，有吳家瑋用橙色筆給我寫的信：

高魯冀兄：
　　　不知通過《時代報》上發表這個通告會不會引起更多華裔家長的注意？對《時代報》來說，方便不方便？若可以，謝謝您的協助。

吳家瑋 84.4.14.

這個通告，是全美華協與北京大學合作辦的華裔漢語及中國文化夏令營，在中國上四週語文課，再加上十天五城市旅遊。對象是華裔子弟。這是一件好事。在海外的華人，教自己的子女學習中文，是很普遍的。在暑假到北京大學這中國文化重鎮學習一個月，且有十天旅遊,對華人孩子,會有極大的收穫。我接到信後立即告訴老總,並把該信在報上刊出。據說反應還不錯。

兩位大科學家、教育家,為了這件文化夏令營的事,利用一張信函,分別用不同色彩的筆,寫了自己的意見和提議,可說是最大限度地利用了物質,辦成了事情。

高魯冀寫於2019年5月15日
於美國加州舊金山灣區核桃溪樂詩畝寓所

主辦國際科技大學的陳樹柏先生

我與陳樹柏先生結緣，是在二十世紀八十年代。那時我在美國任《時代報》記者，以及香港《文匯報》駐美特派員。

陳樹柏先生乃"南天王"陳濟棠的兒子，在美國一直從事教育，曾任聖他克拉勒大學工學院院長。他一手創辦了由中國人主持的國際科技大學。

我於1988年7月5號文匯報美洲版頭版發表文章，《陳樹柏"七一"已正式上任，任聖他克拉勒工學院院長》。文章摘要如下：

> 六月卅號，我陪三藩市林肯大學校長張道行博士去聖他克拉勒大學去見陳樹柏教授。林肯大學可說是全美最小的大學。張道行先生久仰陳樹柏大名，卻緣慳一面，通過本人的穿針引線，兩位教育家得以晤面。
>
> 張校長向陳教授介紹了林肯大學。該校成立於1919年，目前在三藩市有校本部，在聖荷西有法律學院。目前學校有一百多名中國學生，學校設有英語，電腦，會計，管理等課程。張校長是1982年接任校長的，他的前任，留下了50多萬元債務和一大堆麻煩。因為有的學生身份有問題，移民局險些查封學校。張校長上任後，進行了一些改革和整頓，目前收支已基本上平衡，同時學校擬進一步發展。他很誠懇地說，目前他是校長，學生中又有一百多名華人，希望能對華人教育事業有更大的貢獻。所以，他想請陳樹柏教授出任該校董事會董事，以便對學校發展與改進提出更好的意見和建議。

陳教授說，他剛剛接任工學院院長，諸事繁多，但他願意考慮，因為對於辦教育事業，他總是贊成的，特別對培養中國留學生，他更是支持。培養的中國留學生，今後無論是回中國或是留在美國，都會對中國建設起到直接或間接的作用。他說，他剛來該校時，系裡只有五位教授，兩位博士。現在已有二十多位教授，大部分是有博士學位的。他自一九六九年擔任電機電腦系主任以來，將該系一再擴充，現已有研究生一千五百多人，其中百分之四十是亞裔。歷屆博士研究生中，亞裔的大部分跟陳教授作博士論文。陳教授說，他運用中國人做事的原則，事事以身作則，凡是容易的事，交給其他人做。難辦的事，一定親力親為。在他當系主任期間，還帶了很多博士研究生。他說，一般教授培養博士，總希望他多念幾年，因為培養一個博士不容易，且他們是很好的助手，可以幫忙做許多事。但他則是從學生的角度考慮，希望他們盡快學成，走向社會。

　　陳教授說，如果林肯大學董事會每三個月開一次會，則他還可以抽出時間來，願盡一己之力。張校長則向陳教授要了他的自傳簡歷，拿到董事會去討論。

此文七月五號發表後，我第一時間寄給陳教授。陳教授七月八號就給我回了信。信中寫道：

　　魯冀我兄如握，頃接大作，拜讀再三，吾兄執筆成文讀來舒暢。遵囑已將大作影本寄奉道行校長（請參閱附件）矣，耑此即頌文祺。陳樹柏 拜上 一九八八年 七月八日。

附件為：

　　道行學長惠鑒：日前接獲高魯冀先生惠贈其撰寫有關閣下訪問敝校大文之影本，並囑弟轉奉台端，謹隨函奉上。弟擬於下週趨前拜訪貴校，未知是否方便？屆時當先以電話聯繫，確定日期及時間。耑此並頌籌祉。

　　　　　　　　　　　　學弟 陳樹柏 拜上 一九八八年七月八日

陳樹柏曾受到鄧小平的接見，晤談一個多小時，他向鄧小平當面提出創辦國際科技大學的想法，受到鄧小平的肯定。他選中深圳作為校址，但在那裡努力多年，卻毫無進展。一些舊金山灣區支持他的華人因在深圳沒有任何成效而全部撤了回來。多年後才傳出，據說有美藉華裔科學家說，美國的三流大學教授，卻妄圖創辦中國一流大學。所以處處受到掣肘。

後來實不得已，他只好在美國成立一所示範大學，即國際科技大學。

為了支持陳樹柏教授，我和恩師曹仲英對他都有捐贈。我捐贈的是清朝大畫家梅清的巨幅松石圖。這幅畫是曹先生讓給我的，他囑我此畫一定要重裱。我將此畫帶回國，妻拿此畫去了榮寶齋重裱。其總經理米景揚先生一看，大加稱讚，並親寫了鑒定書。他用榮寶齋的信箋寫著：

此梅清松石圖經研究係真跡。
　　　　　　　　榮寶齋 米景揚 一九九四年 五月四日

而且還蓋有他的圖章。

國際科技大學副校長袁傅寬先生寫了一篇新聞稿，發表在兩份中文報紙上。《世界日報》發表在1994年10月30號，標題為：《高魯冀 曹仲英捐珍藏拍賣充裕校方經費 陳校長要把國際科技大學辦得更好》。

《星島日報》發表在1994年10月18號，標題為：《國際科技大學馳名遐邇深受各界支持 兩收藏家捐贈字畫拍賣款項撥作該校經費》。

該文摘要如下：

國際科技大學自創辦成立以來，獲得了社會各界人士的關注，尤其是廣大華人同胞，更對這所由華人創辦的高等學府懷有一份特殊感情。創辦人及首任校長陳樹柏教授一再地表示深深感激眾位華人同胞對國際科技大學的支持，感激他們捐款贈物，盡心盡力。而眾多的華人同胞都充分地理解並意識到，這樣一所高水準的高等學府，經由華人創辦，成功意義何其重大。他們把國際科技大學視為華人之光，願為此一壯舉大力支持。最近，灣區兩位古董名畫收藏家向國際科技大學慷慨贈名貴字畫，任由該校拍賣，所得款項全部作為國際科技大學的經費。

他們中一位是高魯冀先生，高先生是神州時報社長兼總編輯,也是香港文匯報及鏡報的專欄作家。人們常在報上看到署名高山,高洋或高山北的正是此人筆名。他的文章常使人看後感到一針見血并帶慷慨豪爽之氣,此正所謂文如其人。在高魯冀有一次採訪陳樹柏創辦國際科技大學過程中,聽到幾位熱心教育,捐款支持國際科技大學的故事時,當場決定把自己所珍藏的清朝大畫家梅清所畫之松石圖古畫長卷捐給學校。話一出口,乃君子一言,一週後高魯冀就把這幅古畫連同由中國中央美術學院雕塑系主任錢紹武教授寫的長跋,以及中國最大最老最著名的古字畫經營公司榮寶齋之總經理米景揚先生所寫之鑒定書一併面交陳校長。此古畫乃梅清一六九二年之作品,傳世之神品。

　　第二位捐畫給國際科技大學的是大收藏家曹仲英先生,他是遠東藝術公司之董事長,也是一位古道衷腸熱心華人事業的人士。他在聽說國際科技大學創辦成立消息後,當即決定以捐贈字畫的實際行動支持這所新成立的高等學府。他把陳校長請到公司,拿出三幅名家字畫任陳校長挑選其中之一。陳校長挑中的是由當代大畫家江寒汀所畫之枇杷鷹圖,更錦上添花增其名貴的是,該畫經由當代頭號中國書畫鑑定家,大畫家及書法家謝稚柳題字。字與畫相得益彰,兩位名家同時落款,名貴異常。

　　陳校長代表國際科技大學感謝高曹二位先生厚意,定要把國際科技大學辦得有聲有色,以不負眾位華人同胞之期望。文中提到梅清畫有錢紹武題跋,錢是著名書法家,畫家,雕塑家。他寫的題跋,本身也是大家之作,不僅字好,文章也好:

　　　　梅清號瞿山,安徽宣城人,平生尚氣節重交遊,詩名滿天下。以隱於黃山,躬耕壠畝,文酒自適。尤與石濤,漸江為忘年之交,詩畫往還,杖履相接。遂使黃山畫派獨秀清初。一種叛逆獨造精神為中華古國平添無限活力。

　　　　梅清畫松素稱絕藝,清史稿列傳文苑稱其山水入妙品,松入神品。蠹尾續集,跋文又嘩,宛陵梅淵公畫松為天下第一。《宣城縣誌》則雲墨松尤輪囷離奇,蒼茫秀拔,為歷來所未有。宛雅又述梅公好畫長松,騰攫如虬龍作勢不可搏挽。購得以珍如唐宋寶物,王漁洋竟一再作詩為頌。曾再題梅清畫松七律曰:

　　　　林燈明暗雨模糊,雷電冥冥夜氣弧。
　　　　破壁長松欲飛去,晚來疑是坐龍圖。

> 其稱贊如此。今觀此作長松撐天，沉雄蒼勁，的與各說相契，確為傑構無疑。今為魯冀所得，真當齋戒十日，沐浴薰香，懸之高閣，磕頭禮拜，而後可矣。
>
> 庚午 錢紹武 跋於中央美術學院 朽木堂

錢紹武的書法，本身就是極佳的藝術作品。他的書法作品，懸掛在中共中央政治局會議廳。

畫捐出去了，有一次去國際科技大學，突然見到一銅牌，上面是捐款超過一萬美元的捐贈者姓名。我的名字也赫然在列。那是三十多年前的事了。

以後，我和陳樹柏先生的聯繫漸漸少了，但我仍關心著學校的成長。後來聽說，陳教授把學校傳給了自己的兒子。他兒子名陳耀軍，在他主持下，國際科技大學獲得了長足的發展。陳耀軍說，國際科技大學經歷了艱辛的創辦期。學校創辦於1994年，到2005年時因為長期虧損，只剩下兩個月的營運經費，許多長期支持的董事也沒辦法繼續。到2006年，只剩下18位學生，但是陳耀軍堅持父親陳樹柏的辦學理念，縮小行政、編制及校園，重新開始，逐漸轉虧為盈，到了2012年時，已經有1,700位學生。

陳耀軍說：國際科技大學要作最新，最好的科技教育。父親陳樹柏的辦學理念，就是要做到全世界一流的學術及研究。陳耀軍接掌 ITU 時，就致力於獲得較高水準的 WASC（Western Association of Schools And Colleges）認證。陳耀軍說：獲得 WASC 認證的加州學校只有150所，其中有30所是全世界知名大學。他說，申請 WASC 認證很困難，前後費時五年。

陳耀軍說，國際科技大學每年，每學期都推出最新科技相關的課程，率先由來自科技界如英特爾等企業的專家教授。如奈米科技，量子物理學課程等，都比各校早推出。近期的 iPhone Apps 社群網架構軟體 Ruby on Rails，科技跨領域趨勢 Interdisciplinary，國際科技大學都是領先推出。

陳耀軍對父親十分推崇，他說，父親創校之前是大學教授及工學院院長，教出許多優秀的博士生，這些學生後來在美國、台灣等地創辦了多所高科技公司，這些優秀的博士生，為高科技產業帶來長久深遠的影響。

2013年，陳教授竟然過世了。因交通不便，我年老不能開長途車，也未能去南灣送他一程。

陳樹柏先生本身也是一位大藝術家，他出過一本畫冊，曾經送給我一本。他太太是位烹飪家，出過食譜，我也曾獲贈。他還寫了不少評論文章，涉及華人團結及華人在美爭取權益；美國當局對華人的打壓及華人應對之道，其中包括華裔聲援旅美科學家李文和等；兩岸關係，為兩岸統一進言；個人修養與中西禮儀等。他自己編纂整理成《樹柏文摘》，共兩大冊，分中文及英文，甚至有韓文等。

高魯冀寫於2019年5月16日
於美國加州核桃溪樂詩畝寓所

中國文博界泰斗 王天木先生

王天木名振鐸，字天木。王先生曾是中國文博界第一人，擔任過文物博物館研究所副所長、中国考古学会常务理事。我上網搜索王天木，竟出現大特務王天木。連緊換了王振鐸，才還原真相。是蕭乾先生介紹的，說他以前是鄭振鐸的副手，鄭飛機失事死後，他成為文博界第一人。圈內人士對他評價都很高。但他十分低調，不是圈內人，大多不知道他。

蕭乾先生還介紹說，他住在朝內大街文化部宿舍，我也住朝內大街，離他很近。1978-1980年，我在清華大學念研究生時，為寫考古方面的論文，經常去他家，向他請益。他好像也是在家辦公，因為我去拜訪時，他一般都在。每次，我們都聊得很開心，竟然成為好朋友，當然是忘年交，因為他大我三十歲呢！

他可真是大權威，文獻記載，中國古代的指南車，記里鼓車，候風地動儀，水運儀象台等古代儀器，都是他指導製作的複原模型。他對中國考古方面的貢獻巨大。

我那時正寫一篇鎏金與貼金的文章。北京鋼鐵學院一位教授能夠幫我測厚，也可說是測薄。我抓了一個蟬（知了），他能給我測出蟬翅膀的厚度。因為通常說"薄如蟬翼"，是說蟬翼是很薄的。而蟬翼的厚薄，在同一翼片上，是不相同的，有最薄與最厚處之分。所以說"薄如蟬翼"只是文學形容。經我測算，拿二十多張金箔加起來的厚度，相當於蟬翼最薄處之厚度。王先生聽了，也很稀奇。雖然對細節不太瞭解，但他對中國古代鎏金與貼金的歷史及傳承，非常清楚。

我們談得來，加上他的一些朋友也都是我的朋友，例如沈從文，蕭乾，王世襄等。為寫這篇論文，沈從文先生建議我看《漢書‧趙飛燕傳》，由此查出，趙飛燕的妹妹住的宮殿朝陽舍，門坎是銅質鎏金的。我還參考了古籍《營造法式》《天工開物》《宋史‧神宗本記》清代《工程作法則例》甚至日本的《油事類苑》等。這些，王天木先生都看在眼裡，對我是刮目相看。

1979年暑假，我冒酷暑到四川考察中國古代雕塑。臨行前，我去王老家辭行，他主動給我寫了三封介紹信，給四川省文物管理委員會的領導。

我的第一站是四川廣元，這是從陝西進入四川的第一個縣，有許多唐代古棧道遺跡，是川陝公路的樞紐重鎮。在廣元縣文管會，我看到辦公室地面，堆放了一大堆銅片，便問是怎麼回事？主管會主任說，那是戰國時代的青銅器，被打碎了賣銅。他們是從廢品收購站買回來的。我問，怎麼會有那麼一大堆？主任說，戰國時期的墓葬，是成群的。一出土，就是一大群。但國家政策是，地底下的文物是屬於國家的，農民發現後，如上交，得不到任何好處。所以他們情願打碎了賣廢品。我再問，不能有償捐獻嗎？回答，這得中央擬定政策。真可惜！我回京後，向王老報告此事，他叫我寫文章呼籲。我說，王老，您是文博館研究所所長，您的話應當更有份量，但他唯有搖頭嘆息。

我第二站到了成都，在四川省文管會辦公室，我拿出介紹信，問，"哪位是沈主任？"一人答"我就是。"再一封信，"哪位是秦教授？""我是。""哪位是張先生？""我是。"三封信給了文管會的三位領導。他們看了信後，不約而同地說，"這是老師來的信。"

他們三位主要領導商量的結果，停業三天，要了所裡唯一的汽車，由沈主任親自陪同，帶我參觀成都的歷史文物。有超級講師，又有汽車坐，三天之內，看遍了成都的文物古蹟。特別是尚未對外開放的前蜀王王鑒，後蜀王孟知祥的墓，我也詳細參觀了。沈主任介紹孟知祥墓時，叫我們看它的風水，墓地在半山坡上，像一把太師椅，墓穴就坐落在椅子座上。沈主任說，墓道口是斜向下方，填滿了條石，要一塊塊把條石用起重機吊開，才看到墓門。笨重的兩扇石門一打開，墓室兩邊精美的壁畫，眼看著就變色，最後完全被氧化消失得無影無蹤，殊為可惜。

我下一站是去重慶看大足石刻，文管會還給大足文管所打了電話，要求對我多加照顧。在大足，由大足文管所所長的兒子陪我，他是大學生，剛剛放暑假。還有幾位女講解員，大家有很美好愉快的時光。

省文管會沈主任囑咐我，從大足要回成都，我遵囑，又回成都。原來他托我帶幾斤紅豆給王老，是他的一點心意。我回京後，把紅豆交給了王老。他說，這麼大老遠的帶幾斤豆子，沒有必要，路遠無輕重。

　　我臨去美國前，到王老家辭行，王老已給我寫好了一幅對聯"山隨畫活 雲為詩留 庚申年 清明 為魯冀先生雅正 天木"。我原先並未多加留意，但我在1988年到香港時，在畫家黃永玉家中看到王天木先生寫的三個篆字"不瓦全"，才感到此對聯的份量。黃先生說，他很少給人寫字，但他的字寫得極好。2011年我在北京萬荷塘見到黃永玉先生，又談起王天木先生。黃先生说，他學富五車，但是很少結交朋友。想認識他，並和他做朋友，不簡單。我卻覺得，他是位誨人不倦的長者。那年我把王天木先生寫的對聯給北京畫院齊白石記念館館長吳洪亮先生看，他說，"這字寫絕了！"，特別是"詩"字的言字旁，竟寫了四條橫槓，是他從未見過的。

　　能與王天木先生交往，是我一生的榮幸。

　　　　　　　　　　　　　　　高魯冀寫於2019年2月27日
　　　　　　　　　　　　於美國加州灣區核桃溪樂詩畝寓所

在美國辦中文雜誌的尹夢龍先生

　　我1980年4月來到美國,將中國的一切都拋在腦後,在新大陸,開始了新的打拼。

　　行前,我去恩師蕭乾先生家辭行,他鄭重地給我推薦了幾個人,叫我到美國後就與他們聯絡。其中第一位就是尹夢龍先生。蕭乾介紹說,他在紐約,是聯合國的翻譯,秘書處高官,自己自費辦了一家中文雜誌,叫《海內外》,人很好,一定會與我成為好朋友。

　　到美國後,初時住在三姨父家念英文,每天只許說英文,不許說中文。電視看不懂,中文報章雜誌也沒有,僅有一份薄薄的《台灣中央日報》航空版,每天從郵局寄來,是姨父的,成了我唯一的精神食糧。我快憋死了。突然想到尹夢龍先生,便寫信去與他聯絡。

　　蕭乾先生給我寫了介紹信,我寄去紐約,與尹先生取得了聯繫。蕭乾先生的信是這樣寫的:

夢龍兄:

　　茲介紹好友高魯冀兄來看您。他是清華大學土建系高材生,後在建築公司任助理工程師。他現在去美進修。高兄擅長寫作,為國內刊物及香港大公報之特約撰稿人。對《海內外》很熟悉,很想為您寫些文章。一切由他面陳吧。即頌

　　春安!

蕭乾80, 4, 2。

尹先生的信我還保留三封，分別是1981年8月7日，1983年5月2日和1984年11月2日。

1981年8月7日信為：

高先生：

　　我七月上旬返美，日前又接您來信，只因這次離美日久，回來後即趕編下一期，昨天才編好，所以遲至今日才回信，請諒。

　　我這次在老家（長沙）停了50天，在北京只停了10天。本刊目前無法在國內正式發行，但已與湖南出版方面聯繫，他們答應承印這一期，我已航空將版樣寄回，但不知何時能印好收到，或有無其他問題。

　　您讀書很忙，但這是您目前最重要的事。非不得已，不必分心替報刊寫稿，除非有稿費，否則暫時不必花精力。近日見《北美日報》在連載您的《黃永玉七八事》，不知您知道否？是否寄您稿費？

　　我今晚又要去非洲內羅畢出差，定本月25日回。祝

　　好！

尹夢龍 81年8月7日

從信中可以看出，他對我是真正的關心，叫我努力學好英文，不必替報刊寫稿。除非有稿費。而且對《北美日報》連載我的《黃永玉七八事》問我知道否，是否有稿費。因為《北美日報》是在紐約出版的，舊金山不易看到。從信中看出，他也是非常忙，甚至要到非洲出差。

1983年5月2日信為：

高先生：

　　您好！欣接來信，恭喜您終於收到《時代報》的聘約，受到歡迎，看來這是您能充分發揮所長的地方。在走了許多彎路以後，終於走上正軌。

　　我前信所說"有何收穫"？正面的雖然不多，反面的卻十分豐富，只是代價不小罷了。若能從此總結經驗，卻還是難得地和極可寶貴的。我想最主要的原因是初來美國，對一切存了太美的理

想，如《科技導報》，我是提過警告的。劉先生那兒，我是去芝加哥後，對於您們的"宏大愛國"計劃不敢贊一詞。至於您受到國內來的友人欺騙，則是在"識人"方面有所不足。總之自己把期望放低些，被別人所迷的機會可減少些。我想，劉先生不是不想利用我，但他的一套卻不能引誘我。我說這些，不表示我有知人之明，我也是受過不少欺騙的，不過方式不同吧了！

希望《時代報》在您的協助下，會大有發展。

祝好！ 尹夢龍 上

83年5月2日

信中包含了太多信息，不想一一解釋。只其中，我在芝加哥時，曾向劉老闆提到尹先生，說他是聯合國的翻譯，自己辦了一個《海內外》雜誌。劉老闆遂叫我請他到芝加哥，好吃好住，但尹先生還是有經驗，不吃這一套。

1984年信為：

高先生：

承賜寄大作《〈胡娜事件幕後人物〉的幕後人物》當於這一期（47期）刊出，但題目我擬改為《〈胡娜事件幕後人物〉發表前後》，不知尊意如何？您建議連同《九十年代》原作一併發表，但該稿已傳遍海內外，紐約《北美日報》亦連續轉載，幾乎無人不知，因此我想，似不需要再登。另有一點，您這次用"高洋"筆名，會不會暴露您自己，請考慮。

請常賜教。

順頌

文祺

尹夢龍

84年11月2日

我寫了《胡娜事件幕後人物》，請台灣學者陳鼓應幫忙審查一下，從文風到文字，切不可被人認出是大陸人寫的，因為挖出了國民黨政權不少機密。鼓應兄閱後，一字未改，僅把筆名改了。我原叫童顏子，鼓應兄給改為童顏怡。這篇文章發表後，奠定了我在北美新聞界的地位。尹先生信中說，《胡娜事件幕後人物》一稿已傳遍海內外，原稿不需再登。關於筆名，他也耽心用高洋會暴露我自己，請我慎重考慮。殷殷之情，令人暖心。

我和尹先生熟悉以後，也積極參加了他的雜誌《海內外》的撰稿，組稿工作。沈從文及黃永玉先生訪美，我們出了專刊，其中一期，竟有我的四篇文章，用了四個筆名。我的四篇文章分別是《旅美雜感》（高洋）《我所認識的沈從文先生》（高華）《鐘開來教授談沈從文先生》（雷平）《黃永玉七八事》（魯冀），刊發在《海內外》第27期。

《海內外》究竟出了多少期，已不可考。但以一己之力，在海外辦一份中文雜誌，其勇氣可嘉，毅力過人。我給尹先生撰稿，從未拿過稿費，但是我心甘情願的。當時一本雜誌才售＄1.25元。

與尹先生見過三次面，一是我在金東公司時，請他到芝加哥一行。一是我和金東公司的劉老闆去紐約時。一是我自己帶團去紐約時。每次見面都是時間匆匆，不及多談。

由蕭乾先生的介紹，而認識了一位中英俱佳，而又"不務正業"的中國文化愛好者，並為辦雜誌而併肩作戰的朋友，殊為難得。特為記。

高魯冀寫於2019年2月26日
美國加州舊金山灣區核桃溪樂詩畝寓所

高先生：

我七月上旬赴美，日前又接您来信，一因这次离美日久，回来后即赶编下一期，昨日才编好，所以迟至今日才回信，请谅。

我这次在老宋（嘉业）停了50天，在北京又停了10天。本刊目前无法在国内正式发行，但已与湖南出版方面联系，他们答应承印，这一期我已航空将版样寄回，但不知何时能印好收到，或有无其他问题。

您读书很忙，但这是您目前最主要的事，如非不得已，不必分心替报刊写稿，除非有稿费，否则暂时不必花精力。近日见《北美日报》在连载您的《黄永玉七八事》，不知您知道否，是否寄您稿费。

我今晚又要去作州内罗华出差，定本月25日回。

祝

（编）

尹梦龙

尹梦龙致高鲁冀信函

《台灣文化》總編輯 陳芳明

我與陳芳明相識，是因為我在《台灣文化》上發表了《江南風雲》，好像是分四期連載的。陳芳明是《台灣文化》總編輯。

陳芳明是當代台灣文學研究學者，國立政治大學台灣文學研究所專任教授。他和我都在舊金山灣區，我在舊金山，他在南灣聖荷西。

我很奇怪他為什麼不回台灣，原來他是台獨分子，1988年以前，國民黨不讓他返台。所以他恨國民黨，是有原因的。他是台灣高雄市左營區人，出生在1947年6月10日。在美國西雅圖華盛頓大學歷史系取得博士學位。他在美國時，是台灣獨立運動的重要推手。

他返回台灣後，先任教於靜宜大學，後應施明德之邀，投身政治，曾任民進黨文宣部主任。聽說他後來成為民進黨的文膽，為陳水扁競選總統也出力不少。

我在《台灣文化》上發表《江南風雲》，用的筆名李子頌。我有一次寫有關江南的稿件，急切中，用了此名。李子誦是香港文匯報的社長，我把"誦"改成了"頌"。但香港《文匯報》發文時，改成了"李頌"。這事還引出另一件事。李社長多年前失散的老友，看到此文，以為作者是他的老友，寫了一封信給我。我回信說明，對方又來一信，說"錯把馮京當馬涼"。

陳先生給我寫過幾封信，我只找到兩封。一封是1986年11月22日，一封是1987年1月14日。1986年的信：

魯冀兄　茲奉上稿費300元，請查收。大作將刊於《台灣文化》

第九期（十二月——一月出版）。待發行時，當寄去給你。續稿請便中擲下，因我最近不太可能前往舊金山。如果讀者對大作有任何反應，當會讓你知道。謝謝你賜稿給《台灣文化》，再談。

耑此 順頌 秋安 芳明 11-22-86

第二封信是我給他寄了一份《調人記》的稿子。他寫道：

魯冀兄，很抱歉，這篇稿子存放我處過久，請諒。《台灣文化》已另郵寄出，希望你馬上可以收到。紐約方面的作業，已嫌過遲，相信下次不致再發生。一直希望找機會能參觀你的字畫與古玩。待過一段時間，或許可以吧。請保持聯絡。

耑此 順頌 春安

芳明 San Jose

《調人記》是我在文革中的一段經歷，曾向江南講過，他大笑，並要我寫出，他幫我發表。但文成時，他已被竹聯邦殺死。所以可能陳芳明要看。否則，《台灣文化》這樣的利物，是不會刊登的。這本刊物是政論性的，而且中文為主，但也有二十幾頁英文稿。可見主編中英文功力都了得。

從本文可以看出，筆者與編者之間只有工作關係，而沒有朋友關係。否則，筆者也染上台獨色彩，豈不冤枉。

高魯冀寫於2018年11月13日
於美國加州舊金山灣區核桃溪樂詩畝寓所

第二部分
艺术家、收藏家

黃永玉七八事

聽說中國當前最負盛名的畫家黃永玉要到美國來，筆者想起了這位大畫家的種種奇聞秩事。本想寫二三事以示歡迎的，不料一寫就剎不住筆，竟成了七八事。不過有些事是道聽途說，細節可能與事實有出入。

黃永玉與貓頭鷹

黃永玉的大名在中國大陸和香港知道的人不少，聽說他的一幅畫在香港可賣到幾十萬港幣。在美國，他的大名卻沒有那麼響亮。但是有許多美國人儘管不知道黃永玉，卻知道那位為了一頭貓頭鷹而倒血霉的畫家。美國詩人保羅・安格爾在《贈畫家黃永玉》的詩中，一開頭就寫道："畫了一只聰明的貓頭鷹，一只眼兒閉，一只眼兒睜"。黃永玉倒霉就倒在那個一眼閉一眼睜上。大家都知道他為了那只鳥兒吃盡了苦頭，但事情的原委卻很少有人曉得。

那是在七十年代中期，北京飯店新樓正在加緊施工，當局組織了一批畫家為飯店作畫，黃永玉也在其列。他和幾位畫家準備到長江流域去寫生，正準備出門，忽然有朋友到家裏來，說南京畫家宋某打算求他一幅畫。既是同道愛慕，焉有不準之理？但又行程在即，黃永玉只好一揮而就，信手畫了一只他擅長的貓頭鷹，一只眼睛圓睜，一只眼睛就是一條線。姓宋的畫家得到此幅贈畫後，十分高興，拿到榮寶齋去裱。誰知道這一裱可裱出漏子來了。大約"四人幫"早有明確指示，或裱畫店有人想邀功以染紅頂子，反正這幅畫被送到了美術界的領導邵宇的手上，邵宇當然毫不怠慢，馬上向上匯報了，於是開始了批黑畫。畫家們為北京飯店揮毫時的得意之筆被任意曲解,例如一幅國畫畫著三個柿子和一棵用草繩捆看的白菜,被解釋為:"我三世(柿)清白,你還捆著我"。山頂上有一群小雞,被解釋為諷刺上山下鄉。老畫家李苦禪畫了八朵荷花.被解釋為諷刺八個革命樣板戲。批判他時,他還強辯:是六個樣板戲!於是人家就給他數,但他堅持芭蕾舞劇紅色娘子軍和白毛女是舞而不是戲。

　　總之,為了某種政治目的,這次批黑畫竟成了最醜惡、最拙劣的一出鬧劇。黃永玉的畫本來是送給朋友的,與飯店畫無關,但為了政治需要,也硬被說成是給飯店畫的。無論哪個黨派或個人,只要一靠造謠過日子,離垮臺就不遠了!

　　在那期間,有一次到黃永玉家裏,看到他情緒十分不好。文化革命中被遊鬥時他都沒有如此惡劣的心情。那時候他被戴了高帽子站在卡車上遊鬥,回來他告訴我,他還偷偷向外張望,頗有一種頑童的心理。記得那天在座的還有唐瓊先生,這位筆桿子正在為黃永玉準備檢討書。現在回想起來,文革期間實在是中國歷史上僅有的暗無天日的時代。

　　那時候為了害怕抄家(已經有了一次慘痛的經驗),他不得不把可能惹出麻煩的一些字畫和工藝品分頭疏散,當時筆者有幸為他隱藏了兩大包東西。是什麼東西我完全不知道,只知道有兩個鹿角製的煙鬥,下面鑲嵌了有銅版腐蝕貓頭鷹的裝飾,是我親眼看他手工製作的。

　　"四人幫"垮臺後,黃永玉當然也平了反,他家裏的貓頭鷹突然急劇增加,是海內外的朋友們送給他以示祝賀的。這些貓頭鷹的質料、形象、水平各異,但反映了一種共同的心理。

　　邵宇先生並不因揭發黃永玉而發生絲毫的問題,照樣當他的官,因為中國的官僚們只要不是站錯了隊,都是終生制的。但是據說他有一次在榮寶齋巧遇畫家宋某人,寒暄一氣,問身體可好?這位宋畫家說:糟透了,他患了多種疾病。筆者不知他是如何歷數的,只聽說他最後說:"最主要的是心壞了!"

黃永玉与動物

　　黃永玉最喜歡養些小動物。據我所知,他養過狗貓、烏龜、熱帶魚、金魚、鸚鵡、松鼠還有猴子等等。文革期間,這也成了一條罪狀,一度停養。他喜歡這些小動物。他有詩人的氣質,從這些動物身上,他會看到許多別人看不到的事情,經他一講出來,朋友們莫不感到興味盎然。

　　文革開始前，黃永玉曾和學生一起到農村參加四清，在階級鬥爭的課堂上學習。誰知此公對動物的興趣不減，到了農村，動物的品種比城市又多了幾個，他好不高興。他開始創作動物寓言。例如正在地裏幹活兒，一位女學生忽然看到天空有一隊大雁，就叫道："黃先生，您快看！"黃擡頭一看，呵，好漂亮的大雁！他信口吟出："為了象徵人生的尊嚴，我們在天空排成大寫的人字。"女學生覺得很有詩意，於是就把它記錄了下來。黃永玉和同事、同學們不斷地創作、積累，終於有了一組文字，大家稱其為動物寓言。

　　文化革命開始後，"左派"們紛紛對他揭發批判，很大的一條罪狀就是用動物寓言反黨、反社會主義、發泄自己的不滿。當時大陸報本沒有法制，老子家長說了算。黃永玉的那組寓言並不是完全講動物的，還有一則講的是太陽的黑子。這可太嚴重了，說太陽上有黑子就是影射毛澤東有缺點，這是現行反革命。於是黃永玉被抄家、壓縮房子、壓縮工資、批鬥、遊街——是現代化的汽車遊鬥……最令他痛心的是，在批判他的動物寓言的大會上，那個為他尋找素材、為他記錄整理的女學生，竟是首要的揭發人，這在大陸有專用名詞，美其名為：反戈一擊。這一擊可真把黃永玉擊暈了。他萬萬沒有想到，幾個人合作的文稿，竟給他惹來了大禍，而揭發人不僅是他的學生，還是他的親密合作者，他傷透了心，想不到人世間竟有這種中山狼或猶大式的人物。也難怪，那個女學生綽號就叫小密探。

　　黃永玉是個多才多藝的人，很多藝術形式他都嘗試過。香港一家什麼雜誌曾經分兩期連載，發了一篇很長的文章，叫《奇才黃永玉》，主要講他的多才多藝。他在《詩刊》上最近一兩年曾經發表過詩作，記得有一組似乎叫猶大新篇，他以其特有的犀利的筆鋒，準確地描繪出了猶大式人物的嘴臉。看了他的詩，引起了我一陣陣痛苦的回憶。中國人太世故，城府太深。如果學一點兒美國人的花花公子樣兒，除了幹活兒掙錢以外，就是吃喝玩樂，不要一門心思地算計人，天下可能會相對相安無事呢！動物也不會因此而遭殃吧！

黃永玉与教育部长

　　前兩個專題都講黃永玉與鳥兒啊動物啊什麼的，突然間扯出一個教育部長。如果在文革期間，這就會被羅織罪名為：把社會主義中國的教育部長與鳥兒和動物相提並論！幸虧"四人幫"已倒。

記得似乎是1975年，正是黃永玉為了貓頭鷹倒霉的時侯，除了鐵桿朋友還繼續到他府上以外，別人躲還躲不及呢。那時候，我被光榮下放到農村去普及大寨縣，因為參加了這光榮的行列，得以有幸到大寨去參觀。臨行前，到一位長者家裏辭行。那位長者聽說我要到大寨去，忽然若有所思地說：蔣南翔也在大寨。蔣南翔是我上清華時候的校長兼高教部長，文革期間飽嘗辛酸。1975年他已經被解放，尚未安排工作，在大寨搞調查研究，參加力所能及的勞動——這是官面兒上的話。那位長者忽然用虛擬語氣對我說："如果你能在大寨見到南翔同誌，請你把這些話轉告給他……"那時候，北京又開始烏煙瘴氣了，清華的副書記劉冰等四人聯名寫信上書毛澤東，告了當時清華黨委書記遲群一狀。但遲群是江青的紅人，這一下不啻捅了馬蜂窩！據說毛澤東批示，劉冰等人表面上是告遲群，矛頭是對準他的。如果這個批示不錯的話，毛那時候一定神智不清楚了。不過即使是癡人說夢，也要當作聖旨"最高指示"。大字報、大批判在北京高校又開始如火如荼，劉冰等人的狗頭隨時有被砸爛的可能。而且運動愈來愈深入，大叫什麼順藤摸瓜，實際上大夥心裏都明白，這個"瓜"就是才剛復出的鄧小平。

蔣南翔當時窩在山溝溝裏，這些事情當然不盡請楚。如不及時通知他，萬一他撞到人家的槍口上，可就全完了。可是通知他這些事情的人，腦袋一定得別在褲腰帶上，如被四人幫之類的曉得，國家雖無法制，卻有的是刑罰。

我臨上火車前，到車站附近黃永玉的家中小坐。他家裏還有幾位客人，正在談論劉冰的事。黃永玉說："歷史一定會對劉冰等人給予正確的評價的。"我當時是坐立不寧，心中像是揣了個小兔兒。臨開車了，幾位朋友還在在低談闊論（當時不可能高聲），毫無要走的跡象，我不得已，只得把黃永玉叫了出來，小聲嘀咕地把我的疑慮講給他聽，問他的意見，這口信是否要帶到？黃永玉聽完事情的原委，突然低聲但堅決地說："當然要帶到！我並不認得蔣南翔，但聽說他是一條硬漢子。他正在倒霉，最需要幫助，一定要把這重要的口訊帶到。"一邊說著，還用手勢來加強語氣。

到了大寨參觀過後，集體乘公共汽車回縣城，我托故留了下來，到大寨的中國旅行社去找蔣南翔。一個保鏢模樣五大三粗的彪形大漢，把我反覆盤問了好久，看到我是學生模樣，料我也成不了氣候，便輕描淡寫地說："他早回北京了。"把我打發開了。我不得不步行了兩個小時回到縣城，還要應付領隊的盤問。

從大寨取了經，要走了。我跑到街上去買點什麼，突然迎面碰到一個人，後面還跟了一位保鏢。我真是喜出望外，大叫一聲："校長！我可找到您了。"那位保鏢倒還識相，有意多走開幾步，使我得以把北京的形勢概括地告訴了蔣南翔，勸他好自為之。

事過境遷，現在如果問黃永玉這件事，他可能會說是胡說八道，蔣南翔也一定不會把此類小事放在心上。但是黃永玉在自己受著不白之冤的時候，竟能主持正義，顯出了英雄本色。

黃永玉与权贵

文革以後，黃永玉搬了新房子，家中經常高朋滿座，其中不乏權貴。某局長、某部長來訪是家常便飯。黃永玉只好與這些人周旋。文革以前，夏衍訪問一次，竟成了大罪名。文革後，由於貓頭鷹給黃永玉揚了名，來訪的權貴就更多。

文革前，廣東省委書記陶鑄寫了一本《松樹的風格》，指定要黃永玉給設計封面。秘書找到黃永玉，黃永玉哼哼哈哈，秘書急了："陶鑄叫你設計你還不幹？"黃永玉也有點氣，說："陶鑄叫我設計又怎麼了？也得看我是不是高興。"最後封面是設計了，確實是不高興時搞的，一棵歪歪斜斜的松樹，畫家本人也不見得滿意，陶鑄一定也不滿意，因為再版時就換成了傅抱石的國畫松樹了。

文革時候，有一天晚上我去到他家裏，他正緊張地在臨一張畫，說是造反派要交上去的。仔細一看，原來是一張毛澤東的漫畫像。黃永玉說，這是大陸解放時，香港大公報為了慶祝，特意叫他畫的，彩色粉印後，分發給讀者。畫面上的毛澤東站在一個臺子上，頭大身子小，一臉的呆傻相。我知道這一定壞事了，黃永玉臨的那張放大了的畫像比原作要好得多了，但我猜他也難逃厄運。

文革當中，黃永玉固然被剝奪了公開展出或出版畫作的權利，但他的創作卻一直未曾停頓過。文革以前他以獨樹一幟的版畫家著稱，文革以後他又成了陰陽怪氣的國畫家。版畫也好，國畫也好，他畫的毛澤東像卻沒有一張是成功的，從1949年算起。無怪文革當中他要受那麼多的罪——不善拍老毛的馬屁。

黃永玉對周恩來的感情卻完全不同了。周恩來死去的那天，他深夜畫了一張紅荷圖，以表紀念。天安門事件期間，他更是和太太張梅溪經常出入天安門廣場，筆者就曾遇到過他好幾次。唐山大地震期間，北京市民都住到了馬路上臨時搭起的抗震棚裏，在這樣的環境中，黃永玉竟刻出了兩幅周恩來的像，一幅比一幅精彩。"四人帮"倒臺以後．他手工印制了很多分贈給知己、好友，筆者有幸也得到一張，因為他的兒子黑蠻講了句公道話："小高叔叔是在最困難的時候和我們站在一起的，是真正的朋友，一定要給他一張。"藝術家自有他的的愛和恨，強迫他去幹他不願幹的事．不會有好效果。只有他高興了，充滿了靈感，他才有神來之筆．才會創作出好的作品來。

黃永玉打人

"四人幫"倒臺後，黃永玉在華僑大廈為毛主席紀念堂設計掛毯。有一天，突然他一位朋友匆忙跑來告訴他，南京那位陷害過他的畫家到北京來了，也在華僑大廈。黃永玉一聽，立即跑了出去，很快找到那人的房間，大喝一聲："我就是受你迫害的黃永玉！"那人還沒轉過彎來，嘴巴上已經挨了一拳。黃永玉經常跟我吹牛，說他和某某人摔跤，他贏了等等。但他知道筆者曾經習過拳擊，他從未表示過要與我較量一番，倒是在他打人之後，遺憾當時我不在場，否則倒可助他一臂之力。在北京市中心的大飯店裏，一位著名的大畫家動手打人，是個大新聞，不僅轟動了文藝界，就是一般百姓也覺得新鮮。據說那人在"四人幫"時代，為了向幫主獻功，自費調查黃永玉在長江、黃山等地寫生時的作為，手段可謂惡劣。這種人是得好好教訓一頓的。

去年暑假，筆者出於對中國古代文明的無限熱愛，冒酷暑只身赴川考查中國古代雕塑，途經重慶時，住在四川美協，版畫家李煥民曾向我說起過，他曾到南京出差，負責接待他的人恰是被黃永玉打過的人，他心裏就有點緊張。後來聽說，並不是他自發、自費去調查黃永玉，而是受命、公費去執行此項任務。給黃永玉造成的困擾當然是客觀存在的。但我以為，對狗不要一律都打，對瘋狗要往死裏打，否則被咬後會變成瘋人。對走狗卻不一定去惹他，除非他咬了你，因為中國這種狗太多了，根本打不過來。而且走狗也得仰主人的鼻息，日子並不好過，可恥可憐而已。

中國經歷了文化上的一場大浩劫，奇怪的是並沒有把藝術家們趕盡殺絕。中國人真是頑強得很，"野火燒不盡，春風吹又生"。經過了這場"文化大革命"，畫家黃永玉反而更成熟了——我不是指他的人，他的人早已被運動成爛柿子了——我是指他的畫。他的標新立異，不顧章法，引起不少墨守陳規派大叫的春意盎然的新的中國畫。

原文發表於1980年9-10月刊第27期《海內外》

黃永玉贈作者的木刻作品
"總理愛人民，人民愛總理"

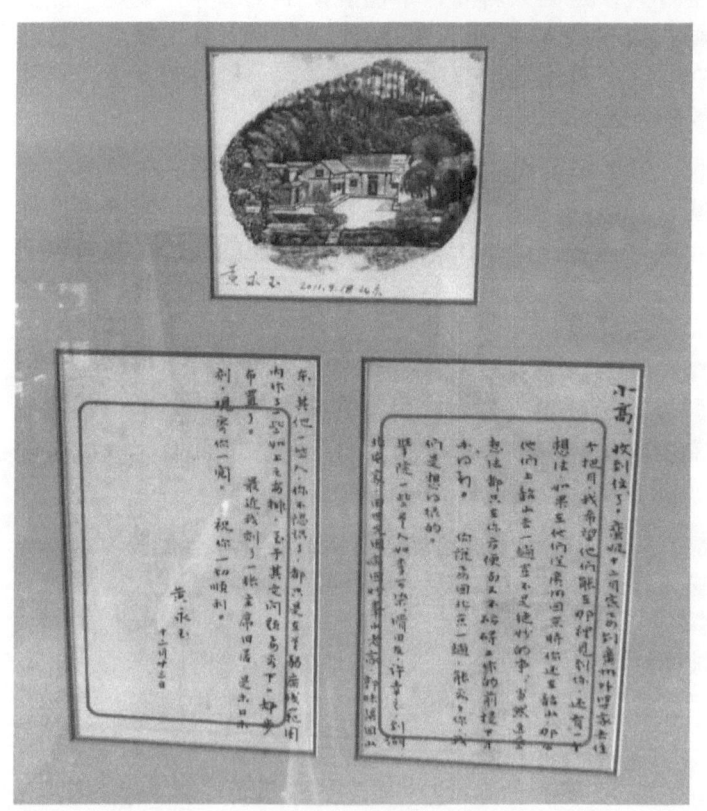

黃永玉贈作者木刻韶山及書信一通

黃永玉贈作者木刻作品

作者在黃永玉指導下印製的木刻作品列寧像

畫家黃永玉和我及我的兩個女兒

我和畫家黃永玉，是超過一甲子的老朋友。我35歲生日時，黃先生送了我一幅荷花，上書"魯冀弟三十五歲，相識二十年矣"。1966年到1976年的文革時期，我在北京工作。只要不出差，一週要去好幾次黃永玉家。有一次，黃先生說："來，我給你畫張像。"他拿起畫板和毛筆，直接畫出來。年輕時的我還真很英俊，他把那額頭、鼻梁、劍眉、下巴，畫得都好，又極簡潔。時為1968年，文藝界批"黑畫"正猛，他畫完連名字也不敢簽，只寫了拼音 Huang。

我交女朋友，結婚，生女等，都在黃家全家見證之下。我曾帶我的大女兒高潔去黃家，那時她大約四五歲。女兒從小長在天津，由奶奶養大。她會說天津快板，例如"天津快板，拉里拉里拉，我騎上了飛鴿車，我心裡真快活，車頭上面有個和平鴿。"天津快板一定要用天津話來說唱，才有韻味。小家伙把黃先生逗得哈哈大笑。他高興地給高潔畫了像，也是用毛筆直接畫，不打草稿。畫得好好看。下書"黃伯伯，一九七四年十一月"。

二女兒高陽，名字就是黃先生給起的。他說，"這是《楚辭》的第一句'帝高陽之苗裔兮'，叫高陽，小時候叫陽陽，大了叫高陽，名字也很響亮。"黃先生還信手用鋼筆給她畫了像，那是1975年，畫上他連名字都沒簽。我把此畫帶到美國，在二女兒生日時，裝了框送給她。遺憾的是，沒有黃先生的簽名，只有我寫的字、蓋的章。

2011年9月，我從美國去北京萬荷塘看黃先生，女兒叫我帶上這幅畫，請黃先生簽名，我帶了去。黃先生倒是一眼就認出這是他的作品。我費力地把框子拆下來。黃先生在畫上寫了一些字，寫了半天，我有些納悶，這麼小的畫，寫了些什麼字在上面？黃先生寫道：

> 高陽今年三十八，這畫是兩歲的畫，你看你長大了，我也老了，走得那麼遠，也難見你了。黃永玉 二〇一一年 九月 十八 北京 萬荷塘

1994年，我作為新聞從業人員，受廣州和青島市政府邀請，訪問這兩個城市。在青島見到我二嬸，她保留有黃永玉1946年結婚時的一張一寸照片。我找她要來，在美國翻拍放大後，寄給了在香港的黃先生。他和太太張梅溪看了，都非常感動。我把原照及翻拍放大的照片寄回給二嬸。她回信說，"五十年半個世紀過去了，昔日的青年，已進入老年階段。記得那時他叫黃牛，在上猶繼春中學教書，當時是18、20歲的年齡，兩個人朝氣勃勃，很受學生的愛戴。在那偏僻的小城，可算得上是才子佳人。"那一寸的小照片背面寫著，"哲生、菊溪夫妻存，晚黃牛、梅溪 卅五，五，十六 上猶"。哲生、菊溪是我二叔、二嬸的名字。二叔原為青島海洋學院生物系主任兼青島水族館館長，抗戰時期流落內地，他說他在上猶找工作，填表時沒寫生物，寫了博物，以便工作機會可以廣些。縣政府就把他分配去當中學校長。黃永玉當時在上猶一家報館做美工，兼在中學教美術。二叔和二嬸一起張羅了黃永玉、張梅溪的婚禮，所以黃永玉把我叔叔尊為長輩，我和他就成了平輩。

梅溪收到照片後，回信是這樣寫的，"謝謝你二嬸，竟保存了我和永玉在贛州結婚時的相片，又得你花大錢放大和寄來，看著想著，真如幻似夢。"在我放大的照片背後，黃先生和梅溪都簽了名。黃先生還寫道："一九四六年五月於贛州攝，一九九五年一月於香港補記。"

我太太2015年8月19日去世，全家都很鬱悶。到了年底，大女兒高潔一家要去中國，問我可否去看黃永玉？大女婿是個白人，兩個孩子是混血，又聰明，又漂亮。我與黃先生聯絡，他說萬荷塘正在裝修，但他們在京東有兩幢別墅，我們可以去。黃先生的兒子黃黑蠻一家在香港，正好也要同時回京過聖誕節。

我們一家五口先到天津，住我們自己家。本來要開車去北京，但天氣有霧霾，高速公路不開放，我們只能坐火車到北京，入住長城飯店。一位朋友開車帶我們五人去黃永玉家。黃家買了兩幢鄰近的別墅。見到黃先生，大家都很高興。他家裡養了十幾隻狗，兩隻貓，還有八哥和刺蝟。我的兩個孫子孫女都好高興，他們就喜歡小

動物。黃先生把刺蝟抱在手裡，說牠不扎人。他也好喜歡兩個孩子，抱著他們照相。正值聖誕節前夕，他住的社區裡樹上掛的都是彩燈，還放著聖誕音樂。

　　黃先生六十年前猴年設計的猴票（郵票），這三十六年漲了21萬倍，原來8分錢的郵票，現在市場上賣16,800元。這個猴年，他又設計了兩張猴票。大家都說，現在開放二胎了，所以設計兩張。老爺子有先見之明呀！他請我們在社區的一家四川餐館吃飯。我們的兩個美國孩子居然什麼都吃，米飯不夠還要添，黃先生好高興。我們和黃先生坐一桌，席間，他說曾有一位國家領導人來看他，說北京有一家純粹的四川館子，以後可以請他去吃。但黃先生請那位領導吃了這家館子，他說，北京的不必去了，這家就很正宗。到底是哪位國家領導人，他沒說，我也沒好問。有一種啤酒，黃先生一定要我們喝。他說是本地產的，只有在此地才好喝，咣噹咣噹拉到北京，就不對味了。我倒沒聽說過啤酒運輸會變味。但這種啤酒確實很好喝。另一桌是其他客人，據黑蠻說，有好幾個警佐，都是少將級的。好傢伙，這麼多警察高官都是他們的好友，我們的安全應當毫無問題。其中一位警官對我說，"您是高叔叔吧？"我似乎不認識他。他趕緊說，"我是萊子"。原來他是黃先生在北京車站附近京新巷舊居的鄰居，是警察子弟。人很謙和，黃先生很喜歡他。黑蠻告訴我，萊子經常在北京站附近到修鞋的、運行李的人面前說，"又到這兒來裝蒜了"。那些人是便衣警察。

　　吃了飯，黃先生急急地衝出去，我都有些跟不上。問為什麼那麼急？他說，要不快走，會有一大群不相干的人圍著握手，要簽名，就走不掉了。黃先生對孩子們說，"下次回來，只要我還活著，這餐廳還開著，我就請你們吃飯，好不好？"孩子們都說"好！"他送我們每人一本他畫的猴年月曆，當場簽名。高陽沒去，也有一本。月曆上有十二個猴子，而且是印在宣紙上，很容易揭下來裝框。黃先生那年已經九十多高齡，仍然保有赤子之心，看了真令人高興。

高魯冀寫於2018年7月30日
於美西舊金山灣區東灣核桃溪樂詩歆社區寓所

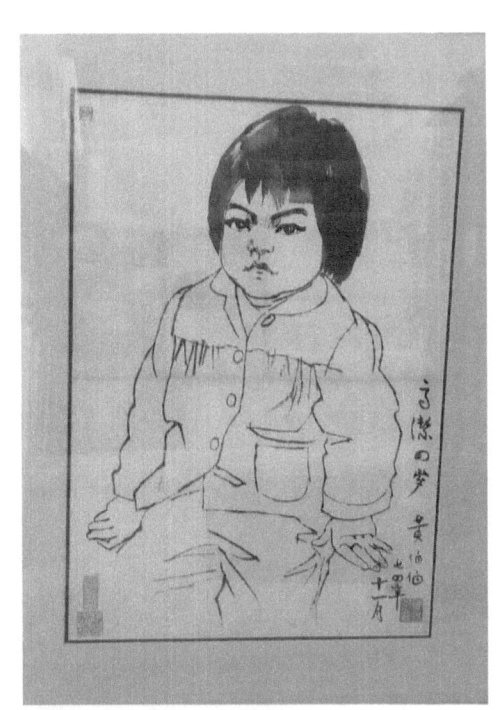

黃永玉為作者的兩個女兒
分別作的肖像畫

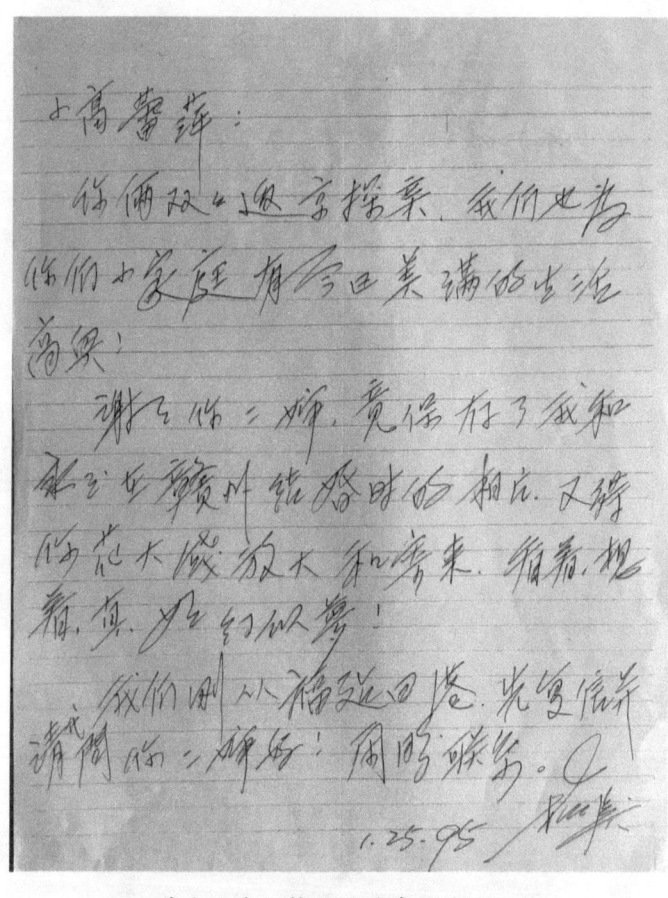

黄永玉夫人梅溪致作者及夫人信函

黃永玉小孩不同凡響

在當代中國美術界，黃永玉先生乃是大師級的藝術家。以他天才的成就和正直的人格，贏得廣大群眾的喜愛。他五十年代創作的木刻《春潮》《阿詩瑪》《胡蘆信》等，以其豐富的想像力，高超的技法，顛覆的形式，優美的形象，獲得了滿堂彩，成為20世紀版畫經典之作。文革中，他轉向了黃氏中國畫，基本是方形圖畫，可以裝飾現代居住環境，又有中國畫的基本元素，詩、書、畫一體。用黃氏畫法，水墨、廣告色、排筆、板刷甚至刮刀齊上陣，且構圖奇穎，造型準確，色彩繽紛，不拘章法，令人看而震撼，馬上愛上它。文革期間，我經常泡在黃家。所以那些版畫或黃氏中國畫，我看到了全部製作過程。他有一些木刻版子，我問他，這些版子還可以再印嗎？他說，當然可以。他叫我去王府井買了油墨，我在他的指導下，印了一張列寧像和一張人民公社食堂。可惜忘了叫他簽名。

1976年，周恩來總理去世，他刻了一張周總理像，這是他木刻技法的最高表現。他兒子黑蠻說，"一定要送小高叔叔一張，文革期間，他一直和我們在一起。"黃先生送我的周總理木刻像，下書"總理愛人民 人民愛總理 黃永玉刻 一九七六年七月（印章）"。四人幫被抓捕，全國人民額首歡慶。黃永玉畫了一幅大畫，稱"花好葉茂"。花與華通，這是稱頌華國鋒、葉劍英的功蹟。

我何其有幸，竟然和黃先生成為至交，且和他們一家都成為朋友。1976年，我35歲，黃先生贈荷花一幅，上書："魯冀弟三十五歲，相識二十年矣。"迄今，我們的友誼已超過一甲子。君子之交淡若水，平時雖聯繫不多，但我們心靈是相通的。

今天是講黃先生的公子、小姐和夫人給我的信。信是哪年寫的，已不可考，郵戳太模糊。反正是文革期間，大概是1967年前後。當時我在湖南韶山主持修復毛主席青年時代塑像，經常出差。有一次到廣州，正好一位同事，他是北京美術公司的畫家，是印尼華僑，好像姓謝，他要從廣州回北京，我托他給黃永玉家帶了一捆芥藍菜。

此菜由謝某帶到北京，可馬上送到黃家，因為黃家就住在車站前的京新巷。記得有一次我去車站接我女朋友、後來是我太太的丁蕾萍，黃家四人居然全體出動。黃先生還說，我們愛接人，不愛送人。

且說黃家收到芥藍菜，家中三位成員集體給我回了信。大兒子黃黑蠻的信最精彩，有乃父之風。他的信圖文並茂。信是這樣寫的：

高叔叔：

你好，我們今天收到你的信了。你所說的那個紀念章愛好者已於前天到達我們這了。

芥藍菜很好，我們大家都愛吃。北京的冒牌芥藍菜根本不能和它相比。

黑妮最近去天然游泳場游泳。據她自己說，游泳時不覺得冷，只感到全身發疼。就寫到這吧。

祝 身心愉快！。

黑蠻 4月2日

信中畫了兩幅圖畫，一幅是謝某人提溜著一大捆芥藍菜，大步流星地走著。旁邊有兩棵冒牌貨在看著，其中一棵捂著臉，表示害羞。謝某人的頭髮，衣服，皮鞋（三截頭），背包，線條畫得都極為細膩傳神。面部表情豐富，戴個眼鏡，嘴角上揚，在微笑。

另一幅圖畫是黑妮冬泳圖。黑妮在水中游泳，有冷風吹來，岸上兩位觀眾，一位身穿棉襖棉褲棉鞋全幅武裝，且戴著帽子和口罩，雙手揣在袖筒裡。另一位穿著連帽的棉猴兒，雙手插在口袋裡，面部表情驚愕。兩幅畫都精美絕倫。

黑妮的信寫得也不錯，她寫道：

小高叔叔：

你好！前天收到你托一位帶眼鏡的叔叔帶來了一大捆芥藍

菜，非常非常地謝謝你，我們大家都很高興。爸爸媽媽哥哥都認為比肉還好吃。你說帶芥藍菜的叔叔是個紀念章的狂熱愛好者，我怎麼一點也看不出來？只覺得他很溫和，也沒有向我們要紀念章，也不"狂"。

你到了上海我們寄於很大的希望，上海是個出產紀念章的工業區，下面的話是不用說的了。

我最近去游泳，天氣很冷，只有我和另一個女孩下水，許多人在岸邊看。其實我在大雪天也一定敢下去的。

你什麼時候回來，寫信告訴我們，我們來接車，北京見吧！

祝你 快樂！

黑妮 四月二日

梅溪的信為：

小高：

我以為你五月才回北京，上週給你寄去一信。我的弟弟想托你帶些糯米給我們，前天收到芥藍菜，才知你已離開廣州。

有位大夫給我開了一種藥，叫"九氟可的松軟膏"，是治皮膚過敏的，如在上海有，你請代我到藥房買兩支。據說天津有，你回家的話，也煩代我找一找。價錢多少，等見面奉還，謝謝！我們一切如常，請勿念！見面再談。祝你一切順利。

梅溪 3．2

只有在文革這個特定時期，蔬菜還得從廣州帶到北京。而且北京也沒有糯米及一些常見藥物。我因經常出差，可以買到或托人帶一些物資。信中也反映我和黃先生一家人的情誼。今天看看，頗為難得。

高魯冀寫於2018年11月11日
美國加州舊金山灣區核桃溪樂詩畝寓所

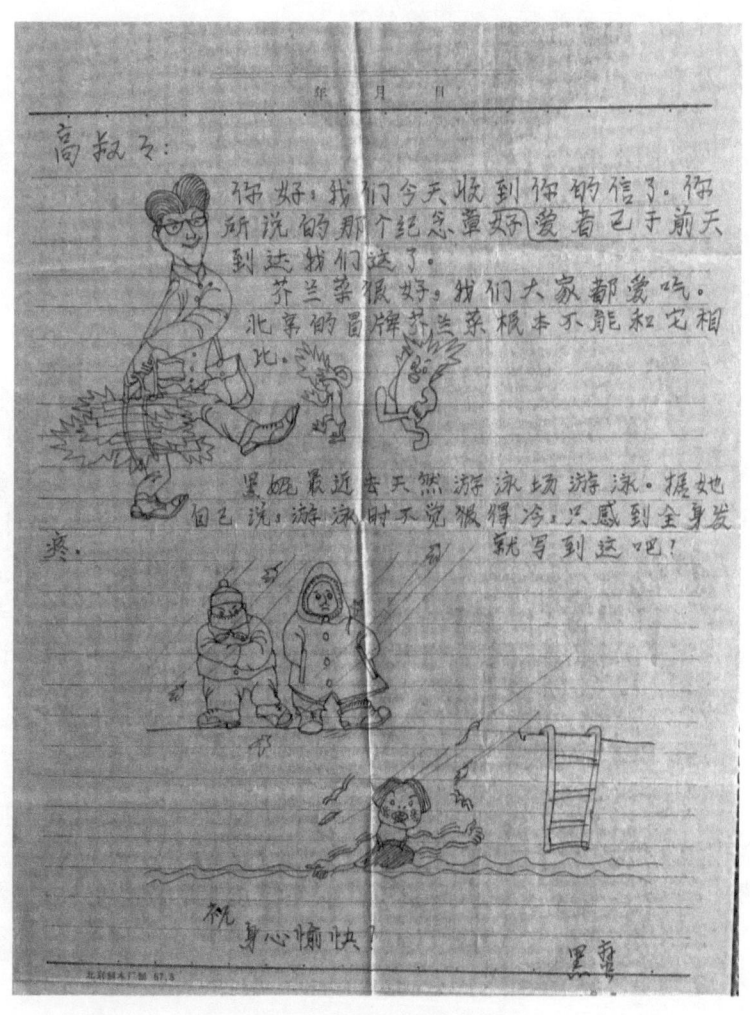

黑蛮的信图文并茂

小高叔叔：

　　你好，前天收到你托一位带眼镜的叔叔带来了一大捆芥兰菜，非常非常的谢谢你，我们大家都很高兴，爸爸妈妈哥哥都认为比肉还好吃。

　　你说带芥兰菜的叔叔是个纪念章的狂热爱好者，我怎么一点也看不出？只觉得他很温和，也没有向我们要纪念章，也不"狂"。

　　你到了上海我们寄于很大的希望，上海是个出产纪念章的工业区，下面的话是不用说的了。

　　我最近去游泳，天气很冷，只有我和另一个女孩下水，许多人在岸边看，其实我在大雪天也一定敢跳下去的。

　　你什么时候回来写信告诉我们，我们去接车，北京见吧！

　　　　祝你
　　　　　　快乐！

　　　　　　　　　　　　黑妮
　　　　　　　　　　　　四月二日

黑妮的信

梅溪的信

黃苗子和郁風夫妻

我是在黃永玉家認識黃苗子和郁風夫妻的。黃永玉向我介紹黃苗子時說，他曾經是國民政府銀行界的重要人物，畫過漫畫，書法寫得極好。我知道郁風是文學大師郁達夫的姪女，本身也是畫家和美術評論家。

我們都是黃先生的朋友，但彼此並沒有太多交往。我知道這對夫妻是不同凡響的。黃苗子先生1913年出生於廣東中山市一個書香世家，五歲到香港接受教育。十九歲到全國文化中心的上海。不知是何等際遇，他竟被市長吳鐵城安排為政府職員。此時，他已開始從事漫畫創作。他在上海認識了魯少飛、葉淺予、張光宇、張正宇、王敦慶等藝術界人士，並發起成立了全國漫畫展覽會。

抗戰爆發，他從廣州到香港，又到了重慶。在重慶，他與"二流堂"文藝界人士交往密切。在那裡認識了郁風，並開始交往。由於有人撮合，他們走到了一起。有進步思想的郁風，竟然與在國民政府及銀行界任職的黃苗子交往，她自己都感到好笑。不過他們的"國共合作"終成正果。他們在重慶天官府郭沫若家舉行了訂婚儀式。郁風比黃苗子小三歲，兩人都是大藝術家，可說是天作之合。

郁風是浙江富陽人，本身是位畫家。記得有一次在黃永玉家，我提到沈從文先生告訴我，中國在漢朝已經有了喇叭褲，並給我看了圖片。我剛好在北京王府井的外文書店看到一本書中有此圖片，就講了此事。郁風聽後，也不仔細問我是哪一本書，就自己風風火火去找，當然沒有找到。

黃苗子1939-1949年任香港《國民日報》經理，廣東省銀行監察人及中國實業銀行董事，大概這就是黃永玉先生說的"銀行界的重要人物"。1950年他定居北京，任政務院秘書廳秘書，人民美術出版社編輯。1957年被划為右派，被送至北大荒勞改。1966年被捕入獄。文革時，沒有道理可講。事後最多是道歉，平不平反，無關緊要。

他也是一位作家，其著作有二十餘種，其中有《黃苗子書法選》《中國書法精品選》及《敬惜字紙》《貨郎集》等等。

文革後，他又獲得第二春，二十世紀八十年代曾任澳大利亞昆士蘭州格里菲斯大學客座教授。作品在日、英、德、韓、澳大利亞及港澳台等地展出，並獲大英博物館收藏。

我和他們夫妻認識這麼久，也知道黃苗子是大書法家，很想得到他的墨寶，便與黃先生的好友，我也很熟悉的老潘（潘際烱）講了。老潘一口答應，說沒有問題。老潘果然為我要來了他為我寫的字。他寫的是"帝子乘風下翠薇"，是毛主席詩詞中的一句。字寫得很大，也很豪放，一氣呵成。只是我不是太喜歡他的選項。

我當時就想，他寫毛主席詩詞最保險，因為他被勞改過，又蹲過監獄，不能再犯政治上的錯誤。他也是很無奈的。而且他和我並不是好友，他對我並不知根知底，要慎重。

雕塑家劉開渠先生

　　劉開渠（1904-1993），安徽人，雕塑家。1920年考入北京美術專科學校，1928年入巴黎高等美術學校雕塑系，1933年回國。曾任中央美術學院院長，中國美術館館長。

　　我於1970年8月1日，從河北省磁縣帶走美院雕塑系十位教師，到湖南韶山去修毛澤東塑像，是經"國務院批准，北京軍區政治部同意"的。當時美院老師們正在河北省磁縣，在部隊代管下搞運動，抓"5·16"份子。我帶人走的事情在美術界引起極大的轟動。我當時沒有帶劉開渠先生，據說他後來傷心地說，"我們這些人都不行了，太老了。"嗣後，過了多年，劉開渠先生和雕塑家程允賢在韶山建造了毛主席銅像，可能是完成他的一個夙願。

　　後來，我在《建築技術》雜誌上發表了一篇《應用在建築物上的幾種塗層》想請劉先生一閱，便寫了一封信，連同雜誌一起交給盛陽，請他轉交給劉先生。過了一年三個月，劉先生給我回了信，信是這樣寫的：

魯冀同志：

　　您七五年九月給我的信和《建築技術》學報，今天（七六年十二月三日）才讀到，盛陽同志忙，雖未能早轉來，但事隔一年後，您的文章內容，仍是極為有用的。現在雕塑工作逐漸多，建立起來的雕塑品比較多，塗色保護更加需要著重研究，建議各方重視。雕塑工作者對此十分重視，但也極為缺乏知識。您的研究不僅對雕塑，而且對我國豐富的古代文物的保護，都是必不可少的。我對您的工作致以敬意。我平時多在家，您有工夫請來坐談。您住哪裡，請告之，以便去拜訪。先此致謝，並祝大安！

劉開渠 七六年十二月三日 我的電話：667737

劉先生很幽默，明明是盛陽忘了，但劉先生絲毫沒有責怪他，只說了一句"盛陽同志忙"，就此帶過。盛陽是中央美術學院雕塑系教師，曾參加過建造韶山毛主席青年時代塑像工作。1970年我到國務院調人時，點名要他、劉小岑和曹春生三人。從磁縣到韶山的十人小組，他是領隊。一九七八年建造毛主席紀念堂時，他是雕塑組組長。後任美院黨委書記。1989年"六四"期間，美院學生造了一座民主女神像，但由於盛陽的寬容，美院沒整任何一個人。這是後來聚會時，美院的朋友告訴我的。

我和劉先生後來成了好朋友，我經常到他家聊天，每次都聊三四個小時。我後來常想，劉先生就是對自己的研究生，也沒有這樣地傾囊相授。劉先生有三個女兒，大女兒據說在大躍進時，在十三陵水庫勞動時死去了。二女兒劉莎萍，長得漂亮，高高的個子，長長的腿，皮膚白皙，濃眉大眼。繼承劉先生的衣缽，也是學雕塑的。曾去過韶山建造毛主席青年時代塑像。泥塑完成後，我勸她留下來，先別回北京，她執意要回。回去不久，在玉淵潭游泳時淹死了，同時淹死的還有美院的三個學生。我們知道消息後，十分悲痛。我請雕塑家陳德宏照著一張小照片，給劉莎萍畫了一幅像，我們為她開了追悼會。劉先生的第三個女兒，有"舞蹈症"，後來嫁了個農民。

我那時為北京軍區政治部文工團設計排演室，經常可以拿到一些演出票，有時有在西城附近的，我就請劉先生和他的家人們去看。冬天去，劉先生只穿大衣，不戴帽子，他說，風吹吹頭很舒服。他給我講述他留學的經歷，包括怎樣乘船去歐洲，他的一些見聞，等等。劉先生書房掛著幾幅他畫的國畫，問起來，劉先生說，過去在美術學校，他學的是繪畫。

1980年我臨去美國前，去向劉先生道別，他要送我一幅字和一幅畫。先在畫上題款："魯冀兄雅正"。我看了說，劉先生，您折殺我了。他這才在字上題寫，"魯冀老弟留念"。劉先生有一次說，他想要一隻松鼠，看牠的動態，為創作用。我認識北京動物園的園長，去問了，園長說，動物園並不養松鼠，有幾隻也是自己跑來的，沒要成。劉先生有一本大足石刻的畫冊，我借去看，後來提起來，我說還沒有看完。劉先生說，"我還有一本，那本你留著，不用還給我了"。1993年暑假，我返回中國，本想去看他，但他6月25日去世了，我參加了他的追悼會，算是送他一程。

劉先生的字畫我有三幅：他給我寫的信；他畫的荷花；他的書法。

鲁冀同志：

您之六年九月给我的信和建筑技术学报，今天（六七年三月三日）才读到。盘据同志忙，我能早转来，但事隔一年后，您的文章内容，仍十分极有用的。现在雕塑的文章内容多，建立起来的雕塑各比较工作逐渐多起来的雕塑各比较多添色彩，尤加需要着重研究。建议各方重视，雕望工作者对此十分重视这

也极为缺乏知识，您的研究不仅对雕塑，而且对我国丰富的长文物的保任，都是必不少的。

我对您的工作，致以敬意。我平时多在家。您有工夫，请来坐谈。您住在那里，请告知，以便去拜访。先此致谢。并祝

大安！

刘开渠 六六年十二月

北京派六六七三七

刘开渠致高鲁冀信函

藝術奇才王魯桓

1989年，舊金山來了一位藝術奇才，叫王魯桓，是從北京來的。之所以說是奇才，是因為他能用一些石頭，雕刻一些小動物，如昆蟲等。而且他會利用石頭的天然生成構造或色彩，稱巧雕，也叫俏色雕。例如一塊灰黑色的石頭，突然在角上有一個小小的甲殼蟲，紅色身體，似乎在慢慢爬著。這塊石頭原來就有一點紅色。這樣的作品不僅得有雕刻功力，還得有耐心搜尋各樣石頭，而且要有巧妙構思。他雕刻的蝸牛，硬壳殼上還有紋路，甚至連蝸牛的軟體上深下淺及肉乎乎的感觉都能雕琢出來，實在令人驚歎。

那時，他的作品好像是在中華文化中心展出，我去採訪他。採訪過後發現，他從中國到美國，居然沒帶一點美鈔，當然生活不便。我這人比較愛幫助人，也有些衝動，當場就拿了一張百元鈔票給他，他推辭不掉，就接受了。我還請他吃了飯，並告訴他，有任何問題，都可以給我打電話。

我請他在中國城的中餐館吃飯，那家老闆姓周，叫周銳，是中國古董收藏家，曾把自己多年收藏打包，贈送給不同的博物館，有中國的，也有美國的，像舊金山的亞洲藝術博物館等。他自己的堂口叫廿希堂，專門收藏宋元名瓷。他聽說王魯桓剛從中國來，就沒收我們的飯錢。

王魯桓是河北承德人，1948年生。從小喜歡藝術。1965年考上美院附中，1973年到故宮博物院工作，從事藝術創作，師承蕭勞。他不僅能寫會畫，還能雕刻及寫詩，老師從各方面提高他的藝術修養。他曾給我刻過一方圖章，用的是我收藏的雞血石。他刻的"高魯冀"三個字，前二字為方體，只有"冀"字佔了兩格，沒有任何人這樣刻過。他自己介紹說，他刻的圖章是最好的。

我聽說故宮博物院展出的畫都是仿的，不是原作，而是將原作放下方，底下燈照，放一張紙在原作上，一筆一筆描出來的。好像王魯桓說，他也做過這種工作。後來用照相製版，印在相同材質上，例如紙本或絹本。日本二玄社對故宮博物院的畫做了很多這樣的仿製，我曾在一家銀行的展覽會中做講解員，那裡展覽的就是這樣一批畫。

他還送我一些書畫作品，例如一幅對聯"山靜松聲遠，江清月常明。魯冀先生教正 癸酉年夏 魯桓於舊金山"，寫得龍飛鳳舞，大家風範。他送我的一幅畫，是孤峰突起於江面，很小的山峰，頂上兩位小童，一男一女，男孩挑一魚簍，女孩著紅衣，收萬綠叢中一點紅之效。下面詩一首："幼時結伴戲青塘，饒岷弄魚泥滿裳。二十年間隙如過，與君協心看垂楊。"可說詩情畫意。他寫的一個"蛇"字，真像盤蛇飛舞。題記為"魯桓戲墨"。還寫蛇年戲寫蛇。他送我兩個蛇字，一是那年是蛇年，再者，我也是屬蛇的。

因周銳請我們吃飯，他還畫了一幅畫，由我轉送周先生。可見在小事上，他也很注意分寸。

他的石雕作品1989年在美國各大博物館展出，引起轟動。1997年台灣故宮博物院邀請他去台灣石雕展，秦孝儀還為他題了字。其作品分別入藏北京和台北故宮博物院。據說，在世的人作品收入故宮博物院的不多。

2001年，由中國美術家協會、故宮博物院、中央美術學院聯合舉行的魯桓作品展覽會，由黃永玉題字：不二。黃稱贊其"卓然不群"。

我和黃永玉曾談起過王魯桓。黃先生講起一個小故事。他說，王魯桓曾在故宮工作多年。有一次，他用故宮的地磚刻了一方硯台，有些專家看了，用手敲敲，說：古端硯。幾個人都是這樣說。王魯桓最後揭開了謎底：那是我刻的！這有點像張大千仿石濤、八大的畫，連一些大畫家都被蒙蔽了，最後他出來說："那是我畫的"。

王魯桓喜歡小動物，特別喜歡兩棲爬蟲類，自己還養了很多。他特別喜歡蛇。他說，他養蛇，還真被蛇咬過。我問他，那怎麼辦？他說，沒什麼問題，只要把蛇毒吸出來就行了。

他的石雕可稱一絕，靜中寓動，似能隨呼而動，隨手而起。他用石材雕刻的兩棲爬蟲類及甲殼類動物，質與色酷似。將石頭、動物及自身融於一體，並題詩文於石上，被人稱為文人雕。有文人畫，現在又有了文人雕。他那次來舊金山，說想去墨西哥找石頭，記得我們還幫了忙，但好像收效不大，沒找到什麼合意的石頭。

　　後來，他出了不少書：《魯桓詩詞選》《魯桓詩聊》《魯桓詩配畫》等等。他的青田石雕蛇，蜢螂，葉臘石雕木螺等非常有名。我曾在報上看到他的石雕作品，賣好高的價錢。他跟我說，石雕作品他一般不賣，因為那是他的心血，每件都像自己的孩子一樣。有的要花十年心血，才能完成一件。賣的書畫作品，可以一再創製。他的書畫作品，大拍賣行有售，有的售價不菲。

　　王魯桓很早就移民美國，我和他失去了聯繫。不過作為名人，作品為博物館和拍賣行接納，他的生活應該相當不錯。祝福他！

高魯冀2019年5月18日
於美國加州舊金山灣區核桃溪樂詩畝所

書法篆刻大師王其祥

王其祥是我在清華大學的同學，我們同系而不同專業。我是工業與民用建築專業，簡稱工民建，也叫房，我們是1965年畢業，所以叫房五。他好像是給排水專業，也是1965年畢業，叫給五。

我們都住二號樓學生宿舍，又都是軍樂隊成員，我吹長號，他吹短號。軍樂隊有一位教管樂的老師，叫周乃森。他教所有進隊的人吹管樂。從長笛、短笛、長號、短號、雙簧管、單簧管、圓號、大號（也叫倍司號），他都會吹奏，當然也會教。他還教打擊樂，敲鼓及鑔、鑼、木魚等。他教我們是一對一的。那時候我們約好時間去上課，很正規的，都是五線譜。軍樂隊分三個隊：一隊，二隊，三隊，還有管樂班。我們都從初級，很快升至一隊。凡有遊行，高校運動會，我們都要出動。因為三個隊加上管樂班，共三百多人，而且一式的白色卡琪布隊服，其他沒有一個大學有此條件。

清華大學軍樂隊是有歷史的。一入隊我們就被告知，前輩音樂家有黃自，應尚能，張肖虎等。資中筠先生在回憶錄中說，那時的指揮（隊長）是茅沅，這是一位很出名的作曲家及指揮。他改編的《瑤族舞曲》，是中國曲目改編成西洋管弦樂的典範。她對張肖虎也多有描寫。

我們一般不在宿舍練習，因為太吵人。大都得去音樂室，或到室外無人處。

王其祥人很老實，很樸素。他除了吹號，還喜歡篆刻。正好，我有一套書，大概是清朝的綫裝書，厚厚的兩大冊，加起來總有幾十本。叫《說文句讀》，這套書我還帶到了清華大學，上面有中國文字的起源及演變。書是我外祖父送給我的，他是一位中國古董愛好者及收藏家。1945年日本投降後，市面上中國古董很多，良莠不齊，就考驗藏家眼力了。1965年我們畢業，我被分配到北京市，王其祥好像被分配到邊遠地區，我心中有點同情他。一衝動，決定把那套大書送給他。我抱了那套大書，走到他宿舍，說：這送給你！他還沒反應過來，我已經離開了。從此，我再也沒有想起來過，與王其祥也沒有聯繫。

幾十年以後，一次清華返校日，大約是畢業五十週年，我從美國回學校，按照一班在一起，一些小團體站在一起聊天。突然一位同學問我：你是高魯冀吧？我說，是。他說，你送了我一套大書還記得嗎？我才想起來，喔，你是王其祥！他們一起的同學好像還要阻止我們談話，好像王其祥是多大的人物。王其祥對我說，幾十年來，那本書都被他翻爛了，他成了一位書法家及篆刻家。他告訴我，他是某某協會的會員，我也記不住，只記住他和范曾等四人合出了書畫集。范曾我知道，在黃永玉先生家見過多次。但我的恩師，也是中國書畫鑒定家及收藏家的曹仲英先生說過，范曾的畫，人物千人一面，寫字俗不可耐。所以，范曾的畫我不要。但這個名字是如雷貫耳的。

王其祥問我，知不知道怎麼修復那套書，我說，聽說有人可以修復古書，但那可是細緻活兒，很費功夫的。大概故宮博物院就有這種人才。

從此以後，我們又沒有聯絡了。好像王其祥給過我一個電話，我回美國後，打過一兩次，沒打通，也就算了。我雖送他一套很珍貴的書，但從未想過從他那裡要點什麼，例如他的書法篆刻作品。雖然有介紹說，他是實力派的書法藝術大師。

有一次，我偶然和女兒談起此事，我說，我一時衝動，把一套大書送給了一位不是很熟的同學，成就了一代大書法篆刻家。我猜想，那書若現在賣，怕不要賣幾十萬、上百萬人民幣。女兒只說了一個字，"值！"

高魯冀寫於2019年6月25日

美院雕塑系教授劉小岑先生

我和劉小岑先生，是因為建造韶山毛主席青年時代塑像而認識。當初到韶山建築毛主席青年時代塑像，第一批人就有劉小岑。他做的小稿子比較拙，沒有入選。但他人很好，雖然業務上不是頂尖的，但他老實，甚至木訥，愛護學生，受到很多學生的喜愛。

1970年我到國務院要美院十人，前往韶山修築毛主席塑像，當時指名要去的有盛阳及劉小岑等三人。1980年我去美國，走前去美院看望劉小岑和錢紹武等人，他送我許多他畫的大幅國畫。雖不是頂尖作品，但有相當的功力。

例如一幅大紙上，從右上角到左下角，畫了一棵墨黑的大樹，大樹曲折蜿蜒，樹瘤突兀。頂上有三棵青蘋果，右下角也是一棵枝子吊下的青蘋果。在畫面上部有一個啄木鳥，墨色很深，頭頂及腹部為紅色。左手邊題詩一首：

　　官徽赤帽小，品德衝九霄，
　　為民永除害，果實從不摘。

右手邊是名字：小岑，加上鈐印。

一幅他寫的大字：園丁高明樹茂盛，最左邊中部是題名：泥潭小岑，下面是鈐印。園丁的"園"畫了一個大圓圈，丁字很小，縮在大圓右下方，字大小不一，"園丁高明樹"為一邊，"茂盛"在園下邊，為另一邊。枯筆寫得極有氣勢。"明"字直接就是圓日和半月。此幅字自有它的韻律，如果裱了或裝鏡框，一定非常精彩。但是，這麼大的字，裝裱要花很多錢。所以他送我的這些大畫，從未裱過一幅。

還有一幅畫的是荷花翠鳥，下面二分之一畫面處，是兩片圓圓的荷葉，淺墨中有深墨色葉脈。兩枝長長的荷花莖，一枝頂上幾乎到了畫最上部，站著一隻藍背紅腹的翠鳥。鳥喙很尖很長，眼睛炯炯有神。另一莖稍短，頂上是一個三角形荷花苞，居然是暖黃色，頭上有點紅，又有一個大墨點。題名在右方中部，不大。此幅畫最特別之處在於，氣功大師嚴新看後，又在畫面右上角題寫"清風"二字，寫得也是龍飛鳳舞。下面又有兩行小字：魯冀委託老友小岑畫荷花翠鳥贈送姨父母大人。下面是"庚午訪美　題"，加上他的印章。嚴新的題名幾乎與小岑並列，不過字更大一些。難得的是，這些"添足"並不突兀，整幅畫還是很完整。嚴新的書畫還是有相當的功夫。

我在美國一呆八年，因為沒有綠卡前，不敢貿然回國，怕不能返美。1988年，我一取得綠卡，立即回國，又到美院去看望老朋友。那時，劉小岑在美院已經有了一間畫室。他帶我們參觀他的畫室，我們每人都獲贈大幅國畫。甚至同去的海關人員也獲贈一幅。劉小岑表示，希望得到一些國外的畫冊。我返美後，曾經給他寄過，也不知他收到沒有？

劉小岑本是雕塑系老師，但他又孜孜不倦地畫了很多國畫，而且很努力地去畫，還有了自己的畫室。雖然畫室不大，但也說明他有需要，而學校也滿足了他的需求。

我在美院得到最多書畫的，是從錢紹武教授處，他送我很多他的書法作品，還有他的素描。其中有很大一張女體像，畫得真好。再有就是劉小岑教授畫的大幅國畫，總有七八幅之多。劉小岑太老實，不會妙作，所以他不出名，作品也賣不上價錢。但難得的是，他有一顆赤子之心，而且他努力上進，作品有相當的功力。

這麼多年過去了，我已接近八十歲，垂垂老矣，但想到我能認識這些各具特色的大藝術家們，覺得我此生真的很值，上帝真的恩待我。

高魯冀寫於2019年6月25日

我與吳冠中大師的一面之緣

吳冠中是大師級的人物。我在國內時,就喜歡他的畫。曾在北京榮寶齋和友誼商店看過他的畫,那時候,他的畫都得上千,而我的工資每月只五十幾元。我曾看到一幅他的畫,好喜歡,可惜買不起。

他的水彩畫或油畫,色彩明麗,筆與墨的律動,讓實物漸漸隱退到第二位。他的江南小景,片片黑色屋頂,顯出了粉牆的靈動。灕江竹林,大片的綠,但綠中又有竹葉的尖挺,加上遠處孤山的倒影,使人倒吸一口冷氣。他的風景,有時抽象成了點和線。這點是石,是水,是雲,是霧,是竹,是柳。而柳枝的圓圈,竹葉的纖細,石頭的皺瘦,雲彩的飄逸,令人無言,又令人興奮,令人震撼。

吳冠中終生致力於油畫民族化及中國畫之現代化的探索和實踐,他執著地守著"在祖國,在故鄉,在家園,在自己心底的真切感情,表達了民族和大眾的審美需求。"國內外已出版他的畫集四十余種,文集十余種。

他曾給我看一封他寫的致觀眾的信,是1988年所寫。信如下:

《致觀眾》

懂得古希臘語文的人大概已不多,古希臘的雕刻永遠為全世界廣大人民所喜愛。當我學習法文之前,尚不能閱讀梵高的書信時,早已熱愛他的作品。我的作品首次來美國展出,希望得到美國人民的欣賞。

我通過中國傳統繪畫的學習理解我國古代大師的所思、所感及他們的審美境界；我到巴黎學習西方古代和現代的美術，比較西方大師們對宇宙和人生的看法；西洋畫和中國畫貌似差異，其實東西方真正傑出的藝術作品的本質有一致性。

　　我用油彩，也用墨彩，油和墨材料不同，它們是作者的手段，表達作者心靈的媒體。混血兒日漸多起來，有東方父親和西方母親，有西方父親和東方母親，但願新生者繼承和集中了父母雙方的優點，而不是缺點。

　　我前半輩子主要是畫裸體，由於社會的和歷史的原因，我不得不放棄了人體而專作風景畫，通過風景畫我更愛祖國母親的廣闊懷抱，我願永遠陶醉在她的懷抱中。

　　人心相通，真情扣人心弦。現代中國人流露的東方情思和憧憬能否在西方得到共鳴，當決定於情之真偽。聰明的觀眾都能識別假酒，假藥，假風格。

　　我感謝舊金山中華文化中心，感謝為這次展出奔走了多年的林露斯老友！

吳冠中 1988年
北京

　　這封信，首先點出，藝術比起語言，更容易為世人所瞭解。而世界上，無論東西方畫法，傑出藝術本質是一致的。他一生的藝術實踐，從裸體到風景，不變的是，永遠陶醉於祖國母親的懷抱中。

　　經過文革這麼慘痛的經歷，吳冠中沒有憤懣，沒有消極，有的只是對祖國不變的，熾熱的愛。

　　1989年吳冠中先生訪問舊金山，我作為香港文匯報駐美特派員，曾採訪過他。他送了我一本畫冊，扉頁黑底，他用銀筆簽了"吳冠中1989"幾字。冠字拖出一筆很長，然後才是中字，是他簽名一貫風格。內頁又用鋼筆寫了"高魯冀先生留念 吳冠中 1989 舊金山"等字。

　　1989年發生了"六四天安門事件"，海內外人士都很憤怒。香港《文匯報》在次日的社論頁開了天窗，題了四個大字"痛心疾首"。當時我正採訪吳先生，給他看了那份《文匯報》，吳冠中先生看後，義憤填膺，當場找我要紙，他要給《文匯報》寫幾個字。找不到合適的紙，只好拿一張餐巾紙，他題了"賀文匯報　吳冠中"。我又找到一張紙，他又題了"人民之聲 向文匯報致敬 吳冠中 1989年6月7日"。

回到家以後，我正準備把題辭給文匯報發過去，陪同吳先生的人打來電話，說題辭不要發表了，因為吳先生還要回國。我遵囑沒有把題辭發表。事隔三十年，我想，應當把吳先生當年的立場表明出來。吳先生的字我還保留，如有適合單位需要，我願意捐獻出來。

　　　　　　　　　　　　高魯冀寫於2019年3月27日
　　　　　　　　　　於美國舊金山灣區核桃溪樂詩畝寓所

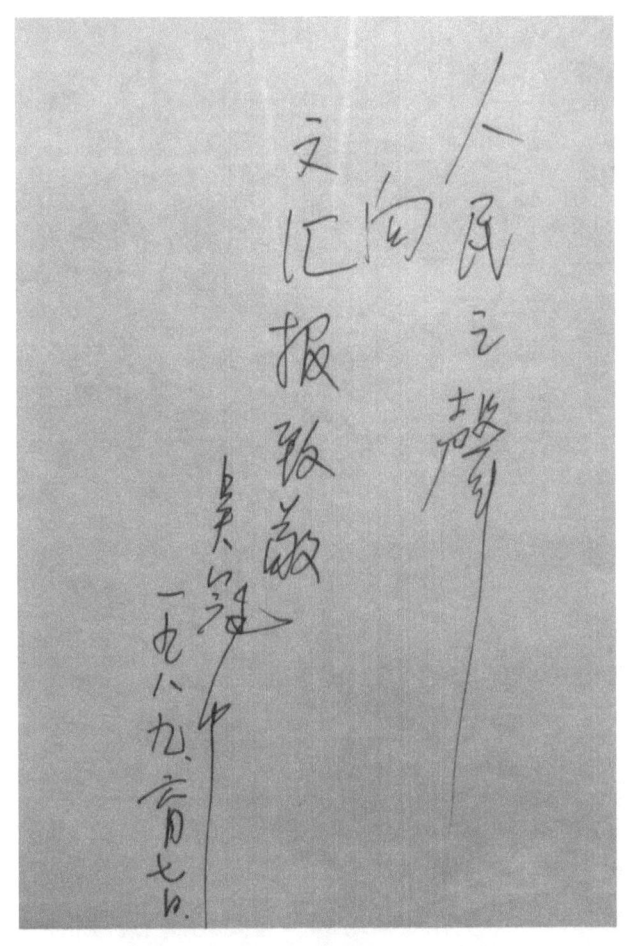

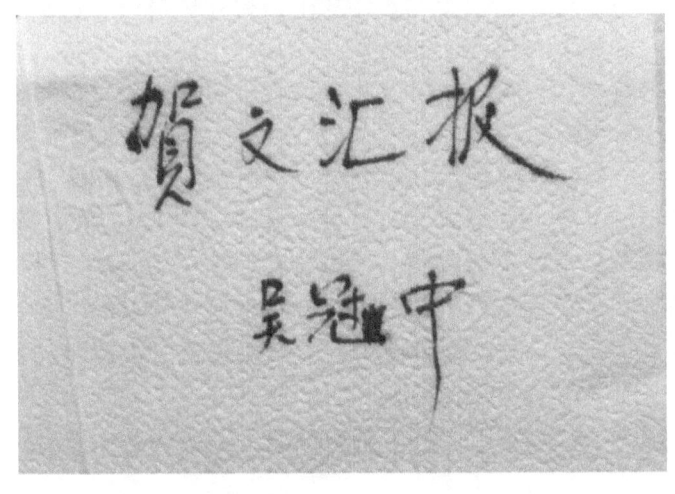

吴冠中在六四事件期间为香港《文汇报》作的题辞

我與中國繪畫大師劉國松的交往

早年悲苦 不斷創新

　　劉國松是蜚聲國際的繪畫大師。他的畫很難歸類，既不是中國畫，也不是西洋畫，而是他獨創的現代水墨畫。而且他發明了粗筋棉紙——劉國松紙，紙質很厚，上有許多粗筋。畫完畫後，把紙筋一撕，出現奇特效果。

　　我早早就知道劉國松先生，並多次在畫展上看過他的畫。他創作的太空畫系列，在國際上都知名，並獲得多種獎項。

　　劉國松1932年出生在安徽蚌埠，祖籍是山東青州（益都），我們還是山東老鄉。他父親早在1938年，就在抗日戰爭中陣亡。他與母親流亡於湖北、陝西、四川等地。1948年在南京他考入國民革命軍遺族學校，1949年隻身隨遺族學校到台灣，就讀台灣省立師範學院（今台灣師大）。

　　1956年，在廖繼春老師鼓勵下，成立"五月畫會"，主張全盤西化。1958年大量撰寫藝術理論文章，鼓吹現代藝術。1959年他的觀點由全盤西化轉為中西合璧。他用石膏在畫布上打底，在油畫中加入水墨趣味。1961年重回紙墨世界，宣導"中國畫現代化運動"。

　　他在1963年發明粗筋棉紙，又稱劉國松紙。創作出獨特風格的《雲深不知處》，為香港藝術館收藏。

　　1966年，對他應該是很重要的一年，他獲得洛克斐勒三世基金會兩年環球旅行獎。中國古話說，"讀萬卷書，行萬里路"，看來外國人也懂這個道理。而且具體施行，給你一個兩年環球旅行獎。那真是個好獎項。當然，劉國松最有資格得這個獎。他在兩年中，訪問了十八個國家，參觀了世界上將近一百個美術館和博物館，見識與創作便與日俱新。

1967年，他應諾德勒斯畫廊之邀，在紐約舉行了個展。

1969年，他受到美國阿波羅8號太空船拍回地球照片的影響，開始創作《太空畫系列》，首幅《地球何許？》獲美國"主流69國際美展"繪畫首獎。

1970年德國科隆東方藝術博物館與法蘭克福博物館合辦"劉國松畫展"，並出版《劉國松——一個現代中國畫家的成長》德文版。

1972年任香港中文大學藝術系主任，首創"現代水墨畫課程"。香港藝術中心舉辦"劉國松畫展"。

1983年在北京美術館和南京江蘇美術館舉辦個展。應中央美術學院之邀，公開舉行三個演講。在大陸18個重要城市舉辦了三年巡迴展。

1984年，人民美術出版社出版《劉國松畫輯》，劉參加"北京第六屆全國美展"，與李可染同獲得特別獎。

1985年，應法國邀請，作品《沉入山的呼吸裡》在巴黎大皇宮展出。

1986年，到敦煌及絲路考察。

1987年，到西藏旅遊，畫出《西藏山水系列》，畫風為之一變。

好了，對劉國松的介紹告一段落，從他的經歷中，可看出他不斷地在否定自己，又不斷地在提升自己。在台灣、中國大陸及全世界，都有他的足跡。他的美術主張從全盤西化，到中西合璧。他不僅成立了"五月畫會"，更成立了"中國水墨畫學會"。他不僅畫地球上的風景，也畫太空畫系列。不斷進取，不斷變化，終成世界級大師。

訪問大師 成為好友

我和劉國松大師的相識，是由中國駐舊金山總領事館文化領事小黎牽的線，那是1986年。黎領事叫黎模蘇，而劉國松的太太叫黎模華，都是模字輩的。首次會面是一個飯局，飯後我訪問了他，並寫出文章，發表在香港《文匯報》美洲版上。很快我就收到他從香港寄來的信，信箋是"香港中文大學"的抬頭。信是這樣寫的：

魯冀先生：

　　這次去加州度假，能有機會與您認識，非常高興。尤其靜聽您的高談闊論，增漲不少知識，希望以後有機會時，再多向您請教。

　　在電話中聽內子模華說，您寫的訪問稿已在文匯報海外版刊出，她託人買，至今沒有買到，可否請您寄一份給我拜讀並留作紀念？謝謝！再見。專此敬頌

　　撰安

劉國松 1986年2月25日

　　又及：寄給您的畫冊，不知收到沒有？

另一封信是三天後寫的，可能看到了我寄去的文章。我有這個習慣，凡訪問稿發表後，我一定寄給當事人。信是這樣寫的：

魯冀鄉兄：

　　您21日的來信及寄來的剪報，直到今天才收到，非常謝謝！在全無準備的情況下，訪問寫得如此快，如此好，真是不能不讓人佩服了。

　　我將於3月21日再去舊金山，但22日一早就去丹佛，與楊世彭夫婦在那裡見見面，吃個午飯後即刻去堪薩斯，大約四月中再返回舊金山，到時如有可能，再去拜訪您。再見，專此敬頌

　　撰安

弟國松 敬上 2月28日晚

從兩封信看，僅相隔三天。第一封信寫了我的"高談闊論"，其實是我的"誇誇其談"，不好意思。他在1986年已可說是"名滿天下"了，不知多少媒體訪問過他，他還如此重視我一個小記者的訪問，真是虛懷若谷。他還說，聽了我的高論，增加不少知識，並要多向我請教，令我慚愧。

第二封信是看了我的訪問稿，稱謂都改了，稱我為"鄉兄"，而且對我的文章，大加謬賞。信末竟用了"弟"，他長我三十歲呢！實

際上，他說要拜訪我，受益的反而是我。因為他不僅是個畫家，還是位藝術評論家。他的很多觀點、見解，都使我受益良多。而且他不厭其煩地將自己的行程，要見什麼人都一一詳告，一方面是對我的親切，敬重，同時也反映出他的直率，使我感動。

1988年，我拿了臨時綠卡，可以回國一個月。我從恩師曹先生處買了孫炳的十二幅通景屏，十二幅畫合起來，是一套大畫。我告訴了劉國松先生，他囑咐我：一定帶回國裱。在國際上，只有中國、日本可以重裱，但日本是天價。

我攜此畫回國，一進海關，畫即被扣留。後來通過中央美術學院的哥們兒幫忙，開了美院的介紹信，才把畫取回來。又請大名鼎鼎的劉金濤師傅給重裱了。劉金濤可是專門給齊白石、徐悲鴻、黃賓虹、傅抱石等大家裱畫的師傅，在《徐悲鴻傳》上還有記載。這些，我寫了一篇《裱畫惶恐記》發表在香港《百姓》雜誌上。

帶著裱好的畫，路過香港，住在《文匯報》的宿舍。和劉國松通了電話，他馬上到我住處來看我。那時，他正任香港中文大學藝術系主任。他細心看了每一幅畫，贊嘆畫家的功力，說畫中的一切都描寫清晰，真實。雖是院畫，但殊為難得。他建議我拿到大拍賣行去拍賣，據他說，可賣幾十萬美元呢。後來他還寫信告訴我兩家國際知名拍賣行的地址。

我攜帶該畫回美，沒有聽從他的建議，而是賣給了一位台灣的大商人，我曾多次賣畫給他。

劉國松曾送我一本畫冊《劉國松畫選》，是北京"中國友誼出版公司"1985年出品。其中代序《水晶域 畫中情——劉國松的創作和歷程》的作者是著名中國文化人、書法家黃苗子先生，也是我的熟人，曾送我一幅書法作品《帝子乘風下翠薇》。

黃苗子先生的宏論，我很欣賞，特別是其中一段：

> 有觀眾說：劉國松的畫"耐人尋味"。意思是說，看畫人通過作品，可以馳騁想像。但更恰當的說明應是顧愷之所謂"遷想妙得"。舉例來說：一九七九年他的作品《故鄉，我聽到您的聲音》，畫的下方是大地的褐色，兩側是雄峻的山嶺，中間是水，作者絕不要求這山像什麼山，是黃土高原？是崑崙山脈？是五嶽還是陰山。水也莫問是黃河，長江，珠江……但它肯定是中國，是作者的可愛的故鄉中國。

在文首，他引用一位青年朋友看了劉國松展覽會之後，寫信告訴他自己的感受。"一個琉璃的世界。柔光和暖中帶冷的基調，墨與花青，組成了一首夜曲，使人墜入夢之谷。這裡的水，雲，山，樹都在流動，但動得那麼靜，就像小提琴奏出的夜曲那樣靜。這種靜不是死寂，相反，它是以極其激動的感情和生命之火融鑄出來的。你感覺得出來，這裡面有一股沁人的暖流，動和靜，傳統和創新，現實和超現實，幻和真的對立統一，處理得如此和諧，叫人只能想到夢，但不是古人和外國人，是一個現代中國人的夢。"

文中還說，一九六二年，劉國松才從摸索中形成他的個人風格，那時他對技法甚至工具都大量改革。炮刷子，帶著粗纖維的棉紙，中西顏料的並用，都是使正統派的國畫家笑掉牙的。五十年代末期，以劉國松為骨幹的台灣"五月畫會"，就受到各種威脅和攻擊。在長期的輿論"圍剿"中，年輕的劉國松奮起辯論，他鋒利的辯才與明確的理論逐漸使對方沉寂。但是當時的壓力並不小，從一九五五年出了師大的校門，到一九六四年在美國舉行個展前的十一年，歲月是夠艱苦的。

最後，我願引用一九八三年劉國松在北京首次舉行作品展覽時，原中國美術家協會主席江豐生前為這次展覽寫的《前言》。其中說："國松在藝術上別具慧眼，有膽有識，不甘於墨守陳規。他孜孜不倦地精心研究傳統，並從中理解另闢蹊徑的必要性。"這個展覽給大陸觀眾開了眼界，標出中國畫的繼承和發展可以有多種道路。並且"他將成為大陸和台灣地區美術家交往的良好開端"。

高魯冀寫於2019年3月8日
於美國加州舊金山灣區核桃溪樂詩畝寓所

香港中文大學

魯冀先生：

　　這次去加州渡假，沒有機會與您認識，非常高興，尤其靜聽您的高談闊論，獲益不少。認識希望以後有機會時，再多向您請教。

　　在電話中听內子樓華說，您寫的訪稿已在文匯報海外版刊出，她說八買至上海有見到了。請您寄一份給我精讀並留作紀念，謝之。再見。專此

敬頌

撰安

　　　　　　　劉國松敬上
　　　　　　　一九八二年
　　　　　　　三月廿五日

又及：畫冊您的遇用不知收到沒有。

劉國松致高魯冀信函之一

香港中文大學
新亞書院

魯冀鄉兄：

　　遲廿一日的來信及貴事的新聞，直到今天才收到，非常謝謝。在全無準備的情況下，竟能寫得如此峽，如此好，真是不解不讓佩服了。

　　我將於三月廿一日再去舊金山，經廿一日即去另佛，与楊世彭夫婦在那裡見個面，吃個午飯後即到史堪薩地。於四月中再返回舊金山，到時如有多餘時間去拜訪您，再見。專此奉頌

撰安

　　　　弟 國松敬上 二月廿八日晚

香港新界沙田

劉國松致高魯冀信函之二

我與南京版畫院院長 李樹勤

　　我和李樹勤先生相識，是在香港。我那時任香港《文匯報》駐美特派員，記得是1988年前後，我去香港述職。他當時與江蘇省美術家協會主席亞明一起，為香港《文匯報》編《中國書畫》。說是亞明主編，實際上是李樹勤在編，亞明不過掛個名，並在編好後看一看。在香港，我們都住文匯報宿舍，且住同一房間。我住裡間，他住外間。兩人成為朋友。

　　他是南京版畫院院長，版畫很有水準。在香港，他曾送我一幅版畫，尺寸相當大。我把它捲起來，裝進塑膠圓筒中，才帶到美國。

　　我們交往很多，主要是書信往來，我還給了他500美元，請他幫我買一些美術方面的書籍等。他買了還要包裝好，寄給我，給他添了不少麻煩。和他書信來往雖多，但都沒有保留，僅留下一封，也沒有年份，估計是1988年後。因為我到1988年才批下綠卡，才可以回國。

　　他的信是這樣寫的：

　　魯冀 吾兄大安！
　　9月27日信悉，所要的兩本書，我即寫信淅江購買。此處又買一本宋人畫冊，待再幾本同寄。
　　我明天即飛新加坡，此次文化部還算照顧，同意我同愛人齊往一遊。須二十多天回南京，香港不準備停了。
　　兄在美，也有多種不便，但總會好起來的。兄之精力過人，自有勝人之處。

我最近為袁志山（博物院畫家）發了張畫，他已答應為兄作張畫，待我抽空去討得來，寄上。
　　祝兄一切順利並愉快！
　　向你那位老師代為致意！
　　（這兩天在忙著整理行裝）

弟 樹勤 10月9日

　　這裡指我的那位老師，大約指曹仲英先生。我買的書，他有用，就先拿去，因為他研究中國美術史，對這方面的書更是渴求。

　　他說的袁志山，在《人民日報》上曾有整版的介紹。他畫水墨畫，但偏於抽象，海外人士倒喜歡。他曾送我一幅畫，我寫信去表示感謝。一來二去，兩個人熟悉了。舊金山中華文化中心有展覽會，我給他寫信，他寄來一批畫，約有十幅之多。我給中國書畫鑒賞家我的恩師曹仲英先生看。他認為不錯，特別有兩幅大的，他感覺很好。但最後，一幅也沒賣掉。另一位中國畫家王秉復與他有相同際遇。

　　後來我幾次去南京，都想找袁志山，給他一個交代。但朋友說，根本找不到他了，據說去了杭州。

　　從信中看，李樹勤去新加坡，還需文化部批准。他送我一本畫冊，是《走近峇里島》，只有他一人，沒有夫人。這本薄薄的只有十頁的小冊子，我很喜歡。畫冊都副標題是《李樹勤旅游行記》。扉頁寫著"魯冀兄 大教 李樹勤。2005年4月9日"。

　　封內寫著：

　　峇里島——這是神話的梵地，是藝術的家苑，那耀目光芒下的碧茵繁花中，似乎隱約着難解的語迷……2004年農曆年後不久，我飛到了丹巴剎，在巴倫舞的玄妙樂聲陪伴下匆忙留下我行旅的些許回憶。

李樹勤 2004年11月 於紫金山下。

　　書中"在希巴杜"刊登了他的三幅畫：《峇里島閒情》《峇里島小鎮》和《貝拉丹湖岸》。我喜歡他的畫，色彩繽紛，筆法奔放，有點像印象派畫家的作品。

　　《在丹那小鎮》也是三幅畫：《風情峇里島島》《烏魯哇土》

和《丹拿樂之晨》。題圖是他與兩位當地美女合影。

　　《雨中烏魯丹奴》又是三幅畫《通向丹拿樂》《湖中布魯丹奴》《金塔馬尼途中》。

　　封底是他與兩對夫妻合影，標題是《與北京和新加坡朋友在峇里島海岸》。照片中，他坐於中間，左邊是黃彼得夫婦，右邊是王仲夫婦。

　　這本薄薄的小冊子，包含太多的內容，雖然峇里島的景物多次現身，但由於視角不同，時光不同，給人不同的感受。是大手筆的作品，似是水粉畫，又用白粉勾勒，色彩艷麗，人物生動，值得好好欣賞。

　　我曾於2000年，到南京訪問了李樹勤和蕭平先生。記憶中，他們的房子都很大，很豪華。家中都有大屏幕電視。那時，這種電視尚未普及。

　　我們也到版畫院去拜訪李樹勤，他領我們參觀了畫院，最後送我兩幅套色木刻，一幅是《雪霽》（1998年），一幅是《荷塘秋實》（2000年）。一幫小弟跟著他。他說沒錢了就拿幾幅畫叫他們去賣，每幅7,000元。好傢伙，這兩幅版畫就一萬四千元！

　　後來我從美國寄信給他，仍舊是原地址，但信竟被退回來，說查無此人。他是有名的大畫家，不可能當地人不知道，不知何故？我們的友誼也戛然而止，殊為可惜。

高魯冀寫於2019年3月4日
於美國加州舊金山灣區核桃溪樂詩畝寓所

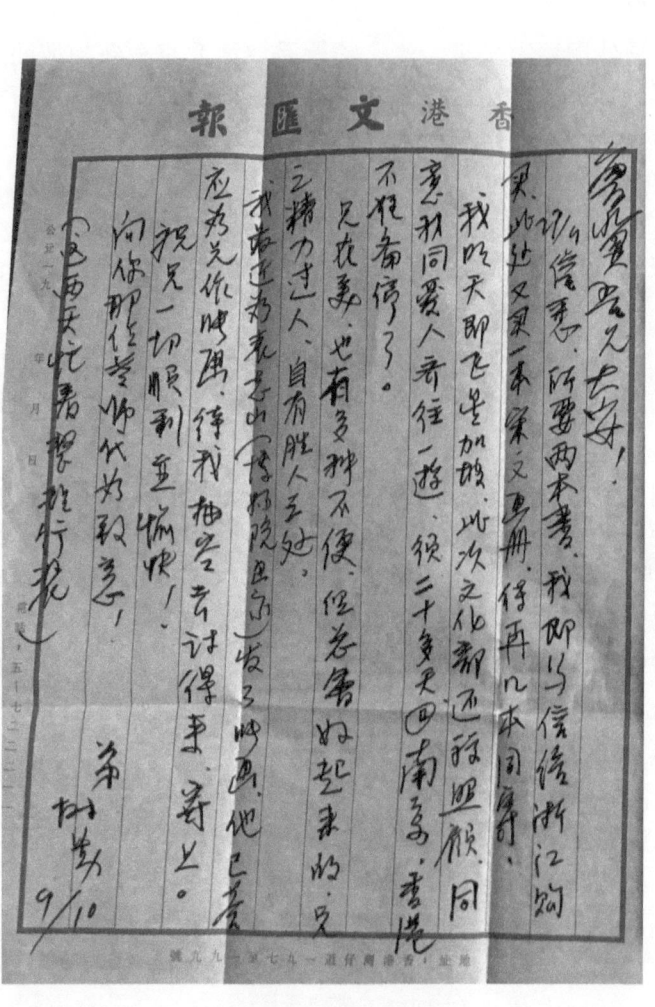

李树勤致高鲁冀信函

李樹勤贈高魯冀畫冊

與齊白石同等待遇的大藝術家關良

　　我知道關良先生大名是在1956年，那時我正上高中一年級，喜美術，是學校美術組成員。那年有"關良個人畫展"，我們都去看。初看，全是京劇人物，尺寸都不大，人物比例也不準確。感覺像小孩子畫的，也沒什麼好的。但看到買的人很多，畫大都售罄。凡賣掉的畫，旁邊就貼上一個標籤。我就納悶，這畫得有什麼好？特別是看到關良在現場，一位官員模樣的人對他大聲稱讚，但這位畫家竟很謙虛，很低調。這引起了我的興趣，我就再看一遍。這一次，仔細琢磨，發現他的畫，孩子是畫不出的。因為都是京劇人物，都有情節。而圖中，一般只有人物，沒有場景。但人物個個都有性格，有故事，表情生動，甚至有些誇張。不是對京劇熱愛，並非常熟悉，不是對中國筆墨應用自如，出神入化，絕達不到如此高度。後來才知道，他小時候在南京，就愛到兩廣會館看京劇，畫京劇，才有如此功力。

　　所以後來看評論，說他是中國近現代畫壇不可或缺的大師，他將西方現代繪畫理念引入傳統水墨。他的戲劇人物，是二十世紀中國繪畫史上別開生面的一頁。我感到這些評論，一點也不突兀，而是恰如其份。

　　1957年，他和李可染一起赴德國訪問，在東柏林辦了個人畫展，受到熱烈歡迎。萊比錫伊姆茵蘇爾出版社為他出了畫冊。德國人主動為其出版畫冊，並付豐厚稿酬的，僅有齊白石和他兩人。所以說，他與齊白石有同等待遇。他在國內，與齊白石、黃賓虹、潘天壽等大師級畫家經常互題贈畫。1957年可是反右之年，他不但沒被打為右派，還能出國訪問，同行的又是另一位大師畫家李可染，真是鴻運當頭，也是萬幸。通過對關良先生的多次訪問，我對他有了些基本瞭解。

關良1900年生於廣東番禺。1917年到日本留學，在素描等基本功訓練同時，傾心於印象派畫家如莫奈、雷諾瓦、塞尚、馬蒂斯等，對梵谷及高更更是十分敬仰。他學習了油畫、水彩畫、素描、水墨畫（戲曲人物）。他對京劇的熱愛及修養，是繪畫創作的動力之一，也是繪畫創作構思，具體處理的參照。

1923年，關良畢業於東京太平洋美術學院，歸國後，任教於上海神州女學。

關良成名很早，1924年他在上海寧波同鄉會舉辦畫展，聲名鵲起，被郭沫若、郁達夫創辦的《創造社》聘請為美術編輯。1925年，上海東方藝術研究會改組為上海藝術大學，他在該校任教。

1926年，他參加北伐，任國民革命軍總政治部宣傳科藝術股股長。從那時起，就非常欣賞京劇。可能受同儕影響，但與他從小就喜歡京劇有關。一介文弱書生，無人強迫，投身軍旅，如無堅強理念，絕無此種可能。令人敬佩不已。

1937年，他在昆明國立藝專任教時，曾去西北考察中國古代石窟寺，如敦煌石窟等，沿途靠賣畫為生。和張大千一樣，西北之旅，使他真正認識到中國古代藝術的博大精深，這也影響了他的一生。這些大藝術家對敦煌的重視，使敦煌受到保護，在國際上，敦煌學也成為顯學。

郭沫若對他刮目相看，多次加以提攜，對他應當意義非凡。雖說，郭沫若是"無聊文人"，但那是因為他後來對毛澤東的卑躬屈膝。不應因此漠視郭對中國文化的深刻瞭解與巨大貢獻。

1942年，關良在四川成都舉辦個展，郭沫若觀看他的戲曲人物畫，認為乃"古今奇作"。茅盾為之題詞贊賞。後他任重慶國立藝專教授。

關於關良1957年反右時所受的罪，沒有任何記載，他對我也未曾提及。據說，他把自己所有的作品都用水泡了，沖入廁所。令我痛心不已。因為每一件藝術品，都是獨一無二的。複製的，絕沒有如此神韻。關於文革，他也沒有提及，因為那些是全民族的災難。通過採訪，我認識的關良先生，真是一位虛懷若谷，學識淵博，沈穩恬靜，藝術高超的大藝術家，但他又如此平易近人，一點沒有架子。與他談話，如沐春風。

文革後的1979年，上海舉辦了"關良回顧展"。看得出，他對此展覽很介意，因為等於是給他平了反。

　　關良先生大約是1983年左右來舊金山的，我採訪了他。每次報上發表了我寫的文章，我一定會親手交給他。因為我喜歡繪畫，所以訪問時，提的問題都很專業，受到關良先生稱贊。而且他提到的一些畫家，都是我的好友，這更拉近了我們的距離（黃永玉先生稱我為"美術界名票友"）。

　　他在舊金山住了很長時間。其間，我還陪同他去南灣卡麥爾（Carmel）看了張大千先生的故居"環蓽庵"。當然，我們也在著名風景區十七哩等地遊玩，還在張大千舊居門前合影。舊居門楣上，掛有張大千先生題的宅名，刻在一方勺形木頭上。前方有很大的樹根雕，像太湖石，古色古香，非常美觀。雖是西式建築，但不乏中國元素，是張大千先生的親力親為。我們按了門鈴，但無人響應，當時一定沒有人在。

　　記得當時關良和兒子一起住在舊金山維奈斯大街一處公寓房子，不知何人幫他訂的。他返國前，打電話給我，叫我務必到他那裡去一趟。我接到電話，馬上就去了。到了他的住所，他先感謝我對他的陪伴，而且發表了好幾篇專訪。然後很客氣地拿出幾幅畫來讓我挑，我真是受寵若驚。我挑了兩幅，畫幅都很小，但非常生動。一是武松打虎，一是女起解。可惜當時忘了請關先生題字留念。兩幅畫都是色彩斑斕，筆墨淋漓，人物生動，充滿稚氣。我十分珍惜。

高魯冀寫於2019年2月23日
於美國加州舊金山灣區核桃溪樂詩畝寓所

百歲畫家朱屺瞻 機場贈畫到金山

1983年，朱老先生應舊金山市政府之邀，為舊金山國際機場作巨幅《葡萄圖》。那年他已經 92 歲了。

同年7月，他來到舊金山，他的很多活動，我都參加，並予以報導。由著名學者馮其庸、尹光華編纂的《朱屺瞻年譜》中，引用了很多我當年的報導。那時，我在舊金山任中文報業的記者。

如1983年7月14日，我為美國舊金山《時代報》報導朱先生為舊金山國際機場繪超大幅《葡萄》。文章題為《九旬畫家朱屺瞻，風塵僕僕到金山》。文章寫道：

> 7月13日，參觀舊金山近代藝術博物館，見畢加索，馬蒂斯真跡。下午5時，應邀參加舊金山國際機場開幕典禮。先生所作丈二巨幅《葡萄》高懸於機場大廳。范斯坦市長及各界人士皆盛贊先生畫作之精妙，識者以為"朱老先生畫的拙勁，比張大千的畫还有味"。
>
> 7月15日，朱先生訪問國際著名攝影大師安塞爾·亞當斯，他是專門拍攝優勝美地景致的，受到美國多任總統的喜愛，可說是國寶級大師。在其家共進午餐，並互贈畫集。記得那天是安塞爾·亞當斯的生日，他家有一面很大的中國銅鑼，他要講話了，就先敲一下鑼。我陪朱先生去，竟然也獲得安賽爾先生簽名。據美國朋友說，他的簽名很值錢的。
>
> 當天下午，由美籍華裔畫家侯北人先生陪同，參觀張大千

故居。據侯北人致馮其庸函稱：在去Carmel時，特別到張大千先生故居拜望，並在大千遺像前行禮致祭。當時有大千兒媳跪地還禮。四十多年的交情，也算有緣最後一祭。是夜宿侯北人百梅草堂。

舊金山《時代報》1983年7月20日文章《艾伯特夫人舉行招待會，祝畫家朱屺瞻訪美成功》，記者高魯冀。文章說：

> 艾伯特夫人在訪華時，曾到朱屺瞻先生家中訪問並受到熱情接待。出席招待會的三十餘人，多是舊金山藝術界名流。高有年代總領事及夫人，陳書玉領事及吳定一先生等也出席了招待會。出席招待會的還有旅美中國畫家侯北人夫婦。招待會上有各種中西食品及飲料。許多美國朋友都願意和朱老先生談談，這，可忙煞了在場的華裔人士，因為無論趕上誰，都要充當義務翻譯。
>
> 一位美國朋友布萊克女士，可以講一點中文，她叫記者給她翻譯如下一段話告訴朱老先生：朱先生的畫，有西方某些抽象派大師如馬蒂斯，梵高，畢加索等人的風格，例如把藍色的花抽象成一個圓圈，十分生動傳神。但他畫的又的的確確是傳統的中國畫，用的是毛筆等中國傳統繪畫工具。所以他是完全走一條新路。記者在給朱先生翻譯完這段話後，給布萊克女士解釋道：朱先生本來就是研究西方抽象派大師的，他在日本學的是油畫，他的國畫真可以說是中西合璧。朱先生謙虛地說，"畫得不好"。

朱老先生除在畫家侯北人先生家住過三個晚上外，那次在舊金山，都是住在總領事館。7月18號，他回國前夕，突然給我打了個電話，叫我務必到領事館去一趟。我接到電話，馬上去了領事館，見到朱老先生和他太太。朱先生開門見山，說，他在舊金山期間，有那麼多活動，我不僅全程參與，而且都寫了報導，每次還都把有關報紙都送交到他手裡，真是太感謝了。他說，他想畫一幅大畫送給我，但領事館無筆無紙，他只能盡其所能，畫了一幅山石蘭花圖，留個紀念吧。他拿出那幅畫送給我。難能可貴的是，畫上題字："魯冀先生雅教 癸亥夏月 屺瞻。"此畫竟得到另一位大畫家關良先生的稱贊，說是隨性之作，揮灑自如，不可多得。

我還有朱先生的另一幅畫，畫的是石頭牡丹，真是水墨淋漓，大氣磅礡。我一位美國朋友說，他畫的是優山美地國家公園，前述那位攝影大師安賽爾，就是專門拍攝優山美地風景的。

朱屺瞻先生的年譜只到1984年，那年他93歲。1995年，是舊金山與上海締結姊妹城市十五週年，在舊金山亞洲美術博物館舉行了朱屺瞻畫展，是紀念活動的一部分。那年他已經104歲。展覽展出朱老的畫作18幅，都是他90歲以後的作品。據記憶，當年看畫時發現，題款似不是朱老本人所為，可能年紀太大，無法自如運筆。

7月22日，香港《文匯報》發表《舊金山歡慶與滬締結姐妹城十五週年活動之一 亞洲藝術博物館舉行朱屺瞻畫展》，是我寫的專稿。文章說："為歡慶舊金山與上海締結姐妹城市15週年，舊金山於16日至21日舉行了上海週的活動，在亞洲藝術博物館舉行了上海百齡畫家朱屺瞻的畫展，展出他的作品18幅。"

舊金山市長弗蘭克·佐頓說，他有機會主持這次活動，深感榮幸。由於前市長、現任美國參議員笵斯坦及上海前市長汪道涵的遠見卓識，中美兩個偉大國家於1980年締結了舊金山—上海姐妹城市。他說，中國名畫家朱屺瞻的這次特別畫展，是他重要的"回家"活動。1983年他偕夫人親臨舊金山，參加他為舊金山國際機場所畫二十呎大畫《葡萄》的揭幕式。他們在那次訪問中，結識了很多朋友。他說，大家都以朱屺瞻大師的藝術與友情為榮。

亞洲藝術博物館代館長佐野惠美子講話，她對這次朱屺瞻畫展給予高度評價。她說，這位105歲的畫家，以他的色彩和藝術形式的活力，激勵著我們每一個人。他所取得的成就，已影響了當代人的生活。她稱贊朱屺瞻大師不愧是現代藝術大師中最為多產，最富創造性，影響最大的藝術大師之一。

畫展中展出的作品，有兩大幅青綠山水，一幅蘭花長卷及花鳥，草蟲等等。他以他特有的豪放筆觸和艷麗的色彩，繪出了一幅幅美麗的作品，給人以美的享受，受到觀眾的熱烈稱贊。

高魯冀寫於2019年2月20日
於美國加州灣區核桃溪樂詩畝寓所

集書畫鑒賞史論於一身的蕭平

1980年代初期，我在舊金山擔任中文報記者時，有兩位中國畫鑒賞家訪問柏克萊加州大學，一位是南京的蕭平，一位是北京的楊新。我曾分別訪問過他們，並寫出報導。蕭平是位畫家，也是南京博物院的鑒定家。中國古代有"鑒者不畫，畫者不鑒"之謂。但蕭平是集鑒定、繪畫、書法、史論於一身的藝術家。他的畫和字都不錯。那次訪問過後，他居然送我一字一畫。以後我帶他們訪問了數學大師陳省身，因為都在柏克萊加州大學。蕭平也送陳教授字畫，令他欣喜不已。那時，還沒有市場經濟，畫都不是賣的，而是送的。

楊新是中央美術學院美術史系畢業的，我曾對他說，我認識他們的系主任王迅，因為王迅原來是清華大學的，後調至中央美術學院美術史系。而且他與黃永玉住同一個大雜院，在北京火車站附近的京新巷。黃永玉高度評價王迅，說他寫的中國美術史，達到了相當的境界。但楊新沒接話茬，談話就進行不下去。

我也曾帶楊新、蕭平等拜訪過恩師曹仲英先生，他可是中國畫鑒定及收藏大家。看一幅石濤的山水長卷時，楊新居然用手指頭在畫面上劃，引起曹先生不滿。事後曹先生對我說，楊新他懂不懂畫？！後來，我又帶楊新去一位老華僑家，因為他有一些古畫，請楊新給鑒定一下。楊新看了畫，對我說，是說實話嗎？我說，當然講實話，真就真，假就假，不能糊弄人家。鑒定完了，那老人非得給錢，楊新就收下了。

他們回國後，我和蕭平還有聯絡。我曾致函給他，並收到他的回信。信有三四封還有保存。一是1984年的賀卡，上書"魯冀先生

恭賀新年 1984年十二月蕭平"。另外有兩封信,分別是1984年和1986年。1984年的信是這樣寫的:

魯冀先生如晤!

　　柏克萊一別,轉瞬九個多月了,我時刻懷念著在那裡相識的朋友們,特別是閣下為我寫了那麼多可貴的文字。再次表示深謝!前不久,張無難,戈定瑜夫婦來南京,再次相聚,十分高興!明年三月,我將應普林斯頓大學之邀,再次訪美,屆時定將拜訪您。聖誕新年將至,謹此表示祝賀!

　　便中請代向陳省身教授致意。聽說他曾到北京,不知來過南京沒有?又及。

弟 蕭平上 十二月十四日

　　陳省身教授晚年,變賣了家產,回到天津的南開大學定居,把錢都捐給了南開大學。他曾經去過南京,他和陪同人員講,他認識南京畫家蕭平。陪同人員馬上就聯絡,帶他去看望了蕭平,蕭平再次贈送他畫,他高興極了。

　　從信中看,蕭平還蠻念舊。張無難、戈定瑜都是柏克萊加大的學者,到了南京,受到蕭平的接待,皆大歡喜。普林斯頓和柏克萊大學都是美國的名校。大概蕭平在柏克萊表現不錯,所以也受到普林斯頓的邀請。他說去訪問普林斯頓一定要拜訪我,但我在西岸,普在東岸,除非他在西岸停留,否則還真沒法拜訪我。

　　1986年的信為:

魯冀兄:

　　您好!收到來信多時了,因我去外地寫生,回來又忙於寫稿,遲未奉復,請原諒!你開列的名單中,蕭遜,陳半丁,張熊,林紓,湯滌,蕭俊賢,吳湖帆,王雪濤,何維樸,汪琨,顧澐,陸恢,吳觀岱,程璋,吳慶雲,吳徵,黃山壽,錢慧安等近代畫家作品,江蘇都有出售,分散在南京,無錫,蘇州,鎮江等地的文物商店,數量不很多,而且越來越少,因為民間收不到,外界又不斷來人買。除文物商店外,其他均無出售之地,也無法出口。上列畫家的作品價格不等,大約總在人民幣三千元到五百元之間一幅。我因工作較忙,不能再做更細的調查,你斟酌情況決定如何?南京畫家的作品,我可以慢慢為你收集,你如有機會,歡迎你到南京一遊。如要買畫,最好你們要來人,代辦是比較困難的。你近來情況如何?還在報社工作嗎?很想念,有便來信談談。順頌春安!遇到柏克萊的朋友,請代致意!

蕭平1986年3月30日

信中所列十多二十位畫家名單,是曹仲英先生叫我詢問的,他打算出一本《中國近現代繪畫集粹》,需要這些人的作品。而且從當時看,價格並不貴。可惜我們未能去買。

大約2004年,我和妻回國宣教,到了南京,曾去拜訪蕭平。那天正好江蘇衛視訪問蕭平,竟然連我一起拍上了。蕭平畫畫,我在一邊觀看,他畫一陣子,離開,電視攝影機對畫拍一陣子。那鏡頭幾乎貼到紙上。畫完了,蕭平對我說,這幅畫送給你。我很高興。他在畫左側寫道:二十一年前,與魯冀兄相識於舊金山,二十一年後,重逢於愛蓮居。昔日青年,已入老境,寫此專贈 願友誼長存。蕭平。蕭平還送我他的畫冊和信箋等。

那次拜訪,蕭平告訴我,他和另外兩位畫家,是南京賣畫賣得最好的。他到外地寫生,都有警車開道,警察護送。還說,故宮博物院副院長徐邦達在南京一住幾個月,住高級飯店,吃、住、行都是蕭平負責,他只要去飯店簽個字就行了。我好像在聽天方夜譚,我不懂,蕭平的簽字,為什麼那麼值錢?

我返美後,與蕭平仍有聯絡,曾在電話中和蕭平通話。我有一幅齊白石畫的五蝦圖,此畫曾編在曹仲英先生的書《虛谷與齊白石》中。蕭平願以十萬人民幣買下。再次返國,我把畫帶去給他,並附送一冊曹先生的巨著,因為裡面有五蝦圖。蕭平太太捧出十萬人民幣現金,叫我們點。那麼多捆,怎麼點?同去的人說,大數對就行了。但妻還是一疊一疊地點。數點了很久,還真發現有一疊少了很多。他太太馬上又換了一疊。那時大陸還很落後,居然還給現金。

後來據一位南京朋友告之,蕭平買到齊白石的畫後,馬上一倒手,以十五萬元賣出,對方再以十七萬元賣出。我後來給齊白石紀念館吳館長講這事,吳說,現在一百萬也不賣了。蕭平自己開了個文物商店,所以倒手方便。

蕭平真是一位有成就的畫家,因為他會鑒定,能辨真偽,明優劣,能斷代。對畫史,畫理,畫法系統有深入瞭解,所以他能深入領悟。其創作才能發揮,畫有深度,有基礎。他能畫山水,花鳥,人物。他認為，對中國畫的山水，要有王蒙之蒼，石濤之潤，風格靈秀雅逸。要宋骨元韻。花鳥畫則要豪放縱肆。願蕭平在藝術領域，能創出更大的成就。

高魯冀寫於2019年1月16日
於美國加州舊金山灣區核桃溪樂詩畝寓所

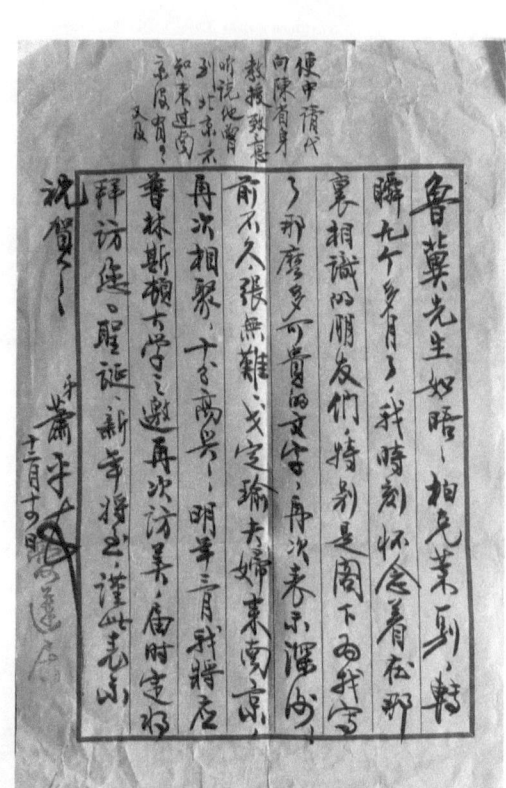

萧平致高鲁冀信函之一

鲁冀先生恭贺新年

一九八四年十二月 萧平

萧平寄赠的贺年卡

鲁冀兄：您好。收到来信多好了，因我去外地写生，回来又忙於守稿，迟迟奉复，请原谅。你开列的名单中，萧迪非、平山、张继、林纾、冯煦、萧俊贤、吴湖帆、王雪涛、何维朴、汪珊、顾澐、陆恢、吴观岱、程璋、吴石仙、吴徵、黄山寿、我尚可近代画家作品江苏部分生前、分散在南京、无锡、苏州、镇江等地的文物商店，数量不很多，而且越来越少，民间收不到，外界又不断来人买。陆文郁的南京文物商店、外，其他均告出售之地，也无法出口。江苏画家的作品价格不等，大约齐白石人民币三千元到五百元之间一幅。我因工作较忙不能再假更租的调查你那的情况这定如何？南京画家的作品，我可以帮你收集。你如有机会，希望你到南京一游。要安有画，最好你们安排人代我们来报困难的。你近来情况如何？还在报社工作吗？你弟弟，有信来请转告了。

顺颂

文安！

遇到柏克弟的朋友，请代致意。

萧平
一九八〇年三月廿九日

奇才陳丹青

我與陳丹青的相識，很偶然。1986年，我在美國舊金山擔任記者，一是為地方報紙《時代報》工作，同時也是香港《文匯報》駐美特派員。記得有一次，我到中國城，好像是中華文化中心，去採訪一組畫家的畫展，他們共有五人，都是中國藝術家，都從紐約來。其中有金高和陳丹青等。金高是領頭人，而陳丹青是他們公推的發言人。他們一切言論，都由陳丹青說了算。所以採訪等於對陳丹青的採訪，其他人幫忙補充，打邊鼓。當時就覺得此人不簡單，不但思想清晰，而且能言善道。

1986年，我遭到極大的不幸，但我不但挺了過來，而且信靠了耶穌，成為一名基督徒。採訪後，我寫完稿子，發至香港。然後回到家裡。不記得是我致電陳丹青，還是他給我打了電話。兩個人一聊就沒完沒了，直至深夜三點鐘。我說了我信主後的體會，並答應會給他寄一點書和小冊子。

採訪他們的文章發表後，我寄給他們，並附上我答應的一些資料。我寄的小冊子，記得是我看了深受感動，並與作者談過多次的。有《書中之書——聖經是什麼？》《基督教與科學》《基督教與中國文化》。作者是同一人，台灣清華大學校長，國科會主委張明哲先生。我曾與張先生深談過多次，深受啟發。陳丹青收到書後，給我回了信。信是這樣寫的：

魯冀先生：

寄來的聖經和小冊子數本早收到了，非常非常謝謝，我得仔細地閱讀，小冊子讀畢一定奉還。近期忙於遷居，信遲復了，請見諒。最近您的健康狀況如何？諸事可順心？您的文稿，金高先生已收到，但尚未轉達，近日我會去取，祝一切好！

丹青十二月十五日

他用的是一張聖誕賀卡，從紐約寓所寄出。我閱信後曾告訴他，不需要奉還。

記得看過他寫的一篇文章，是說他到歐洲一家古董店，他光顧著尋寶了，都沒跟店主打招呼，最後他挑了幾件，問價錢，人家不賣。說，這是我的店，你進來都不跟我打個招呼。由此，他有反思。

他的字寫得不錯，毛筆字也寫得好，而他竟然說自己沒資格談書法。所以他的文章我愛看，言之有物，有自己的思考。即狂傲，又謙虛。

同一時間，金高等五人也從紐約寄來賀卡，寫道：魯冀弟：聖誕快樂，諸事如意。下有五人簽名。

另有金高自己的信：

> 魯冀仁弟：寄來的報章收到，眾君讀畢一致認為閣下文筆自然流暢而風趣，仍具中國風格。你之熱誠報導，各位非常感謝。那日匆忙返回，未能盡興暢敘是遺憾處。好在來日方長，後會有期。寄給丹青的書，早已轉他，想他會寫信給你。望聯繫。

金高 86，12，紐約

陳丹青在紐約一待十八年，從1982年到2000年。他是1953年生人，小我12歲，剛好一輪。在上海受顏文梁影響，並與陳逸飛，夏葆元等畫家結識。1970年到贛南插隊，在陳逸飛幫助下，轉到南京郊區插隊。此時他的油畫及連環畫作品，在美術圈已廣為人知。1978年恢復高考，他被中央美術學院油畫系錄取，1980年畢業留校，其畢業作品《西藏組畫》在美術界引起轟動。

1982年到紐約，成為職業畫家。2000年回國，不僅是著名油畫家，還是藝術評論家及作家。他的畫作，在兩岸三地及許多國家及城市展出。他的文章脫離了八股式的官樣文章，非常犀利，敢於亮出自己明確的觀點。被評論為"真知哲理，明人快語"。

他在中國的發展，我一直有留意，如他在清華大學任教，好像還是博士生導師。但他填學歷，只填小學畢業。後來他為招生問題憤而辭職。據說原因是考藝術系的學生，畫得很好，但清華只因文化及外語稍差就不予錄取。

　　這就不如徐悲鴻了。藝術大師錢紹武親口告訴我，他考中央美院，素描及英文都考100分，但數學是大零蛋。此成績拿到當時的院長徐悲鴻處，徐院長看後只說了一句，"我也不懂數學"，就錄取了他。錢紹武還曾講到他的父親，說他父親是北大英語系教授，但他的英語，英美人士都聽不懂，因為是自學的，發音不標準。但朝鮮戰爭板門店會談，要請他父親去參加，因為中英文本的翻譯要非常嚴格，要借重他父親的大才。

　　陳丹青回國後的發展，可說是突飛猛進。這與他的資質有關。他不僅畫得好，還寫了大量的文藝評論及有關文化素養等方面的文章，評價兩極。據說，他的畫作賣出了天價，因此有的畫商特別來美國，到他生活過的地方，去搜尋他的作品。

　　因分居兩地，我們未能成為摯友，但我很喜歡這位小我一輪的朋友。他是有思想、有功力的天才藝術家。

高魯冀寫於2019年1月2日
於美國北加州核桃溪樂詩歟寓所

鲁冀仁弟：

寄郭的报章收到，余君读毕一致认为阁下文笔自然、流畅而风趣，切具中国风格。你之热诚报导，吾们非常感谢。那几友匆匆返回，未能尽兴畅叙是造憾处。好在来日方长，后会有期。

寄给舟寄的书见到他,托他会写信给你。告联军。

金高 86.12.
12/13

金高致高鲁冀信函

設計人民幣的油畫大師侯一民

美國加州北部有一個萬佛城，佔地很大。其住持是著名的宣化上人。因為我是記者，曾採訪過他，兩人竟成了好朋友。大約1988年，他要修大雄寶殿，我為他回國請人。從中央美術學院請了三人：侯一民，錢紹武，史超雄，還有清華大學建築系三人，其中陳志華教授是我念研究生時的導師，還有其他兩位。

今天單單講侯一民。他是中央美院的副院長，本身是頗有成就的油畫家，太太鄧澍也是油畫家。他是一位多面手，能畫油畫，大型壁畫，畫中國畫，做雕塑。還是中國文物鑒賞家，人民幣設計者。因為他設計人民幣，所以獲贈一套小型人民幣，他隨身帶著。和真幣一式一樣，就是小大約是真幣的四分之一大。他曾獲藝術界終生成就獎。

當年請人出國，並不太好辦，但我在北京認識人多，打通了北京統戰部的路子，把人順利地請來了。

六個人到達舊金山後，立即被拉到北加萬佛城。那裡上不著村，下不著店。他們住在那裡，每天吃素，而且過午不食，當然，對他們也許網開一面。但他們可真受了些苦。我與老和尚商量，我給你請來的都是大家、名人，他們不是來做和尚的，不需那麼多清規戒律。老和尚就放他們出來，搬到舊金山市區。記得是一位單身醫生的房子，他後來出家，他的房子便捐獻給了老和尚。住的問題解決了，吃又是大問題。那時候真傻，也不會找老和尚要錢買。我只好為他們募捐，給他們找了足夠的食物，很多肉食，不至於再當和尚。侯一民一位弟弟好像在南灣聖馬刁開餐館，也捐了不少食物。

有吃有住，還得有些活動，我就又帶他們到處參觀，拜訪美國藝術家。最重要的是，帶他們認識了我的恩師，中國畫鑒定家、收藏家曹仲英先生。他們認識了曹先生，不僅觀看了他在公司的藏品，還到曹先生在柏克萊的家中，看他的收藏，大開眼界，大飽眼福。他們對曹先生的收藏，驚訝不已，想不到他會有那麼多質量上乘，且有系統的中國畫真跡。曹先生知道他們的處境，多次宴請他們，大家成為好朋友。以後曹先生的鉅著《近現代中國繪畫集萃》出版，侯一民、錢紹武都寫了序。

我還通過關係，請他們訪問了一些加州當地的雕塑家，到他們家裡或工作室去，雙方交流，收穫不小。例如一位雕塑家，他的作品是會動的，對中國藝術家很有啟發。到一位雕塑家的家中，談完專業，我想請侯一民、錢紹武展示一下中國書法與繪畫，找不到宣紙。急切中，用廚房的卷紙題字畫字，居然效果很好。

一位餐廳老闆請吃飯，談到了皮影戲，侯一民說，他認識老藝人，可製作皮影。那老闆給了100元，委託他製作。他們回國後，侯一民曾來一信，信如下：

魯冀：

　　謝謝你在三潘市對我們盡心的接待，真難為你了。皮影人一事，回京後即進行聯繫，我已定製了一套八仙，現已開始選料和刻製，一兩個月內即可完成寄出。但我最近就要到歐洲去，因此這件事請錢紹武繼續辦。帶來的一百美元可能還不太夠，做完以後再說吧，我想會不錯。

　　國內古代字畫收藏者也漸知珍貴，加之物價上漲，留錢無用，多不願脫手。偶遇一二張，有的也是胡要價。我盡量為你留意，如有適合的會幫你留下。煙壺在舊貨市場還可買到，可請你夫人存一點錢在我這裡，順便為你代買。

　　曹先生真是一位有見識的收藏家，我已向美協談及辦近百年中國畫展一事，美協對此頗感興趣，問題是在經費方面。如能自費辦展，他們很願協助做各種聯絡與服務的工作，以及組織宣傳等。國家不可能出錢，這你最瞭解。不知曹先生意下如何？我建議他來一函給美協，以便美協列入年度計劃。

　　即頌 近安

侯一民 1988年

1989年他還寄來一張自製賀年片，一幅深綠色剪紙，是一頭大象馱一花籃，下有赫色1989字樣。題款：高魯冀先生 新年大吉 侯一民。相當精致，他也花了不少功夫。

　　2005年我去北京，他在戒台寺的住房已建成。我給他打了電話，他歡迎我去玩。我問：在戒台寺什麼地方，你得有個地址吧？他說：就是戒台寺，你一到這兒，打聽老侯頭兒，都知道。我要去的事，被一位辦實業的同班女同學知道了。她問我：你怎麼去？我說：打個的就去了。她說：你算了吧，那有多遠，打的得花多少錢？我說：那怎麼辦？她說：我給你派個車，明天到你住的酒店接你。我大喜過望。她又囑咐我：不能給司機錢和物，不許請吃飯，不許陪你見客。說是她們公司的規定。這不許，那不許，怎麼辦？

　　次日，還真有一個小年輕的司機開車來接我，把我送到戒台寺，司機也不進去，在外面等我。我當然有點饋贈，不犯他們規矩的。好像是自己寫的一本書，司機好高興。同時有周令釗一家人到訪。他向周令釗介紹我是一位牧師。他建的那片房好大，據說有一百多間。除了住房，就是他的陳列館，還分兩部分，一部分是他和太太的作品，一部分是他收藏的古董，名畫。好傢伙，真夠看一氣的。我去看他，他當場給我畫了一幅國畫，是一塊山石，幾隻小鳥，還有一個紅色的小甲蟲。上書"魯冀老友存玩，乙酉　侯一民於戒台寺"。他的藏畫中有一幅石濤的山水，我拍了照，回美後給曹仲英先生看，他一眼就看出是假的。後來，曹先生也去北京，去了戒台寺，據他說，侯太太還給他炒了孔雀蛋招待他。他家裡養了幾隻孔雀，一天到晚在院子裡昂首闊步。

　　2011年9月我回北京，曾經給他打了電話，他已經有點糊塗了，忘了我是誰。大概近幾年，我參加女兒女婿在東灣柏克萊教會的活動，巧遇侯一民的弟妹，談起來，說他還好，沒有痴呆，而且信了上帝。

高魯冀寫於2018年10月30日
於美國加州核桃溪樂詩畝寓所

侯代信

鲁冀：谢谢你在三藩市对我们的尽心接待，真难为你了。
仿形人一事回来后即进行联系，我已定制了一套八仙，
现在已经开始选料和刻制，一两月内即可完成
寄出。但议最近我要到欧洲去，回来这件事请钱
倍议继续办。带来的一百美元可能还不太够，
估算以后再说吧，议想会不错。

国内古代字画收藏家也断绝珍爱，加之现货上涨，
当钱急用，多不肯脱手，偶遇一二张有心也之胡
乱作，我尽量为你留意，如有适合的会帮你留下
并因在临货市场还可买到，可请你夫人存一些
钱在议这里以便为你找买。

曹先生真是一位有胆识的收藏家，我已向美协谈及
为近百年中国画展一事，美协对此极感兴趣，问题是
在经费方面，如能自愿为底他们挑选十来位名家各
种张绢的服务。。。以及80位贵宾，其入口
家不可能给钱这你最了解，开幕费也是不少的可
议建议他来一函给美协，以便美协列入年度计划。
即候近安

侯一民自制的贺年卡

李煥民和我及在美國的四川版畫展風波

我與李煥民先生相識，是中央美術學院雕塑系主任錢紹武先生介紹的。1978年我回清華大學進修，享受研究生待遇。1979年暑假，我冒酷暑進川，考察中國古代雕塑，路線是錢紹武先生親手擬定的。從四川廣元到成都，到重慶，看完大足石刻，再返回重慶。然後去河南龍門石窟。這趟中國古代雕塑之旅，大大開闊了我的眼界。錢紹武先生開了介紹信，清華大學開了介紹信，考古研究所所長王天木先生也開了介紹信。

到重慶，就去四川美協找李煥民，他是那裡的主席。四川美協不僅是一個組織，更好像一個大家庭，因為很多成員及家庭，都住在其中。地址是重慶化龍橋。

四川美協 識李煥民

按照錢紹武的計劃，我在四川重慶，就住在四川美協。我找到李煥民，他安排我住下。天氣太熱，晚飯後，他帶我去長江游水。我潛泳時不小心碰到一個小女孩，女孩父親不依不饒，破口大罵。李煥民代我道歉，並說，"他是清華大學研究生，你不要隨口罵人！"並帶我離開，一邊又對我抱歉。

李煥民是全國美協副主席，也是四川美協主席，是有成就的版畫家。他1930年出生，2016年去世，享年86歲。1947年，他17歲時，考上北京國立藝專，師從徐悲鴻。從此走上了版畫之路。他的版畫得過很多國內外獎項。1956年他的《高原峽谷》就得到全國青年美展一等獎。《藏族女孩》得過日本金獎。1996年,中國版畫家協會授予他"魯迅版畫獎"。

我們相處數日,感覺他謙虛謹慎,有包容心,平易近人。自己是個全國有名的大畫家,卻沒有一點架子。他曾對我說,每次運動,都整一批人,運動不勝其多,再整下去,豈不是要沒人了。他們後來想出一個辦法,即每次運動,只整同樣一批人,不推出新人。他是對我掏了心了。幾天相處下來,我們成了很好的朋友。

在他家裡,看到他畫的一幅速寫,是草原上的勇士騎馬射箭圖,寥寥數筆,造型準確,形態生動,非常傳神。人的臉部精練,雙臂動態漂逸,弓幾乎是一條直綫,馬頭精神,馬腿動感十足,軟鉛筆筆觸,扁尖搭配相宜。他說,準備用此幅畫創作一幅以書法用筆的木刻。

回京後,我念完了清華研究生的課程,1980年準備赴美深造。曾給他一信,他立即回了信。他的信是用毛筆書寫的,字寫得極好,簡直可以說是書法作品。其中一信一畫,我裱了裝框,掛在牆上,就是那幅騎射圖及信。我曾跟朋友們說,我家裡牆上掛著三位中國美協副主席的字畫:劉開渠,黃永玉,李煥民。但這是中國特色。畢加索大概沒當過法國美協主席。

他的信這樣寫的:

魯冀同志:

　　知悉閣下即將赴美深造,十分欣喜,特此祝賀。相信將來必有很大成就。為了攜帶方便,寄來小幅木刻一尊,以茲紀念。祝一路順風。

　　致 敬禮。

煥民 一九八〇年 三月廿日

小楨木刻是"織地毯",兩位藏族女姓在樹下編織手工地毯,旁邊還有些毛綫球。這是他很有名的一幅小品,構圖維妙,黑白相間,人物造型精準。木刻技法閒熟。畫下題:魯冀同志 正之 李煥民 贈 一九八〇,三。

他的這幅作品,過去曾經送給我一幅,我便回信告之。順便問了一下,那幅騎馬射箭圖有無用木刻表現。他回信這樣寫的:

魯冀同志：

　　看到你的來信不盡好笑，我的記性太差了。幸好你不見怪。吸收書法之作以失敗告終。失敗為成功之母，今後再努力吧。既然閣下錯愛，索性把原件贈之，雖不完整，然興發之作，也不可重複。祝一路順風。

　　敬禮。

煥民 一九八〇年四月二日

這就是前述的一信一畫，我裝裱了，掛在牆上。

金東公司 推廣版畫

　　我在美國，1982年遇到一位台灣來的餐廳劉老闆，他本來是個博士，但在職場受到岐視。一氣之下，自己下海開了餐廳。他的餐廳主要接待美國人。他記憶力超強，哪個客人喜歡吃什麼，他都清清楚楚。所以他的餐廳很成功。我本來給他打工，後來與他聊得投機，他就叫我為他的公司做事。正好我了解到，中國副總理方毅要到舊金山，便告訴他，他說，你去！他給我印了名片，頭銜是金東公司總經理。我便去了舊金山，出席了招待會，並找機會和方毅先生聊了幾句，我說，"我們想把台灣企業引進大陸。"他一聽，十分重視，叫我直接找柴澤民大使。這促成了我們和柴大使的會見。

　　為了幫金東公司打開局面，我1982年寫信給李煥民，請他寄一批版畫過來。他還真的寄來75幅版畫，創作於1949年直到1980年，時間跨度大，創作人員也很全面，質量極佳。李煥民出差到香港，我得知後，代表金東公司給他寄了500美元。後來我與劉老闆鬧翻了，但那批版畫還在我手裡，我就決定找一家機構把這些畫展出，也算給李煥民一個交代。通過關係，我找到了一所大學，叫羅色瑞學院（Rosary College）。我代表四川美協和該校簽了合約。我至今還保留了這份合同，是我親手寫的，有我和該學院的代表雙方的簽字。

　　學院兩位負責人都是女性。學校負責人是位白人女姓，藝術系主任是位黑人女性，她是一位雕塑家，記得我還到她家去過。當時我沒有錢，學校方面也沒有錢，要把這批高水準的中國版畫展出，殊非易事。但學校有經驗，他們提出簡易包裝法，即用一塊尺寸合宜的白色泡沫塑膠，把畫放上去，外面再包上一層透明塑料膜，就完工了。材料由學校買，施工由我一人包辦，後來學校找了一位女同學幫忙。我日夜趕工，一天工作十四個小時。學校給了我一間宿舍，吃飯就在學校食堂。我有一定的動手能力，工作又認真，大約一週就完成了。其間我還刻了一幅木刻，是找到一幅中國版畫，學校給我一塊版畫用的梨木板，我先用墨筆畫出，然後一刀一刀刻出來，我牢記中國著名版畫家黃永玉對我的教導，版畫的底子要擀得非常平。這是為了告訴觀眾，版畫是如何製作的。學校兩位女老師驚嘆我的動手能力和工作態度。對那幅我刻的版畫，也贊不絕口。展覽完了，還叫我帶走。因為太大了，我謝絕了。

這期間，還要應付劉老闆的騷擾，他們派律師多次來函；我還要與四川美協商議版畫如何出售，如何分成等等，我的忙是可想而知。一切准備就序，畫展開幕了。由於學院方的努力，還在英文媒體上造勢，來參觀的人很多，我事後還寫了一篇文章，發表在四川日報上。

畫展開幕後，劉老闆派了一名律師來搜證，就是金東公司的律師，我認識的。他對我進行了某些威脅，我不為所動。展覽後，因為沒有賣出作品，所以我又將版畫全部收回。金東公司要與我打官司，還驚動了中國高層。李煥民的信中，有詳細說明。

李煥民信 透露玄機

有一封李煥民兄1982年11月20日的信。內容如下：

魯冀兄：

我才從藏族地區深入生活回來。見到你前後的來信，十分同情。一個人一生總有順境和逆境，在逆境中能夠堅持下來，也是一種鍛練。

關於這批版畫，就按你的意見辦好了。我，我們都很信任你。關於價格，從北京飯店出售的版畫原作看，也不過是100-300人民幣之間，少數在國際上獲獎作品，或特別受歡迎的作品更高一些。好比500人民幣。因此，你在標價時，也不一定統一，觀眾喜愛的，作品質量高的可以多標一些。

堅持在大學中搞藝術品展覽，作為藝術品出售，對交流中美文化，是有好處的，在任何情況下，不要作為低檔商品拋售。

你在這樣一個社會奮鬥，要多加小心，我們無法幫助你，因此你提出要十分之一的車馬費，當然可以。或者更多一些也可以。總之你看情況吧。祝你 成功。

此致 敬禮

李煥民 1982年11月20日

從信中看，那時候，中國版畫賣得真便宜，才 100-300 元人民幣。也就合 10-30 美元一幅。

另一封是1983年4月7日的信。信是這樣寫的：

魯冀兄：

24日寫的信收到了。

我拍的電報內容是：請將四川版畫交中國駐美大使館保管。同樣內容的電報也給金東公司劉拍了一封。

拍電報的原因是，1983年3月14日接到北京全國文聯國際部電話，詢問四川版畫寄美國的經過。並且說金東公司與高魯冀為這批畫在打官司，15日保險期就到了，請你們一定在15日以前拍電報給高魯冀和金東公司，請他們把四川版畫交給大使館保管，似很急。

我當時弄得不知怎麼回事，立即拍電報給你和金東公司劉。

3月18日收到你3月7日寄出來的信，知道你的處境和向大使館匯報的情況。我估計叫我拍電報給你和金東公司，是大使館與國內文化部，文聯，美協研究的意見。這樣對你的安全，對這批畫和國家的榮譽都有好處。

不過事情似乎並沒有結束，金東公司曾通過你轉給我500美元（我已轉給作者），還為這批畫用去了7,000美元，他們大概不會就這樣罷休了。

今後事情怎麼辦，我個人當然提不出什麼意見，使館是代表咱們國家的，使館怎麼說就怎麼做。

你為此事吃的苦，我深深地瞭解了，也就是你能承受這麼多困難，經濟上，精神上……要我，一天也待不下去了。

你我相距這麼遠，我一點也不能幫助你，請你有事多向使館請示。

祝一切順利。

　致 敬禮。

李煥民 1983，4，7

所謂15日保險到期，可能是指我們辦畫展所買的保險，這個保險是必須買的。

版畫事件 驚動國內

　　從兩封信內容看，在芝加哥一所大學辦的四川版畫展，竟然驚動了國內文化部，全國文聯和美協與中國駐美大使館。

　　這件事在我一生中，似微不足道，如果不是保留著李煥民的信，我幾乎忘記了。但現在看來，雖是小事一樁，但也充分顯示出我的性格特點：忠於朋友，不畏強權，努力工作，百折不撓。當然，我並沒有那麼好，但正像李煥民信上寫的，我承受了很多困難。經濟上，我每天起早貪黑努力工作，不單沒有一分錢的報酬，我還得貼出自己的勞動力，自己的生活費，交通費等。精神上，更是腹背受敵。前面有劉老闆對我逼迫，打擊，後面有國內來的學者對我使絆子。這些，我不願訴苦。

　　我反倒覺得，這是上帝在磨煉我，雖然吃了不少苦。但我也更加堅強。李煥民說，"要我，一天也待不下去了"。但他也說，"人在逆境中能夠堅持下來，也是一種鍛練"。

　　我頂著天大的壓力，在展覽過後，把那批版畫寄到了華盛頓中國駐美大使館，大使館文化參贊李維和給我回了信。信內容如下：

高魯冀同志：

　　你寄來的75張四川版畫，我們均已收到，特告。隨函附上7.48美元的支票壹張，用以支付這批畫的郵資，請查收。

　　三月十七日函收悉。有人願出力從中斡旋，使你和劉先生和解，我看是最好不過的事。望好自為之。祝好。

維和 1983年4月21日。

　　李維和這封信當然是官樣文章，但他所說，有人願出力從中斡旋，此人並未出現。後來我去過中國駐美大使館，認識了李維和，感覺他還很有人情味,他還和我相約,回國後去爬黃山,當然也沒實現。

我把畫寄到大使館後,劉老闆突然偃旗息鼓,這也很好理解:他不能與中國駐美大使館打官司。

大約2006年,我和妻想回國內旅遊,要去重慶,然後順長江而下。妻提醒,若去重慶,可去看看李煥民,但此行並未實現。2016年,傳來噩耗,李煥民去世了。我心中很悲痛,在美國自己默默地悼念他。每當我看到居室牆上掛著的他的速寫騎馬射箭圖及信,我都會想起這位好朋友。

高魯冀寫於2018年10月29日
於美國北加州核桃溪樂詩畝寓所

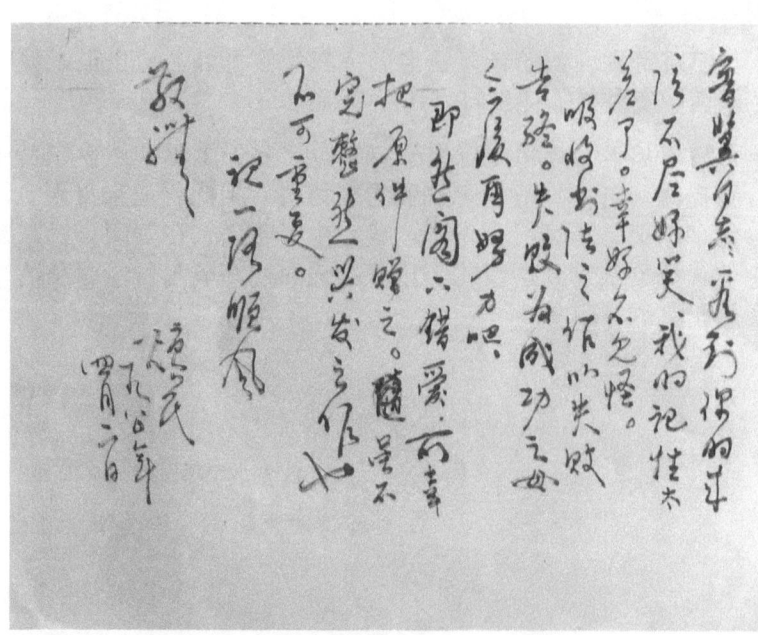

李煥民致高魯冀信函

李煥民的速寫騎射圖

李焕民所赠木刻作品

吾師吾友曹仲英先生永垂不朽

曹先生的女婿安東尼打來電話，說曹先生已於上個週末去世了。算一算日子，是2月26日。我震驚不已，眼淚奪眶而出。痛失吾師吾友，夜不能寐。和曹先生四分之一世紀的友情，湧上心頭。

曹先生是美國著名的中國書畫收藏家、鑑定家，他探究華夏千年文化藝術六十載，收藏有中國遠古到近現代諸多珍品。曾任美國中華美術基金會主席，美國遠東藝術公司總裁，中國文俊財團主席。

我是八十年代初認識曹仲英先生的，記得那時我在舊金山做中文報紙的記者，陳立歐教授(他爸爸是皇上的老師陳寶琛)聽說我喜歡中國書畫，就說，"有一個人你不能不認識，那就是曹五爺。"他管曹先生叫五爺，曹先生管他叫陳小六，不知從哪裡排行？

我和他是一見如故，成為終生的好朋友。關於和他的第一次見面，我還寫了一篇文章，發表在香港《文匯報》上。

守護發揚 中國文化

曹仲英先生1929年生，2011年卒，享年82歲。正當年時，突然去世，還有很多工作未完成。他走得太早了。曹先生的一句口頭語是，"為中國文化做一點事"。他用自己的一生實踐了這句諾言。在台灣時，他曾在蔣經國身邊工作過，他對時事的評估，有戰略家的獨到眼光，有國際靚野。我為香港《信報》撰寫國際評論經年，從他那裡得益非淺。有時他的一個想法，成就了我的一篇文章。很多事我不了解，向他求助，他總是給我答案，有時頗出乎意料。就像中國政府為什麽不與達賴喇嘛談判，他說，你想想，他是一個人嗎？他那兒有一個政府。

從五十年代起，他就收藏中國畫，前後達六十餘年。他不僅收藏，還研究，他已出版的英文著作有《四任》《清代中期繪畫》《虛谷與齊白石》等等。在美國用英文出版關於中國美術的書籍，而且見解這樣高超，他可說是第一人。值得提出的是，書中所有畫作，都是他的收藏。在《虛谷與齊白石》一書中提到的齊白石的五蝦圖是我的收藏，但那是他事後賣給我的。曾聽他說，普林斯頓大學願以《虛谷與齊白石》一書，授與他博士學位，他並沒有接受。他在美國一生宏揚中國文化的功績不可磨滅。

他最看重的一部書，也是他一生收藏的精粹，是去年由上海書畫出版社出版的《近現代中國繪畫集萃——曹氏默齋藏》。該書收錄從鴉片戰爭到"文化大革命"125年間，178位畫家的311幅作品，共四大冊，1200頁。當時的藝術史界對此百年是一片批判聲音，貶之爲"衰落的百年"。但曹先生對此有截然相反的看法。他認爲，近百年是中國傳統繪畫的一個重要延續、演變階段，也是現代繪畫的轉型時期，在繪畫史上具有重要的意義。他以螞蟻挑戰大象的唐·吉柯德式精神，以一己之力，拼命蒐集近現代中國繪畫。有人說他蒐集中國古代和近現代中國畫作品有五六百件之多。但我認爲，過他手的大概有幾千件之多。一位大收藏家費神父，從他那裡就買了幾百件。曹先生曾不止一次地對我說，"好幾百幅作品，哪怕有一件假的，人家就要說話了。"可是，一件假的也沒有！近年來世界各地大博物館邀請費神父前去展出的邀約不斷。他樸素地以"讓實物說話"的方式出版了這套皇皇巨著，向人們明確地展示了，中國近百年繪畫是何等地輝煌。

筆者不才，也加入了此書的最後編輯校訂。可以告慰的是，曹先生生前終於看到了他辛勤六十餘年的成果。書出版以後，他不止一次地給我打電話，問收到書了沒有，後來索性叫他女婿開車給我送來一套。

曹先生對中國美術史的巨大影響和重要貢獻，可能要十年、二十年甚至一百年，才能完全清楚。到那時，人們才會意識到，他是一位多麼偉大的巨人。長期以來，"中國畫學之頹敗，至今日已至極矣"之論，在學術界或民間，皆幾成壓倒之勢。他以一已之力竟然巔覆了保守的近百年中國美術史，不能不說是個異數。

滿腹經綸 目光精準

曹先生的文化修養讓我佩服得五體投地。有一段時間，我們大約每周能見上一面，總是談天論地，聊得開心，因為有共同的興趣，共同的識見。有時互背古詩詞，竟為一個字的發音爭論不已。如一次我背誦蘇軾的《念奴嬌・赤壁懷古》，將"羽扇綸巾"的"綸"念"官"音，他認為不對，一查字典，我對了！他說，前面一句說周瑜呢，後面又說諸葛亮了。他博聞強記，引經據典張口就來，不需要查證什麼書籍。尤其是對中國美術史，他更是如數家珍，有時談到某個畫家，對他的生平事蹟、繪畫特色，倒背如流。有些竟是名不見經傳的"小"畫家。有一次，我說，李敖在北大演講，把漢代的皇帝從頭背到尾，腦子不錯。曹先生說，"我也能，而且宋元明清的皇帝我都能背下來。"對於書畫鑑定，曹先生對我說過，不自己收藏中國書畫，很難學會鑑定。

1986年我遭到人生前所未有的變故，一個中國人在美國所能擁有的一切，都喪失殆盡。此時，曹先生對我說，"我有一個野心：要把你培養成世界頂尖的中國書畫鑑賞家。"他說到做到。他拿了一些書畫叫我去賣，給我的價錢低得驚人。並明確告訴我，哪些不包真。在他的循循善誘下，我開始了對中國畫的研究。因他的力挺，我不但重新振作起來而且漸漸有了自己的收藏。曹先生大量地買進，只留符合他嚴格標準的作品，剩下的一律賣出，我也算他的一個下家，我們都是大樹底下好乘涼。因為有他在把關，我從他那裡接下的書畫總超過一兩百幅，光是倪田作品就十幾幅，齊白石也有五六件之多，其中幾件是原日本首相田中角榮的弟弟托他賣的，他叫我買下，說是難得一見的精品。一幅是葡萄蜻蜓，一幅是白菜柿子。後來，在香港佳士得1990年春季拍賣會上出現了這兩幅的贗品，曹先生叫我寫了一篇文章《中國畫欣賞與鑑別》，把兩幅贗品和我收藏的真品放在一起，真假立判。我們原希望文章能在拍賣前刊發，但雜誌社主編胡菊人先生不肯，說我們萬一有錯，拍賣行告他們他們賠不起。最后文章登載在1990年4月1日的香港《百姓》雜誌上。文中還對中國造假畫歷史進行了初步探討，甚至有齊白石的一方圖章："吾畫遍行天下偽造居多"。文中的這方圖章和所有的插圖，都是曹先生幫我找的。

曹先生的遠東藝術公司2005年出版了一本月曆，叫《花的世界——中國藝術大師齊白石的作品》，其中他的精品十件，我的兩件。據負責此月曆在北美發行的曹先生說，賣得很好，全部賣光。此地的亞洲藝術博物館出版一本《中國吉祥圖案》，英文是"中國藝術中隱藏的意義"(Hidden Meanings In Chinese Art)。曹先生推薦我收藏齊白石的"事事清且白"(白菜與柿子)也收錄其中。

曹先生以畢生的精力，以他豐富的學養和精準的眼光，蒐集到不少的中國藝術精品，他稱之爲"撿漏兒"，實際上是爲被別人判爲贗品的藝術品正名。他有超卓的審美眼光，又有不受市場導向左右的獨立識見，因此他的收藏獨樹一幟。我曾不止一次地聽他說，六七十年代，他在舊金山中國城的古董鋪花幾百元買到一件大明成化五彩雞盅，一週後，賣給美國某大博物館，用賣得的大約二十幾萬，買了舊金山撒特街的三層小樓。這裡后來成為遠東藝術公司的所在地，也常常是高朋滿座，成為國內藝術家和美術史家的必訪之地。

當初我是記者，認識很多人，因此也介紹給曹先生很多人，他都能熱情接待，很多後來成了很好的朋友。例如海灯法師，氣功大師嚴新。我們去接嚴新時，曹先生還定了加長轎車。宣化老和尙建大雄寶殿，我從北京給他請來清華大學和中央美術學院各三人，其中有侯一民和錢紹武等，曹先生請他們到伯克萊他的家中看他的收藏，當然也請他們吃飯。他曾說過，錢紹武是自始至終支持他的第一人。錢紹武則對我說，曹先生是海內外首屈一指的中國書畫大行家。去年他把公司搬到了柏克萊。值得一提的是，他在舊金山原公司的門牌號，剛好是我的生日。

某一年他在歐洲，朋友請他在中餐館吃鮫子，朋友上廁所，他到附近的古董店看看，問店主有沒有中國畫？店主回答說沒有，但他發現在角落地上有一塵封的冊頁，竟是鄭板橋所作，當即以店主要求的價錢付款買下。回到餐館後，告知朋友原委，朋友說，"你踢我屁股吧"。此畫帶回美國後，王己千先生看到了，大加稱讚。此地伯德富拍賣公司賣一組齊白石的斗方小品，居然沒賣掉，曹先生悉數收進，那是齊白石很精的作品，他後來將照片放到他公司的燈箱上。

遠東公司2010年4月8日在灣區柏克萊新址開幕，請柬上有一個五彩觚瓶（大明萬曆年製六字款）。我問曹先生，此瓶值多少錢？他說總得幾十萬吧，我又問他在哪裡買的，他嘆了一口氣，說，就在這街上一個地毯店買的。他偶然去那家地毯店，他們向他推薦這個花瓶，並說便宜，曹先生沒要，第二次路過又被請進去，死說活說，硬要他買下來，花了六千元。事後他覺得買得太便宜了，想多給人家一些錢，但他過去的秘書說，這個瓶子原先只賣兩千。

在大陸他也沒少"撿漏兒"。很多專家說的贗品，他都從容買下，其中有董其昌、梅清、趙之謙等等。我從大陸回美告訴曹先生，我去紹興魯迅故居參觀，他們家的堂屋裡掛著趙之謙的畫，曹先生告訴我，趙之謙就是紹興人。

2010年6月8日美國《世界日報》上刊載一篇文章，《仇英畫作天價6500萬》，作者是"大陸新聞組"。是說仇英的畫《浮巒暖翠圖》在北京翰海春拍下，經過幾十輪激烈競拍竟以6500萬拍出，連同佣金280萬，我算了一下約合美金1120萬。

此畫約創作於明嘉靖14年(1535年)，仇英時約37歲。該作品原屬明代收藏大家項元汴所有，民國年間輾轉歸屬袁世凱珍藏，後歸其二子袁寒雲所有，1936年8月現身美國。據說美國收藏家蓋勒斯1956年從舊金山華人收藏家曹仲英處購得《浮巒暖翠圖》，並請其友，時居美國的張大千鑑定，寫下題跋。1981年，紐約收藏家王己千再次鑑定題跋。我看到此文章後，向曹先生求證，他說年代搞錯了，不是1956年，那時他和大千先生還沒來美國呢。是民國56年，公元1967年。他記得清楚，說那是袁二公子袁寒雲的東西，又說，要不是孩子生病他是不會賣的。我問他，當年賣多少錢？他說，兩千塊錢。

舉世公認的20世紀兩位巨匠齊白石和黃賓虹的作品，他收藏有多幅。黃賓虹的一批寫生畫稿，他都出巨資買下。往往他去北京參加拍賣會，人們都說"掃黃的來"了，是說他買黃賓虹買得很多。有一件事，一定要提。但因年代久遠，我記憶不太準確。中國文化大革命期間，大"破四舊"，很多中國書畫遭到浩劫，日本書畫協會乘機買下一船中國書畫。"一船"是多少，當時也沒向曹先生求證，反正很多。日本想從美國聘請專家鑑定，就請了曹先生。據他說，看畫時，有很多人伺候，有人撐畫，有人記錄，看得很快。起初三、四日，沒什麼東西，但幾天以後，好東西紛紛出現。曹先生不僅確認真偽，還給出此畫目前在國際市場上的價格，但一週後，他的眼睛因太疲勞而受傷。完成鑑定後，他提出，願以他訂的價格，收購一些作品。日方連忙開會研究，最後向他宣布一些他們決定的事情，他們認為此人誠實，且是不可多得的專家，所以給他很多優惠。我記不太清楚了，其中有一項是，請他環球旅行。他到巴黎時，買了一間公寓。那次，他也帶回相當一批中國書畫。

張大千先生在灣區期間，與曹先生過從甚密。我聽到一些故事，有我寫了下來。但大部分，聽過就算了。其中一個是大千先生一次到舊金山，住在男青年會，上午到畫廊看林清霓，林也是一位畫家，還與大千先生一起研究潑彩畫。正談話間，房東來催交房錢。林很尷尬，大千先生看到此景，說，"拿紙來！"馬上紙拿來了，大千先生一揮而就，畫了一幅山水，對林說，"拿去交房錢"。此畫後來為曹先生收購。我因此也知道了林清霓，且在一次拍賣會上，買下他的一幅潑彩作品。

曹先生對我說："你要是早來些年就好了，可以接近大千先生，並把他的話都記錄下來。"可惜的是,我與曹先生交往超過四分之一世紀,竟然沒把他的話都記錄下來。他的很多看法,有見地,有哲學深度,記錄下來,就是很好的論文。曹先生前後多位秘書,在他的鼓勵下,都去著名大學進修,得到博士學位,很多博士論文題材中心思想,都是曹先生指導的。例如,布瑞塔,進斯坦福修博士,論文是關於任熊的。她還在曹先生幫助下,到北京故宮去看任熊的作品《大梅山民詩意圖一百二十開》等。曹先生是一位沒有名份的真正的博士生指導教授。

他和著名收藏家、鑑定家王己千先生,也是好友,兩人過從甚密。1991年,王先生請我暑假去紐約住在他家裡,為他寫他的藏畫集,一定和曹先生的推薦有關。當時我正在此地一家市立大學教書。在己千先生家,我飽覽他的收藏,用"富可敵國"來形容,絕不過分。我有時常想,我此生運氣不錯,世界上兩大頂尖中國書畫收藏家,都與我有緣。在王先生家,我看到一幅八大山人的山水大中堂,總覺得有些問題,我跟曹先生說,那幅畫看上去,上氣不接下氣。曹先生一聽就笑了,說,那是張大千仿的。

篳路藍縷 筆收並蓄

曹先生的收藏之路艱辛得很,很多人出於嫉妒或其他原因,對他極力詆毀,我親耳聽到許多人對他的侮蔑,有畫廊的老闆說,"灣區大部分假畫都是從他那兒來的。"還有人並不了解他,就道聽途說地攻擊他。他受的壓力之大恐常人難以承受。

近年,曹先生交給我一幅黃賓虹長卷,是替朋友賣的,他叫我去各大拍賣行試試。大約一年半的時間我跑遍了美國、中國十幾家大拍賣行,但都說是假的,拒絕受理。有人說,"畫上的點子不對,黃賓虹不這樣點墨點",有人說,"你是近年在中國收購的吧?近年中國黃賓虹的假畫很多,花了多少錢?"每次回來我都向曹先生報告。他只是笑笑。後來他告訴我,這兒有一張收條兒,是在北京琉璃廠東街5號文雅堂買的,老闆叫楊廣太,包真的。我又一次去一家浙江的拍賣行,他們聽說以後,嗤之以鼻,說,"楊廣太看看齊白石還可以,他怎麼懂黃賓虹?黃賓虹只有我們浙江人才懂!"這麼好的黃賓虹,被各大拍賣行的專家判了死刑,令我哭笑不得。曹先生仍不改初衷,我卻是沒有信心了,把畫還給了曹先生。但最終他還是把畫賣了。

甚至他出版的書中的插畫,有些人都說是假的,那可是他千挑萬選的精品,都是罕有其匹的傳世之作。在《近現代中國繪畫集萃——

曹氏默齋藏》一書的後記中（主編萬青，趙力、我為助理編輯），對曹先生的收藏，做了一個很好的小結。他們說：

> 曹仲英先生在極富傳奇色彩的人生經歷之外，更具有文化意義的是他的藝術收藏以及他的收藏觀念與收藏態度。早在數十年之前，旅居美國三藩市的曹仲英先生就預見性地認識到中國近現代創作的嶄新面貌和獨特價值，並由此開始針對近百年繪畫進行了系統性收藏。
>
> 所謂的系統性收藏主要體現在三個方面：一，對精品名作的盡力收集。對於這一時期的代表作品的收集，曹仲英先生可謂不遺餘力。而這些璀璨奪目的藝術精品無疑又成為了其收藏中的個個亮點。二，對名家的全方位呈現。除了對名家典型風格的關注外，曹仲英先生試圖將一個藝術家的風格整體納入收藏。由此呈現出名家鮮為人知的不同側面，並結構出了豐富而多姿的個體面相。三，對歷史時空的客觀還原。曹仲英先生如其他收藏家一樣，非常重視在時間縱軸上通過藏品去揭示時代性的變遷和階段性的轉承，然而他也清楚地意識到同時代背景下的地域面貌和風格差異，因此其收藏系統無疑更多元多樣，更具有貼近歷史的文化魅力。
>
> 曹仲英先生收藏的迷人之處，既在於收藏本身，還在於其藉助於收藏而顯出的獨特個性。曹仲英先生為人熱誠，博聞強記，秉持傳統文化精神的同時，又寬容通達地面對當代社會。他的收藏觀念和收藏態度亦是如此，既有煙雲過眼的從容淡定，又有咬定青山的孜孜以求，更有藉助收藏而展開對史實全力爬梳的學者氣派，以及將收藏為"教本"在海外慨然宣講"中國民族文化藝術之精神"的堅持不懈。

對於這樣一部花費曹先生畢生精力的煌煌巨著，有"專家"竟說，除兩幅畫外，其餘皆不足觀！

堅持正道 循循善誘

曹先生並不信上帝，但他對《聖經》中約翰福音第一章前幾節，倒背如流："太初有道，道與神同在，道就是神……"他一邊背，一邊還說，"生命忽然又變成光了"。我六十歲以後去唸神學，曹先生很讚賞，說我有追求。我在學習期間寫了一篇論文，《基督教與中國繪畫》，並把副本給曹先生一本，請他過目。畢業後，我被按立，做了牧師，曹先生也很高興，他說，"我們對神職人員都很尊重，像費神父，像高牧師。"從此後，他都稱我爲高牧師。

1990年，我看到香港《九十年代》雜誌上有一篇文章是台灣女作家施叔青寫的，《拍賣熱潮中的畫價》，文中多有不實之處，就告訴曹先生。我說，文中寫女的手持團扇半遮面，男的叼個大煙袋。曹先生聽了一愣，說那是任伯年寫的：自作新詞韻最嬌，小紅低唱我吹簫。人家是吹簫，怎麼是叼個大煙袋？曹先生準備好了資料，包括所有的有關圖片，叫我寫一篇文章糾正她。我寫的初稿火力全開，很不客氣。曹先生看了，一點點地替我改正。例如，文中寫道："但施文中有幾處提法，筆者稍有疑問，特提出一管之見，向諸行家虛心請教。"口氣緩和得多，是曹先生的筆墨。文章發表在1990年2月16日香港《百姓》月刊上。我有點不服氣，認爲曹先生太軟弱，很多問題都沒談到。就又寫了一篇給曹先生看，但曹先生說先等等，看看對方有什麼反應，我們再說。結果對方沒反應。但幾年後，我看到施女士的一本小冊子，其中仍有此文。不同的是，我們提出的問題，她都作了改正，所以我覺得，曹先生真是有氣量。他總說"得饒人處且饒人"。

對於《中國近百年書畫》的寫作，一開始我還在著急，不知曹先生還有沒有精力寫這本巨著，沒想到他用大兵團作戰的辦法，請了21位專家，共同編寫此書。除主編副主編寫後記外，五位評論專家寫序，14位藝術史學者寫畫家小傳及作品評介。他請這些專家到美國及香港觀看此批畫的原作，並進行了充分的討論。

交稿完成的過程，從初稿到修訂稿，再到定稿，每一篇文字都經歷了曲折而漫長的寫作過程。兩年前，這批文稿最後到了舊金山，曹先生讓我參加最後的審定。最初，我和他兩個人審查發現問題很多，且是原則性的。例如很多寫畫的文章，不寫本幅畫，卻寫別的畫。又如，一位作者提出質疑，說吳湖帆《月窗竹影》和徐悲鴻的《雙馬》畫不好。此人的論點，和前述施叔青女士的觀點相同。施女士曾說，"徐悲鴻的改良國畫，卻只得西洋畫的形似，失去中國筆墨韻味意境。"並稱徐畫"無筆無墨"，及構造"不一定正確的無數奔馬"等等。

關於這一點，最後請出了錢紹武先生做評。錢紹武先生是徐悲鴻的學生，他的素描被另一位大畫家黃永玉評爲美院第一把交椅。他同時也是著名的雕塑家和書法家。錢先生說，根據徐悲鴻先生的有關詩作和林語堂先生的份量，這幅作品是徐悲鴻先生比較重視的。他直斥，"有人說可能由於悲鴻先生當時心情不好，畫的時候不夠用心等等，這種看法，我以爲極不可取。這是把這張畫的優點看成缺點。"

對於吳湖帆的《月窗竹影》，曹先生則特別拿出王己千先生舊藏，石濤的《蘭竹圖》相比，吳湖帆此幅竹之筆法，墨韻均追石濤神髓。開始時，我和曹先生一天也就校對一兩篇文章，因每篇都有問題，起碼是文字上的問題，我們很著急。但以後，就是我和蔡星儀先生合校，我們校完後，唸給曹先生聽，速度快了很多。

取之有道 用之有道

曹先生一生積累了巨額財富，光看看他的十七世紀收藏，其藏畫集中共整理出五大冊：一，董其昌；二，晚明畫家；三，正統畫派和四僧；四，金陵畫派與吳門畫派；五，新安，江西，雲間畫派畫家。此畫冊曹先生沒看到出版。他的財富是靠他淵博的知識，精準的眼光，恆久的忍耐，及時的決斷，宏偉的魄力和靈活的手段而集齊的。可說是"取之有道"。

他同時也用之有道，樂善好施。有時，國內來什麼代表團，例如出版界代表團，我帶他們去看曹先生的畫，聊得開心。曹先生總會在很昂貴的中餐館請大家吃飯。我說，他們與你沒什麼關係，何必那麼破費？曹先生說，我們在海外的人，要給同胞們溫暖。還有的國內單位來，曹先生會向他們捐贈繪畫作品，記得給上海中醫學院和四川三蘇祠都有捐畫。國內發生自然災害，曹先生一定捐款，有時是捐幅畫，由我送到有關單位。陳樹柏先生創辦國際科技大學，受到各界人士的關注，我捐了一幅清朝大畫家梅清的松石圖，連同錢貂武先生寫的跋和北京榮寶齋公司總經理、書畫鑑定家米景楊先生親自寫的鑑定書，一併捐給陳先生。曹先生知道後，請陳樹柏先生到他公司，他拿出三幅畫來，叫陳先生挑。最後，陳先生挑了當代大畫家江寒汀所畫的枇杷鷹圖。更為名貴的是，該畫由中國頂尖書畫鑑定家、書法家謝稚柳親筆題字。

我們教會建堂，我捐了一幅清朝大畫，曹先生知道後，竟然也捐了清代吳闌思的畫，建議賣3000至5000元。他甚至不知道我是哪個教會的。我以教會的名義，給他寫了感謝信，並引用聖經經節，一是哥林多後書9章8節，"神能將各樣的恩惠，多多地加給你們，使你們凡事常常充足，能多行各樣善事"；一是路加福音6章38節，"你們要給人，就必有給你們的！你們用什麼量器量給人，也必用什麼量器量給你們。"

曹先生曾對我說，他想在中國建一家孤兒院，專門收養殘疾兒童，從小到大，有吃，有住，有教育，他說他準備拿出一億人民幣來辦。我說，如果您辦，我去給您當義工。他聽了很高興。我跟曹先生的最後一次通電話，他說他的肺裡長了"蘑菇"。那時他住在柏克萊新買的房子裡，沒有電視，也沒有中文報紙。他問我台灣五都選舉的結果，我就據我所知的，向他作了報告。等我再打電話去，他太太不讓他接了，我說有事，他太太說，安東尼可以解決嗎？我說可以。我絕沒有想到，竟從此與曹先生永訣了。曹先生去世後，安東尼給我打電話，說叫我去一次，我和太太一起去了柏克萊，安東尼告訴我們，曹先生臨終前，腦子非常清楚，他交代安東尼要給我一件禮物，太貴重了，我表示不能收。可是安東尼說，這是他岳父的臨終遺言，他不能違背。妻說，"他是太喜歡你了，臨終前還想著你。"

曹先生駕鶴西去，我們這些活著的人，一想起來，就難過，他的未竟事業，我們應當合力去完成，以告慰他的在天之靈。曹仲英先生安息吧。

記黃山畫院原院長葉森槐

我和黃山畫院院長叶森槐是偶然的機會認識的。大約2000年初，一次我去舊金山的中國城，看到有一位黃山畫院院長葉森槐的畫展正在舉行。但是在一個地下室內，場面有點尷尬。我看了畫展，並和叶森槐先生聊了幾句，才知他們在此生活也不夠正常。我回到自己在帝利市（Daly City）的家中，和妻講了這事。妻說，你快去請他，我炒兩個菜，我們招待一下人家。不要叫人家以為美國的華僑不近人情。

我請了葉森槐到我家，我們吃了喝了，飯後又請他看我的收藏。我主要收藏中國書畫和石頭，石頭有雞血石、田黃石和壽山石等。我們聊著心愛的話題，越來越興奮。我發現，他和我年齡相仿（他1942年生，我1941年生），興趣相投，而且他對於所談話題極為內行。我有一塊田黃石，是薄意沒錯，但顏色偏綠，呈半透明狀態。他看後說，一般人看到黃色的石頭，就認為是田黃，其實這塊才是精品，偏綠也不要緊。我牆上掛的畫，有齊白石的蝦、倪墨耕的中國四大美女等。床底下的收藏就更多了。他看後大加稱讚，認為我在美國，居然收藏了這麼多中國畫，實屬難得。妻一邊收拾，一邊默默地聽我們的對話，不忘提醒，還得送他回去，不要太晚了。

就見了這一面，兩人卻彼此難忘。我和妻2006年回國，要到黃山一行，妻提醒我，我們可以去拜訪一下葉森槐。於是我給他打了電話。他一聽到，極為興奮，說到了黃山，一問黃山畫院，就找到他了。

到黃山後，除了既定行程，我們還參觀了一些硯台商店，因為這裡是歙州，專門出產歙硯。商店並標榜，日本首相或某些名人在此買過硯台，當然造價不匪。還宣傳，要有"眼"的，泡在水中即可看到。

我有衝動要買，妻提醒我，我們見了葉院長再說。

葉院長曾告訴我們，黃山有一位基督教的牧師，他妻子也開了一家小店。我們去參觀，買了竹刻的聖經詩篇第23篇。字不是凹下去的，竟然是凸出來的，要多大功夫！但賣價很便宜。和店主聊了聊，對方說，早聽說葉院長大名，但從未見過他的作品。一切預定旅程結束，我和妻去了黃山畫院。就在小鎮上，很好找。

見到葉院長，我們十分高興，通過介紹，才知道葉院長就是安徽歙縣溪頭鎮藍田村人，1967年畢業於安徽師範大學美術系。他出生於黃山，守著黃山，畫了一輩子黃山。不僅是國家一級美術師，還是中國文聯全國書畫院創作交流協會副主任。我突然想起黃永玉曾寫了一首詩，吟頌黃山，開頭第一句就是"黃山——我家的山"，是何等的氣魄！葉院長也差不多，黃山也是他家的山。他畫了一些黃山的畫，既磅礡大氣，又玲瓏秀美，不是常年看著這山，畫不出如此靈秀的。

想不到他竟然給我準備了一份禮物，一書一畫。書寫的是"松風蓮質　蘭德梅操"。上面還寫了我的名號，及是他文友，從舊金山來等字樣。畫是一幅荷花，上書"潔淨無塵"。雖是小品，但大家手筆，出手不凡，而且這份情誼，實在感人。當然，我們也有手信饋贈。

他說，有一次他聽說國際刑警鑒識家李昌鈺博士上了山，他馬上乘纜車上到山頂，與李博士見了面。李博士在吃飯時還送給每人一枚警徽，他還拿了警徽給我們看。

聊了一會兒，聽說我想買一方歙硯，就說，"你跟我來！"到了一家專買店，他叫我自己挑，我實在挑不下手，因為標價都在一萬人民幣以上，有的還更貴。他對我說，"你甭管價格，你喜歡哪方告訴我。"我挑了一方適中的，說，"就是這個吧。"他對老闆娘說，"八百賣不賣？"好傢伙！萬元多的硯台，幾百元就拿下來？那老闆娘說，"你說的還能不行！"葉院長馬上就要掏錢。這幾百元已經是太便宜了，也許成本都不夠，還能叫他掏錢？我硬是搶著付了款。

聽說他很有點國際情懷。很多歐美各國的遊客來到黃山，都要參觀黃山畫院，也許還買點字畫什麼的。有的留了地址的，他有機會出國時會回訪。也有他到國外參觀或辦畫展，認識的華僑或外國朋友，人家來回訪的，像我們夫妻。他總會表示點意思，有作品饋贈。對我們贈一書一畫，算是上乘了。他認識舊金山灣區一位朋友，他不僅每次住他們家，還給那位朋友在黃山買了房。因朋友不常來住，他還每月一次去打掃。他說，房子即使無人住，也要經常打掃。可見他受人之托，忠人之事。

雖只有兩面之緣,但朋友之間,心靈相通就好。朋友之交淡如水。是為記。

高魯冀寫於2018年10月25日
於美國加州舊金山灣區核桃溪樂詩畝寓所

繪製"夢裡家山"的畫家侯北人

侯北人（1917—）別號紹章，原籍河北昌黎，生於遼寧海城。畢業於北京師範大學及日本九州帝國大學。隨河北李仲常學畫，後求教於黃賓虹及海上鄭石橋。1946年當選制憲國民大會安東省職業代表。1947年3月1日任國民政府立法院第四屆立法委員，俗稱國大代表，與張君勱共同起草中華民國第一部憲法。1948年赴香港。

1956年從香港移居美國加州，從事中國畫創作七十年，其作品在美各地展出並獲收藏。他於畫藝博採兼收，無所不窺。晚年，向大陸許多博物館及美術館捐贈畫作。最著名的是向江蘇省崑山市捐贈其創作的繪畫及他收藏的名家名作三百多件。崑山市人民政府創辦"侯北人美術館"，於2004年開館。

2008年7月《造化瑰奇——侯北人山水畫展》全國巡迴展先在深圳美術館開展，隨後分別在南京博物館、中國美術館等展出。2009年3月在上海劉海粟美術館續展。侯北人少小離家，半生漂泊，鄉音未改。"夢裡家山"一直是他重要的創作主題。

2015年，遼寧省博物館專設"侯北人 張韻琴繪畫館"，收藏侯張伉儷歷年作品150餘件。2017年10月9日侯北人17幅《遼寧朝陽》在美國南海藝術中心"百歲增一——侯北人新作展"展出後，捐贈給遼寧博物館。2018年9月4日"問道丹青——侯北人，于君慧，陳秀珊師生作品展"在遼寧博物館開幕，作品86件，其中侯北人36件，于、陳各25件。

我與侯北人認識，約在1980年代初期，那時我在舊金山任中文報紙記者，曾訪問過他。他們一起的有一個組織，是唱京劇的票友，有時請國內京劇團前來演出，有時候自己也有演出。他們中，我比較熟悉的有王昌杰，趙柏溪，夏道師等人。我寫的文章發表後，我會給他寄上剪報。他也有書信往來。我手頭保存的大約還有五六封。他也贈畫給我。從信封郵戳上看，約是 1983 年到 1988 年。

信一開始，總稱我為魯冀大兄。實際上，他是 1917 年生人，大我 24 歲，他是長輩。信末則寫弟侯北人拜。而且總是覺得和我相聚十分欣喜。如一封信開頭就寫"日前得晤，暢敘頗歡"。另一封信則諄諄囑咐我要注意身體。我孤身在美，和家人分別十一年，一人打拼，生活無定。做記者，自己規定，每天寫不少於 3000 字的稿子，長期下來，積勞成疾。他開頭便寫"健康是否已恢復？時在念中。單身在外，一切多加注意，也不要過度操勞。"

其中一封講述他與聖荷西市藝術館共同舉辦之北京中山書畫社書畫展："於本週末開幕，於本月十九日舉行酒會。弟請吾兄來舍下先進晚餐，然後同赴該館舉行之酒會。弟已請高有年代總領事夫婦及陳書玉領事。兄同陳領事聯絡，同乘他們車一同來，這樣就方便了。"另一封信寫道，"草草高菊以贈望之指教。前北京中央新聞紀錄電影製片廠來舍下拍了一些生活記錄片"云。

另一封寫道，"京劇團已定於十月底（卅一日）來舊金山，共演出二場，十一月一日及三日，在舊金山市立大學演出。經費由弟及趙柏溪，張廷楨，夏道師四人統籌辦理，由總領事館出名邀請客人，免費招待。……昨日得暇，畫就拙作一幅呈上，請兄指教。"信都寫在宣紙上，大小不一，大約是畫畫裁下的邊角料，毛筆書寫，真情畢露。

當時他住在洛斯阿托斯（Los Altos），我們從舊金山下去要約一個小時。從信中可看出，他們熱衷於中華文化，尤喜京劇。請國內劇團的經費，也是由他們四人合出，而且免費招待觀眾。

我記得之前他專門請我吃過飯，大概是總領事館領事開車一起去的。有一道他太太做的臘肉炒辣椒，臘肉是他太太自己做的，吃得我連呼過癮。

他還寄我一份剪報，香港《大公報》1980年11月7日，是常任俠寫的《侯北人畫師的藝術成就》。常任俠是敦煌藝術研究院的院長，在中國藝術界地位崇高。他說，"侯氏曾由加州寄贈我一幅山水，這幅畫表現的是高峯突起，下臨溪澗，澗中巨石纍纍，如獅臥，如虎踞，如拳，如履，大小參差不一，隨意賦形，望之皆具情態。空山巖際，紅葉如染。松蔭微露屋角，似有主人坐老杏堂中，聽萬壑泉流，如六一先生抱膝朗吟《秋聲賦》的神態，面對此畫，我也神思飛越，彷彿身入其中，尋跡而往，坐空翠之間，與主人靜對，得言外之契。相共遺塵高蹈，頓忘紛勞。讀山水畫的享受正在於此。藝術可以怡人性情，用具體的形象，使人移入另外一個境界，即是山水畫獨有的特點。"

　　文章還寫道，"侯北人畫家的山水，動物，花卉，都有這種推陳出新的手法，學古而不泥於古，把傳統的形式，吹入新鮮的氣息，這對於將來的發展，是不可限量的。"

　　他寄我的一份英文剪報，是《China Daily》發表的訪問記，時間為1984年7月2日。文中描述一群青年人，竟對中國傳統書畫有興趣，使侯先生能開業授課，而且最終開了師生畫展。侯先生不僅継承中國畫之傳統，更吸收西方繪畫之精髓，融會貫通。

　　侯北人先生還送我一本畫冊《侯北人畫集》，由人瑞畫家朱屺瞻題寫書名，王遽常題寫內頁，黃苗子篆書題寫"夢裡家山"，並由馮其庸寫序，都是大家。在畫冊扉頁，他用其敦厚的書法寫道："魯冀大兄方家教正。侯北人敬贈於舊金山　1988年5月11日"。畫冊中，除了四幅花鳥外，57幅都是山水。一幅蜀中山水圖題寫就是夢裡家山。畫有黃山，但最多的是家山。山峰都是潑彩，巍峨入雲，既有"夕陽影裡舊河山"，也有"夕陽一抹雨後山"。既有"山深藏古刹"，也有"日暮深山裡"。

　　他的畫室取名"老杏堂"，他還有一方圖章"老杏堂"，印在信封上。我不明白為什麼畫室叫老杏堂，他就帶我去他家後園，指給我看，說，這就是老杏樹。真是一棵蟠曲彎拐，形如虯龍的老樹。

　　他的畫作很多有張大千及馮其庸或其他名家的題詩，彌足珍貴。他的山水畫，潑彩大青綠山水佔多數，氣魄豪邁，意境深遠。顏色濃麗，因點染配合得當，而又"淡雅"。畫中如有人物，也小如螻蟻。很多畫雖是無人之境，又使人感到有人。如《醉楓樓讀書圖》，畫面上沒有一個人，只兩間茅舍。大千居士題詩最後一句乾脆說"朝昏長聽讀書聲"，一語道破"無人之境又有人"之境界。

　　我於1989年在聖馬刁大學謀得教職，以後逐漸脫離新聞事業，轉為教書育人，和侯先生的聯絡少了。加上1991年家庭團聚，我一人身兼三職：記者，教員，電視台編輯，更是忙得不可開交。

　　但2004年，突然看到報上報導，侯北人美術館將在江蘇崑山揭幕，便想打電話祝賀一下。我找到十幾年前的電話，試著打去，竟得侯先生親自接聽，我喜出望外。侯先生說，原先是在另一個城市，但未談妥，有人介紹崑山，沒想到對方十分主動，而且請同濟大學建築系設計。問題是面積太小了，限制了發展。以後不斷看到新聞，侯先生以近百歲乃至百歲加二之年齡，不斷出入國門，為他在國內的展覽會揭幕,或出席捐贈畫作儀式。而且崑山市政府代表團及侯北人美術館等來訪,他都負責接待。

近年,一次在舊金山國際機場看到侯先生,穿一身紅上衣,很多人送他去中國,場面熱鬧。好像他坐在高處,見到我,彼此打了招呼,他笑容可掬,示意我不要上來。

願侯先生越活越年輕。

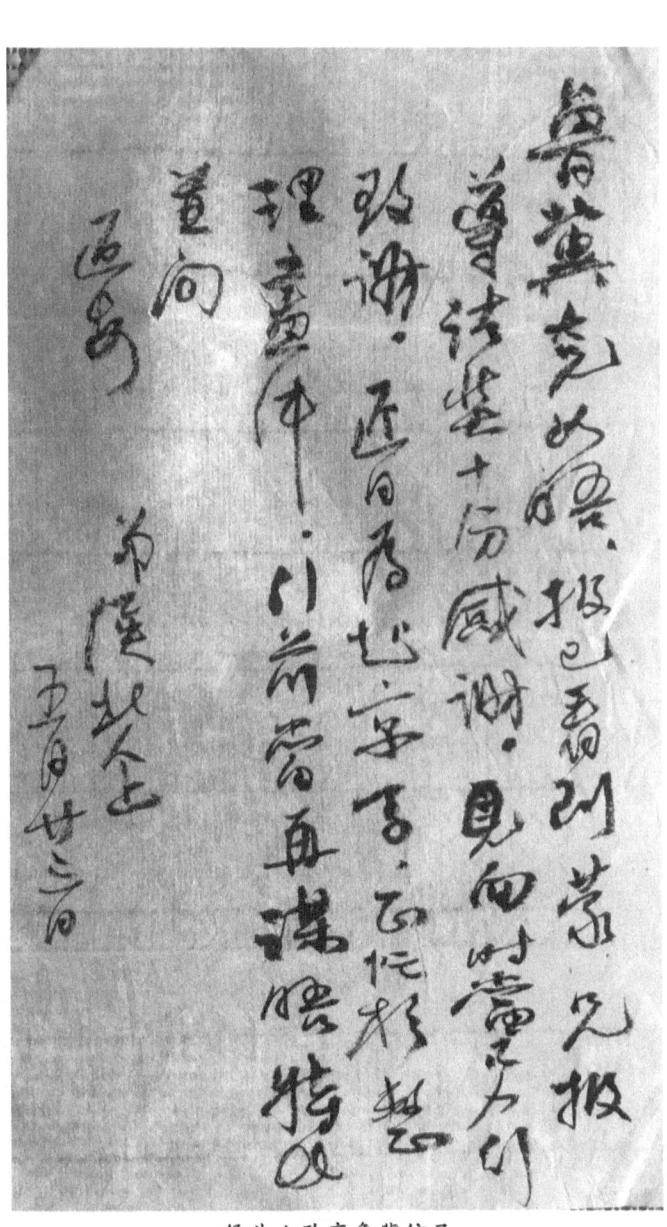

侯北人致高鲁冀信函

中華文化的守護者——王方宇

王方宇（1913—1997）生於北京，1936年畢業於北京輔仁大學。1944年負笈美國，1946年獲美國哥倫比亞大學碩士。1955年到耶魯大學任教。1965年—1975為美國西東大學教授。1972—1974年為西東大學亞洲學系主任。1975年榮休。

上世紀五十年代，王方宇從張大千手中得到一大批八大山人作品。據他跟我說，是"半賣半送"。積數十年之力，他不斷蒐集及研究八大山人，成為八大山人權威及最重要的收藏者。他曾在舊金山的亞洲藝術博物館開過八大山人展覽會，我去看過。他所寫的《八大山人論集》，是研究八大山人不可多得的文獻。他收藏的八大山人作品，我敢說，超過全世界任何一個博物館。他本人從事中國書法創新，成就了著名的墨舞。

1985年12月14日—1986年2月15日，在美國舊金山中華文化中心舉辦"墨舞—王方宇書法展覽"。1986年1月18日在文化中心演講及示範。我就是在那次演講會後的記者會上認識的王先生。我那時任香港《文匯報》特約記者，每天採訪，撰稿，不稍停歇。1月22日的《文匯報》發表了我撰寫的《聽王方宇教授談墨舞》一文。

為讀者方便起見，稍微引用文章片斷。

臨演講了，王先生特意脫了西裝，換上一襲中式長袍，然後上台。

王先生已七十多歲，鶴髮童顏，精神矍鑠，由於他學貫中西……所以講起中國書法，如滔滔江水，氣貫長虹。他從甲骨文講起，直講到行，草，隸，篆。而且講中國文字的字形字意。例如，他講"安"字，是家裡有一個女人，就很平和安祥，故是安的意思。因為他對中國書法歷史及發展有深厚的修養，所以他的演說，如數家珍。王先生年輕時可能是個調皮搗蛋的學生，有許多鬼點子，所以他的演講，妙語連珠，經常引起轟堂大笑。

王先生的書法作品，以書為畫，打破以字成行，以行成幅之章法。自飛白入手，在不違反"折叉股""屋漏痕"的原則下，以濃淡躁濕，求其體，以筆墨飛動，求其勢，以硃墨相間，求其絢麗。

中國書法，可以說是一種抽象藝術，幾千年來，有輝煌的成就。但是，也有相當的陳規陋習及教條。王先生敢於反其道而行之，因為他諳熟中國書法藝術，他又在學術風氣極為開放的美國生活了大半輩子，所以他的創新，可說是中西合璧的結果。

王先生放完幻燈片，又走下舞台，他請觀眾圍過來，看他表演書法藝術。他先詳細介紹了陳列在長桌上的書法工具，這其中很多是古董或藝術品。套一句北京土話，相信王先生不會怪罪——因為他自稱是"北京周口店出土的"，武大郎玩兒搬不倒兒——什麼人玩什麼鳥。因為王先生學富五車，又有造反精神，所以他的身上，處處散發出文化氣息及蓬勃的朝氣，他玩的"鳥"，當然也是富文藝氣息的工藝精品。

演講會後，王先生接受記者訪問，他使用純正的英語及道地的北京話，回答中外記者提出的各種問題。左右開弓，揮灑自如，文思泉湧且又直爽，又含蓄。他說，他不承認他的墨舞是畫字，他還是寫，是不重筆，一氣呵成。他說，儘管他的書法有所創新，但有兩個原則，絕不放棄：一是中國藝術哲學，一是中國筆法技巧。王先生認為，日本書道是"金剛怒目"未免失之"炫耀"，"術巧"。而中國書法類"菩薩低眉"，於淳厚靜好中見"大"，見"充實之美"。他認為，梅蘭芳的兒子超不過梅蘭芳，齊白石兒子超不過齊白石，就是因為，他們老是學他老子，跟在後面走，當然永遠超越不了。

記者會後，和王教授有過個人接觸，他送了筆者一幅他的書法作品。

文匯報文章發表後，我給他寄去。此後互有書信往來。我手中還保存兩封他的來信。從郵戳上看，一是1986年1月30日，一是1986年2月14日。他信中寫道：舊金山匆匆一面，於聆鄉音，不覺神往。連答高問，未盡欲言，深以為歉。今日接讀手教以及宏文，敬悉一切。訪問記中，多溢美獎飾之詞，感與慚並。大文筆調瀏灘，屢以鄉土氣息。頗富親切之感。……陳立鷗先生與方宇多年故交，此次在舊金山亦會晤兩次。才高識廣，方宇獲益不少。……關於古代雕塑，方宇所知甚少……方宇膚淺之見，是在極簡單的外形中，表現極豐富的內涵光彩。妙處難以言傳。但不同的人品，可有不同的感應。器度越大的人，所受感應越深。如量器然，容量益大，承受益多。此是中國藝術之偉大處。

提起王方宇，不能不提一位美國白人安思遠（Robert Hatfield Ellsworth），他是號稱"中國古董教父""明朝之王"的古董商。他收藏有中國古典家具，碑帖，中國書畫，文房四寶，歷代玉器，瓷器等。很多古董文物，達到館藏級標準。他收藏的文物，在拍賣會上屢創佳績。1993年紐約蘇富比拍賣的安思遠藏中國近現代書畫專場，有齊白石，傅抱石，徐悲鴻，黃賓虹，張大千，潘天壽等畫作，100％拍出。他收藏的碑帖更是珍貴。中國文物出版社1996年曾出版《安思遠藏善本碑帖選》。安思遠1929年出生於紐約曼哈頓家族。他從小即對東方文物有強烈興趣。他蒐集了一套中國鼻煙壺，竟賣給了蒙特利爾博物館，當時他才19歲。他說自己或許不是最偉大的亞洲藝術品商，但一定是最有錢的。他因醉心於中國藝術，就到耶魯大學學習中文，他的老師就是王方宇。王方宇看到他上課時，總是一副思緒跑得很遠的樣子，於是給他取中文名字為安思遠。安思遠總是有本事說服王方宇提前下課，好一道開車去看紐約的拍賣會。王方宇認為，造型及藝術的概念和判斷，適用於任何文化領域，一通百通。他對安思遠愛護有加。他不僅教安思遠中國藝術知識，還教他為人為商之道。

我當時就想，安思遠道行再高，也不可能對中國碑帖精通，這連大部分中國人都不懂。但不要忘了，他背後有一位中國文化藝術大家，王方宇先生。安思遠說，中國藝術給了我一切，我願為中國做一些事。他2000年在香港購得五代王處直墓漢白玉彩繪浮雕武士石刻。後來知道是被盜文物，就主動聯繫中國政府，無償捐獻給中國。他收藏的《淳化閣帖》最善本，是僅有的碑帖精品，他以遠低於美、日開價的450萬美元，轉讓給上海博物館。這就是王方宇教他的為人、為商之道。讀者從王方宇先生給我言簡意賅的信中，已可了解王方宇先生的為人：有容乃大。

1991年，中國畫鑒定、收藏大家，本身也是畫家的王己千先生，請我在暑假期間去紐約，為他寫他的藏畫集。王方宇先生從波士頓來訪，據王己千先生說，兩人是好友，王方宇經常來看他。己千先生說，他買我很多畫，不是應酬，而是真買。王方宇看到我也在場，驚喜異常，我們彼此都很高興。

王方宇再來看望己千先生，一定要請我吃飯。我們在附近的一家中餐館邊吃邊聊。王方宇先生對我說，己千先生就是一個 Judge（法官），他的判斷力驚人。對人，對畫，他都可以分成甲、乙、丙、丁。他能請你來為他做事，你一定是最好的。我們聊得高興，王方宇先生又拿出一幅他的墨寶送我，是一個大圓圈，分成格子，裡面填字。他說叫迴文詩，無論從哪個字開始念，都是一首詩，說著，他還示範了一遍。

和王方宇先生交往，真是"如沐春風"。他與你談話，像是平輩朋友之間，總是和風細雨，絕不盛氣凌人。他是一位世界級的大學問家，但絕不炫耀。從前文引用的他的信也可以看到，他總是謙和有禮，寫自己名字"方宇"，必字體縮小，閃在一邊。他是1913年生人，大我幾乎三十歲，但每次信末，總稱"弟　方宇　拜"。他的信，通常寫在自己設計的明信片上。如一面寫不下，寫兩面。我真的跟他學習很多，不僅是學問，更重要的是人品。他是世界知名的大學者，我只是尚為暖飽奔波的小記者。他一再自己謙和，什麼"膚淺之見""未譜高明以為然否"等等，但對我卻大加謬賞。

正因為在美國的中國專家、學者像曹仲英，王己千，王方宇等，對中華文化的守護及發揚光大，才使得中華文化能在世界上愈加光輝，我們中華民族是幸有天地鐘靈毓秀之德了。

魯冀先生：舊金山匆匆一面，耹鄉音不覺神往，承答高問未盡欲言深以為欠。今日接讀手教以及宏立，敬悉一切。訪問記中多溢美獎飾之詞感與慚並。大文筆調瀏灕犀利以鄉土氣息頗富親切之感。支如哥伏開鵬神南已多年未見，亦未通消息，如有地址請便中示知。陳立鷗先生與方宇多年故交，此次在舊金山市會晤兩次，才高識廣，方宇獲益不少。關於古

雕塑，方宇所知甚少。但從所見少數天龍山龍門雲崗佛像觀之，膚淺之見，是在極簡單的外形中，表現極深厚極豐富的內涵光彩妙處難以言傳。但不同的人品可有不同的感應。器度越大感應愈深。如量器然，容量越大承受益多。此是中國藝術之偉大處。未諳高明以為然否。

一月三十二日文匯報美洲版，如有剪報亦請賜下一份。多謝。弟方宇拜

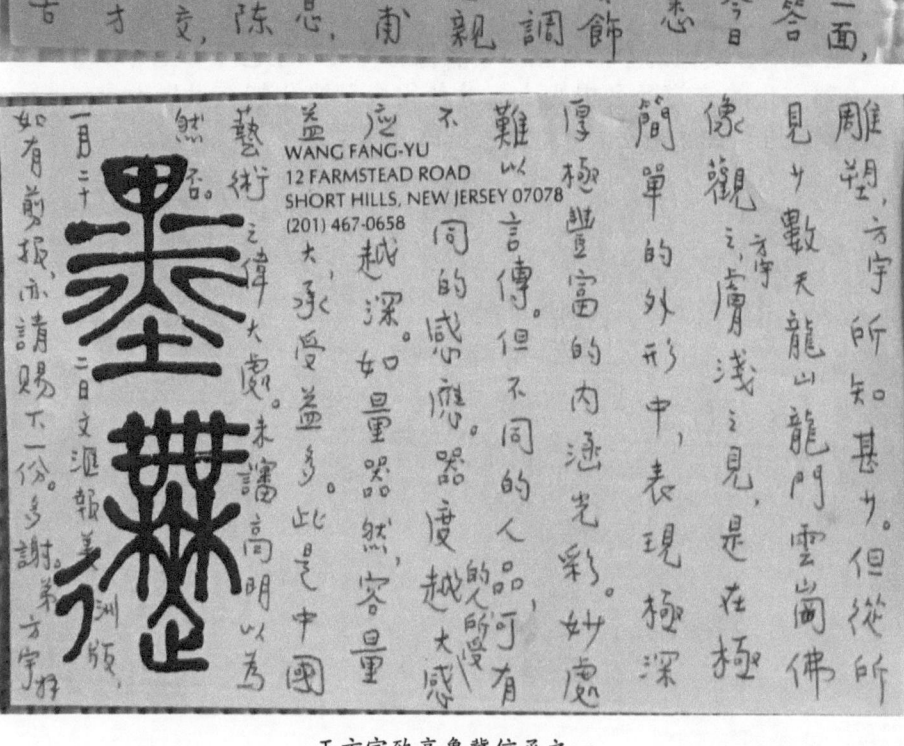

王方宇致高魯冀信函之一

王方宇致高鲁冀信函之二

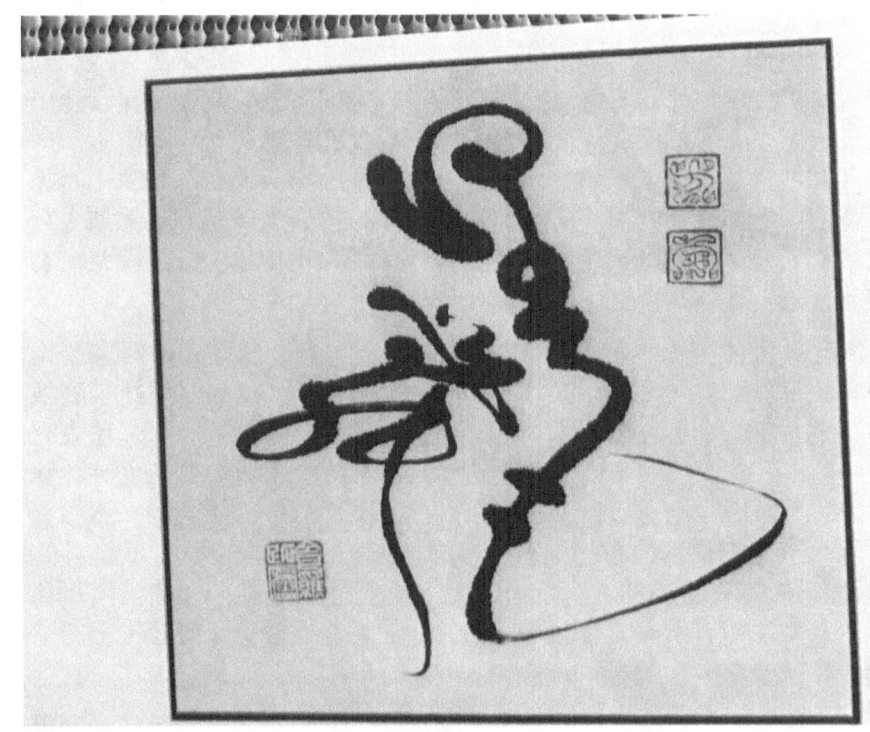

王方宇赠高鲁冀作品

收藏家、鑒定家、畫家王己千

　　王己千也叫王季遷（1907—2003），大約他是推廣簡體字的先鋒，自己經常用王己千。不僅同音，而且意思不俗。標題已經列出，他是中國畫收藏家、鑒定家，本人又是畫家。在海內外，可是首屈一指的大家。也許我們可以套一句董其昌跋王獻之《洛神十三行》的文字："己千風流，至此遠矣。"

　　我初次聽到他的大名，約是1980年代中期。當時我在美國舊金山擔任一家中文報的記者。記得清楚，一次走在中華文化中心附近，一位朋友講起了王己千的事情，說他是中國畫大家吳湖帆的學生，是徐邦達的師兄。徐邦達可是大陸的中國畫鑒定第一人，是個大權威，可謂一言九鼎。徐本人也是畫家，還擔任中國故宮博物院的副院長。當時我就想，若能結識王先生，對他便能有更深入的瞭解。

　　我是曹仲英先生的超級粉絲，他是一位不可多得的中國畫鑒定家和收藏家，也是作家，用英文寫了好幾本書。我從他那裡學到很多。他也把我當作小老弟，亦師亦友。我每週要到他的畫廊"遠東藝術中心"報到。他那裡經常高朋滿座，大家高談闊論，曹先生笑眯眯地聽著，有時言簡意賅地給出結論性的意見。有一次，看到一本拍買目錄，一幅齊白石的畫作，有徐邦達的題記，大概意思是"此畫乃齊白石真跡"，下書他的大名。有人說，有了他的題款，此畫價值百倍了。曹先生卻有不同的看法，說他的題記寫在畫心上，破壞了畫的平衡。我仔細看，還真是那麼回事。

　　在曹先生處認識了王己千先生，他有大家風範。雖然已經見過幾次面，但他對我毫無印象。也難怪，我這無名小卒，不入他的法眼。

大陸的"藝苑掇英"要為他出藏畫集，他寫了個跋，全是文言文不說，據一位古文字專家說，有些字到唐朝已經作廢了。這篇文章，由曹先生推薦，我幫他翻譯成了白話文，他也不記得了。後來，他拿給我看此文，說是他寫的，又著人改過了，改得好。我說，那位改寫的人就是我！他聽了，也笑了，說幸好沒有貪天之功，說是自己寫的。

我和一位在拍賣行工作的王女士曾陪己千先生和另一位朋友去北加州的萬佛城，我與那裡的住持宣化上人也是朋友。路上我談了自己在美國的遭遇。回來後，曹先生對我說，己千先生是在考你呢。原來王己千先生要找一個人，去紐約幫他寫他的藏畫集，曹先生向他推薦了我。我那時在大學裡教書，放暑假了，正準備計劃怎樣度過，收到己千先生的邀請，說要，"借重你的大才"，到紐約去幫他做點事。王先生問我，報酬如何？我當然不好按顧問費每日千元算。有時我陪客戶參加拍賣會，什麼作品保真，且在多少價位下可買，我都給出意見。但在那之前，我要做足了功課，和曹先生一起把目錄上的重要作品，一一研究透徹。當然是我聽，曹先生教。我回答王先生，說，只要他買機票，解決住處，吃飯，就行了。王先生不依，說得付報酬。我哈哈一笑，說，給您幫完忙，您送我一幅畫就得了。我又趕緊補充：不是要您的收藏，是您自己畫的畫。王先生最後同意，機票，住，他負責，吃飯自理。完了送一幅畫。當然這裡面差別也大了。他畫的一些四四方方大尺吋的畫，畫完裱好，由他女兒去賣，總得成千上萬。如是應酬畫，就不值什麼。我對王先生說，咱們也別太"俗"了，"雅"一點好。

7月初到紐約，天正熱，室內雖有冷氣，也不舒服。原以為每天工作兩三個小時，實際王先生給規定了每天工作七個小時，我上班都沒有這麼累！每天中午，王先生都招待我吃午餐，和他們家人一起吃。吃得也很簡單，雖然說好了吃飯自理。中飯後他去睡覺，我還得撐著。因為思考不中斷，所以很累。王先生家很有意思，在曼哈頓69街最好地段的公寓大樓。一層整個是門廳，還有不少的警衛和看門人。我一位朋友說，哇塞，在寸土寸金之地，整個一層是門廳，太奢華了！他家進門後，左邊牆上掛一幅清代人物畫像，王先生解釋，那是他的祖父。他家牆上掛滿了畫，其中一幅八大山人的大中堂山水，我回來跟曹先生說，那畫看上去，上氣不接下氣的。而中國畫六法第一法就是氣韻生動。曹先生一聽就笑了，說，那是仿的，是張大千仿的。還有四條通景屏，是台灣一位畫家畫的，據說後來這位畫家出了大名。

給我的工作是為他寫學術論文及"寫畫"。王先生拿一幅畫給我看，我得寫出來，畫家是誰，尺吋多少，此畫的年代等資料。然後描寫該畫，就是把畫面轉成文字。整個畫面的佈置，構圖，結構，色彩，筆墨等等。如山水畫的山，用皴法，要寫出是什麼皴。如五代畫家荊浩、關同並稱"荊關"所用"小斧劈皴"。五代南唐畫家董源，五代至宋初畫家巨然，並稱"董巨"筆墨技法之"披麻皴"，元代山水大家王蒙表現土石相間，草木滋生的"解索皴"等等。寫完給王先生過目，我有時心中忐忑，但王先生看完，總是淡定地說，行了。我才如釋重負。掌握了寫畫的方法，後來為曹先生做事，就有了經驗。

我有一本書，叫《132名中國畫畫家》，從三國到現代。此書作者是中國美術史專家王伯敏、俞守仁、王心棋。我在寫畫時經常參考真本書。令我驚訝的是，王先生有時竟提出不同的觀點。我覺得，王先生是看的多了，從畫面討論，他會講得更多，更好。

我曾經問過他，中國畫的精髓是什麼？他回答，"筆墨"。但什麼是筆墨？他解釋，就是倪雲林畫的那些糊糊塗塗的東西。倪瓚，號雲林，生於1301年，卒於1374年，元四家之一。倪雲林所畫山水，具有獨特風格，以天真幽淡為宗。一幅他的《漁莊秋霽圖》，畫面有前景的山石與樹木，畫得精妙，筆墨確實是糊糊塗塗，皴法雋爽，樹幹株葉，水墨乾濕互用，中景大片空白，表現了碧空漂渺的意境，畫的遠處又是橫臥岩岸遠景。全幅氣韻蕭曠。王先生經常說的一句話是，"幸虧有個倪雲林！"

王己千先生是海內外首屈一指的大收藏家，除了大陸及台灣的博物館，他的收藏應和曹仲英先生的收藏一樣，並駕齊驅。一般人有幾幅齊白石、吳昌碩等已經很了不起。王先生的收藏，已經成了系統。上朔五代、唐、宋、元至明、清，凡大家，他幾乎都有，且不止一幅，件件精妙，都是真跡，難得。這又與他是鑒定家有關，他師從顧麟士、吳湖帆，曾在名師指導下，看了故宮博物院及私人收藏的大批書畫，練出了一對火眼金睛，或說是"法眼"。

王己千先生年輕時即看過上海著名藏家龐元濟收藏的兩千餘幅宋、元、明、清古畫。1935-1936年，由葉公綽、吳湖帆等十一位專家組成審查小組，審查北京故宮將赴英國倫敦展出的七百多件文物，其中包括19件書畫作品。己千先生對此津津樂道，他曾對我說，那真是大開眼界。因吳湖帆的提攜，己千先生被聘為顧問。

1957年，他在香港中文大學任教，1962年任藝術系主任。他在香港買了房子。他跟我說，一定要買地鐵沿線的。後來他回到紐約，將香港的房子賣了，結果相當於不但在港期間房子白住，還能賺錢。王先生因此被人稱為金手指，可以"點石成金"。

王己千先生經常出席拍賣會，很多拍賣的中國畫，大多數人說是假的，王己千先生不動聲色，按假的價格買下來。他不會看走眼，他買的很多"假貨"，都是價值連城的真跡。如一次他買了一幅"明朝"的畫，經他研究，是北宋的。我問他，為什麼他斷定是北宋的？他給我提出了證據，我也學了一招兒。又如他買了一幅"假的"五代貫休的畫作，經他研究，是元代顏輝的。假貫休不值錢，真元畫就值錢了。此種例子，不勝枚舉。他是靠著知識和眼力賺錢，一般人，沒法子比。

　　王己千先生1965年與張大千同遊歐洲，1970年出了第一本畫冊《胸中丘壑》。1973年，紐約大都會博物館購他25件宋元畫作，1997年，他又半賣半送給了大都會博物館十幾件作品。1999年，他以93歲高齡，花143萬2,500美元，購得北宋郭熙的《秋山行旅圖》。大都會博物館有王己千家族藏室（C.C. Wang Family Gallery），其中收藏的五代董源之《溪岸圖》，是華爾街金融家唐騮千先生出資500萬元購得該畫，捐給大都會博物館。該畫絹面原已趨近漆黑，王己千先生將畫送至日本東京，交古畫整修專家目黑三次修補裝裱，頓復舊觀。王先生跟我講此事時，十分興奮，他說，經日本專家清洗，畫面恢復了清秀面貌，比之前的黑糊糊強太多了。王己千先生說，大都會博物館不僅拿了他的畫，還拿了他一些壽山石及小擺設，令他心疼。我在大都會博物館看到了那些小擺設，真是精美異常。

　　王己千先生對我說，他喜歡動物，尤其是大型動物。他還對我說，對於藝術家，不要限制他們的感情生活。說起王方宇教授，他說，他買我很多的畫，還不是應酬，是真買。我在王己千先生家住著，也沒見識過紐約，就問他我要去哪裡看看？己千先生說，你順著第五大道一直走下去，那邊有好多名牌商店。

　　己千先生說，他是個畫家，要畫畫，才藏畫，研究畫。他說，"我哪裡是收藏家！"他說，畫家最希望的，是自己的畫能有進步，比他得到幾千萬還高興。他從不講究華服美食，浮誇排場，在乎的是畫好畫。雖然他作為鑒定家、收藏家成就驕人，但王先生說，那不算什麼，不過是錢的問題。他認為自己最重要的身分是畫家。王先生每天要練字，有時他寫一長卷，我在旁觀看，他說，喜歡就拿去。我拿了兩幅。他要給我題個齋名，我想了想，題童心齋吧。他題寫後，還寫上"王己千 題時年八十五歲"。

　　給王己千先生辦了事，臨走前，他和女兒王嫻歌與我聊天。王先生知道我是基督徒，便談了信仰問題，我也就自己的體會，談了一些。王先生說，答應給你的畫還沒畫。那就先欠著吧。我回到舊金山後，王先生畫了一幅畫，托朋友給我，是一幅煙雨山巒，上書：己千為魯冀先生寫。他還送我兩幅對聯。一是，一怒定天下 千秋爭是非。一是，丈夫志四海 古人惜寸陰。

一晃，己千先生離我們而去已經十五年了。想起二十七年前與他相處的往事，只能遙祭：斯人已遠，風範長存。

王己千赠高鲁冀画作

雕塑家、畫家、書法家錢紹武大師

1970年8月1號,我經國務院批准、北京軍區政治部同意,從河北省磁縣帶走正在下放勞動的中央美術學院雕塑系十位教師,去湖南韶山修整毛澤東青年時代的塑像。其中就有錢紹武。這十個人中,與我關係最好的,就是老錢。是該叫老錢了,他是1928年生人,比我大13歲。是著名畫家,也是我的好友。據黃永玉先生說,江蘇無錫錢家,是非常顯赫的家族,那本是一方鐘靈毓秀的水土,出了很多名人,像科學家錢學森、錢偉長、錢三強以及錢穆、錢遜;錢基博、錢鐘書;錢學榘、錢永鍵等父子檔。這些如雷貫耳的名字,如今早已高懸在中國文化與科技發展史的浩瀚星空。錢紹武卻是這個"名門望族"中唯一的藝術家。

錢紹武是留蘇的,他曾零零碎碎給我講過一些他的事。例如說,他父親是北大英語系教授,但他口語不行,因為是自學的,發音不標準。但朝鮮板門店停戰談判時,中國派他父親參加停戰協定兩種文本的翻譯。錢紹武幼時約1歲到7歲,住在一個大雜院中,與著名音樂家瞎子阿炳是鄰居,所以他日後做的阿炳銅像,才那麼傳神。他在家中學了很多古文,《大學》《中庸》《孟子》等全部都能背下來。他自己喜歡《詩經》《孝經》等。他師從國學家秦古柳,跟他學了三年中國國畫及古詩詞。後來他父親認為他的國學學得夠多了,也要學些新學,所以接他出來,學了英語等新學。錢紹武以他六年出洋留學的經歷,且通曉英、法、俄等多種外語,因而對西方藝術有著通暢而透徹的瞭解和領悟。

錢紹武曾津津樂道地給我講述過他考中央美術學院的經過。他的素描及英語都考100分,數學卻是零蛋。此成績拿到院長徐悲鴻處,徐院長看後說了一句，"我也不懂數學。"錢紹武有知音，所以他進入了中央美術學院。

以後他又去蘇聯留學，1953年赴蘇聯列寧格勒列賓美術學院學習雕塑，1959年畢業並獲藝術家稱號。1959年回國後，繼續在中央美術學院任教。1986年任雕塑系主任，教授。他在蘇聯的畢業創作是雕塑《大路歌》，此雕塑後為中國革命博物館收藏。他做的《杜甫像》及美院院長《江豐頭像》，都被中國美術館收藏。他的雕塑作品還有《李大釗紀念像》《曹雪芹頭像》《李清照立像》《孫中山像》《冰心像》《錢鐘書像》《武子胥像》等。

錢紹武以雕塑名於世，但他的藝術疆土卻遠遠超越了雕塑的畛域。

繪畫方面

錢紹武曾給我、我太太和我大女兒，都畫過素描像。那時我們住北京東四，他住東單一帶，離開不算遠，所以我們走去他家畫像。他好像和他太太關係不是太好。有一次去他家，兩人正在吵架，我們還扮演和解人的角色。他太太有神經病。

錢紹武曾經說過，"魯冀要求我辦的事，我一定辦。"我整理出很多他的信和他贈我的畫，有大有小，每封信都是很好的書法作品。《錢紹武書法集》中的一些寫在紅線箋紙上的作品，與他給我寫的信相當類似。看著這些信，一方面瞭解信中的內容，另一方面，這些書法作品，也真令人賞心悅目。

著名畫家，也是我好友的黃永玉先生說，錢紹武的素描，是美院第一把交椅。他讓自己的兒子黃黑蠻跟錢紹武學習素描。但黃先生也笑言，錢紹武給漂亮女生畫像，非常傳神，但給熟人畫像卻不行。他給黃永玉畫的像，卻像另一位畫家王乃壯。我們為此笑了好久。

錢紹武給我畫像是在1976年12月5日，那天我感冒了，精神不是太好。但錢紹武居然把我當時的神態，抓得很准。給我太太畫像是1975年6月27號。他還給我大女兒也畫了像，是彩色粉筆畫。

他也送我多幅素描或速寫作品，其中有一幅女人體，差不多有真人大小。還有一些較小些的人體速寫，雖然寥寥數筆，但骨感處用筆肯定，堅實；肉體處筆鋒柔軟，細膩。而且都不忘題款，大多是"魯冀參考""魯冀把玩"之類。

書法方面

中國的十大國粹，書法是第一名。錢紹武的書法極好，他曾經對我說，他寫的《泰山頌》掛在中共中央政治局會議廳，高3米，長約10米。1994年，江澤民為十九位上將授銜，即以此為背景。他還為政治局會議厅寫了杜甫的《望月》詩一首，長8.9米，高3米。記得大概是1970年代末，有一次老錢拿了一些毛筆等書法工具，說是要去人民大會堂寫字，大概就是寫這些字。

錢紹武曾說：我的家族是非常傳統的，對中國古典藝術，是作為童子功來要求的。所以，我的書法訓練也是從小就開始的。而且我對書法的興趣是隨著年齡的增長而增長，越老越濃，對書法的奧妙也是越老體會越深。他當年隨秦古柳先生學畫，而秦先生每天下午都練習書法。正是在老師的熏陶下，他從小就成了一個書法迷，且幾十年來，臨池不斷。他把書法藝術視為認識"抽象美"的捷徑，懂得"構成"因素的要途，是把結構，空間，線條，韻律，節奏都變成感情的基本功。

1980年初，我去美院找老錢，他正在寫書法，其中有一幅對聯，"大漠孤煙直，長河落日圓"。他告訴我，上聯是描寫直線條的景觀，下聯則是曲線。他說中國文化真是博大精深。最後加上一句"喜歡就拿去！"他經常給我講解中國古代詩詞，由他一講，我頓時領悟。

我1988年從荷蘭拍賣場買了清代畫家孫炳所繪十二幅通景屏，由在香港一家大學任教的台灣名畫家劉國松建議，帶回國內裝裱。我為此下了很大的功夫，在美國做了公證，有加州副州務卿的簽名，中國駐舊金山總領事館的認證。不料到了北京海關，還是遭到扣留，說經鑒定，若是一級文物，國家要強行收購。為此事，錢先生幫了大忙。他不僅給北京海關寫了信，說我是他們請的專家，又說此畫不是名家作品，文物價值不高云。由美院黨委書記盛陽批准，蓋了中央美術學院的公章。盛陽是我當年從磁縣帶走的十人中的領隊，這次很給面子。我為此寫了一篇《裱畫惶恐記》，發表在香港《百姓》半月刊1991年5月16日240期上。我還保留著錢先生給海關寫的信及給他一位朋友王國林寫的信。畫裝裱好後，錢先生又寫了詳細介紹，多溢美之詞。

我另一件大通景屏，是清代畫家蕭晨所繪，錢先生寫了長跋。另一幅清代大畫家梅清所畫的松樹，錢先生也寫了長跋，北京榮寶齋總經理米景揚先生寫了鑒定書，確認為真蹟。我把此畫及米景揚的鑒定書、錢紹武的長跋一併捐給了創辦國際科技大學的陳樹柏先生，他是中國南天王陳濟堂的兒子，美國著名教授。陳教授創辦國際科技大學可說是篳路藍縷。陳樹柏先生還把我的名字刻在了捐贈銅牌上。

錢紹武還寫了對高魯冀先生的推薦函。2011年我去北京，北京畫院美術館館長吳洪亮先生看到此函後，說，此函與他後期的書法有別，他特別做了影印，留為參考。

他為人民大會堂寫了李白的詩，為中央美術學院寫校訓"團結真誠　勤奮創造"，為海南天涯海角、北武當山採石磯等風景區、名城題詞，題城標等，為各地園林、亭榭、廳堂寫匾額、楹聯極多。曾出版《錢紹武書法集》。

錢紹武先生給我的信函幾乎有十數封，我很珍惜。1988年，我請他、侯一民及史超雄來美。他們經夏威夷返國。從夏威夷，他給我來過信。他文學水準高，描寫夏威夷的景色，十分生動。他還從加拿大給我寄過人體素描數件。

2005年我回國去看他，他很熱情地給我畫了一幅扇子，是在扇面上先畫好，再穿扇骨。我說是竹子，他哈哈一笑，題款為"蘆葦也非竹子 魯冀一笑 乙酉 紹武 信手"，反面是書法"雲破月來花弄影 魯冀老弟一笑　乙酉 錢紹武　"。回美後，我將此扇給恩師曹仲英先生看，他說，"哎呀，畫得這麼好！"他認為錢紹武用書法的筆畫的畫，是中國畫的最高境界。

2009年我回國，去看錢先生，那時他搬到了北京郊區的大別墅，據說有800多平米，還娶了少妻何玲，新居配佳人。但少妻又帶來一位和尚，不知關係如何？我們要見錢先生，必須要通過和尚一關，麻煩很多。這新房室外有他的雕塑作品——瞎子阿炳像。室內極奢華，掛滿了他的書畫作品及雕塑作品。他在髮妻病逝後，一直要續弦，但兒子反對，扣住戶口本不給他。後來，結婚登記不要戶口本了，他才結了婚。

我帶去一把成扇，他說，成扇上也可以寫，他寫了"此心悠然　魯冀老弟存之 乙酉 錢紹武"。

2010年，是我們整修韶山毛主席塑像四十週年。我們本不知道整修後的效果，但攝影家成文軍拍攝了照片，我們才看到，四十年，塑像完好如初。我們好高興，在北京東四一家餐廳聚會慶祝。參加者有科學院黨組書記、第一副院長嚴東生，美院黨委書記盛陽，大師錢紹武等。

2011年，清華大學百年校慶，在人民大會堂舉行活動，我有出席。錢紹武也去了人民大會堂。從清華大學電視台得知，錢紹武把自己的全部作品和全部家產都捐給了清華大學，學校為他成立了"錢紹武研究院"，他任院長。原美院副院長侯一民知道此事後，氣憤不已，大罵他是叛徒。

後來聽說他離了婚，搬到了蘇州。但他兒子控制了他，我們要想見他，難於上青天，而且電話也不讓接。

高魯冀寫於2019年2月1日
美國加州舊金山灣區核桃溪樂詩畝寓所

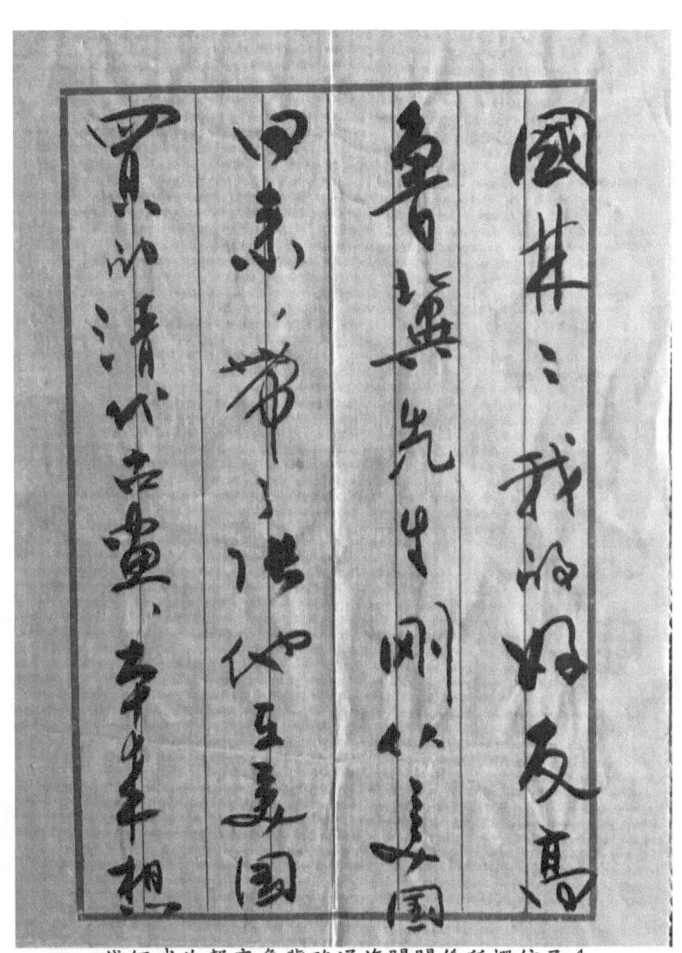

錢紹武為帮高魯冀疏通海關關係所撰信函-1

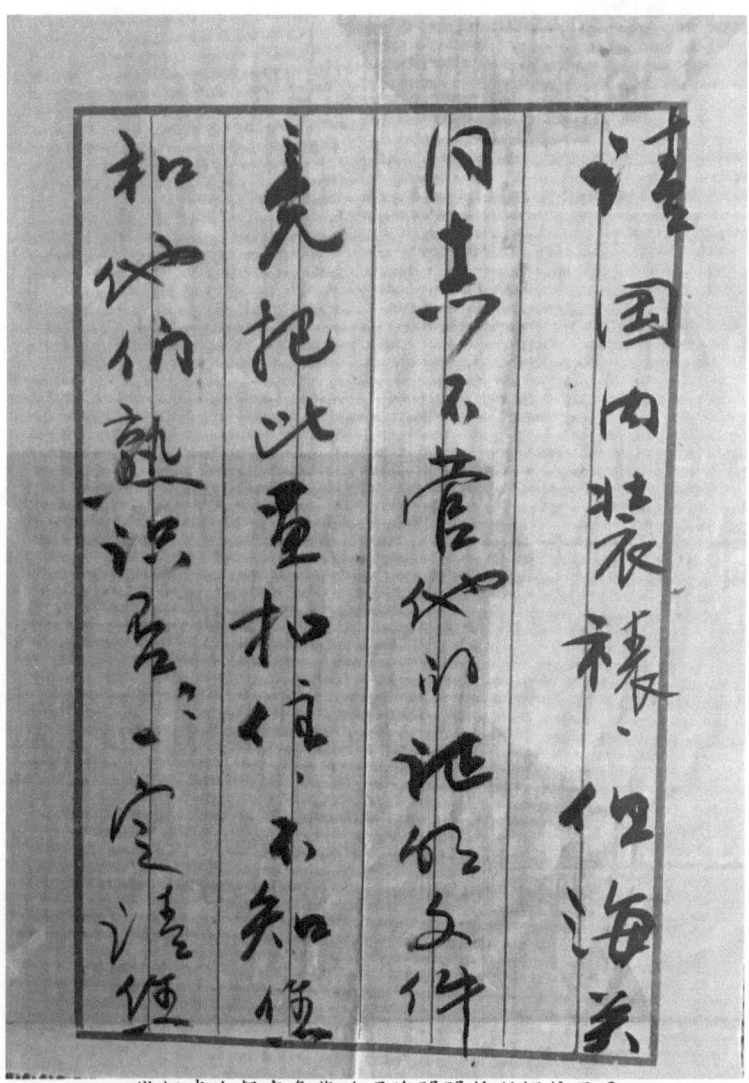

钱绍武为帮高鲁冀疏通海关关系所撰信函-2

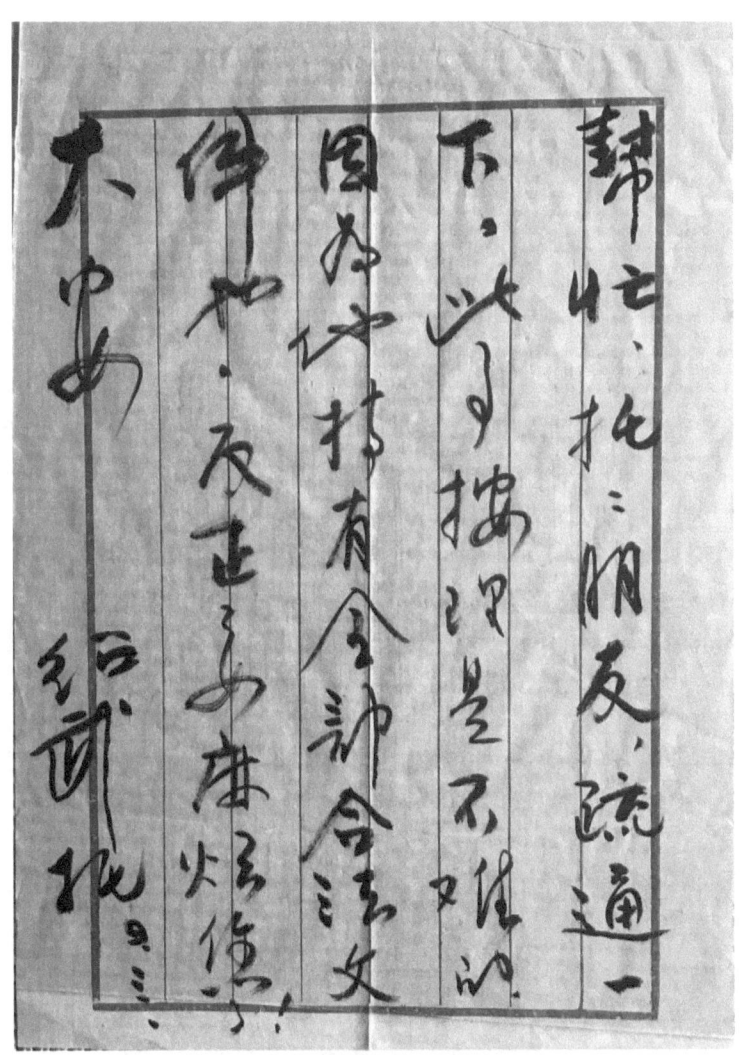

錢紹武為幫高魯冀疏通海關關係所撰信函-3

張大千在舊金山灣區

　　張大千（1899年5月10日—1983年4月2日）本名張正則，後改名張援、張誼。小名李，號李爰，法號大千，別署大千居士，齋名大風堂。四川內江人。因其詩、書、畫與齊白石齊名，故稱"南張北齊"。二十多歲便蓄一把大鬍子，成為張大千日後特有的標誌。

　　張大千曾當過土匪，做過和尚，畫過仿畫，有傳奇的一生。很早他的畫作在全球藝術市場的成交金額已超越畢加索，成為全球第一的畫家。1956年7月在法國盧浮宮作張大千近作展時，他要求拜訪畢加索，如願。他與畢加索相談甚歡，互贈畫幅並合影留念。西方報刊譽之為"藝術界的高峰會"。他發現畢加索有二百多張仿齊白石的畫作。畢加索向他求教，他說，中國畫講究"墨分五色"，你這墨只有一色。畢加索說，他不敢去中國，因為那裡有一個偉大的畫家齊白石，齊白石畫魚、蝦、蟹等，但不畫水，而那些魚、蝦、蟹都生動異常。

　　1968-1978年約七年間，張大千客居舊金山灣區。我1980年來到美國，後來灣區，任中文報記者。那時認識了中國畫大收藏家、鑒定家、作家曹仲英先生。大約八十年代初期，一次和曹先生到舊金山中國城天后廟街的京滬餐廳吃飯。入座後，環顧四週，見牆上掛了一些字畫。曹先生說"你看那魚是林清霓畫的。"那幾條魚正面游來，可用廣東人說的"生猛"來形容，此畫有功力。朋友說，林清霓還是張大千的好友呢。見我對藝術家們頗有興趣，曹先生索興開講，講述了一段張大千在灣區的歷史。

　　大約二十三四年前，林先生在天后廟街，靠近沙加緬度街口處，開了一家畫廊，好像叫中國藝術中心。經常聚會的有大畫家黃君璧、鄭月波、鄭曼清及曹先生等人。還有一位後來對中國畫入了迷的邱先生，也有時前來。

　　一次，大千先生來到舊金山，住在男青年會，閒時來看林清霓。好友們正在興高采烈地交談，忽然房東從樓上下來，向林先生收房租。六十年代，在舊金山開一家中國畫廊，真是慘淡經營，交不出房錢，並不奇怪。不過當著這麼多賓客的面，難免有些尷尬。張大千安慰他道，"林兄，不必著急，取筆墨來，我替你解決。"既開畫廊，筆墨全都現成。林當即在案子上鋪開紙，張大千提筆蘸墨，一通而就。

　　大千先生的畫從明末清初的石濤、八大入手，上追宋元，臨董源、範寬，得其神髓。1940年後，他又遠游敦煌，臨摹巨幅壁畫260件。中國文人講讀萬卷書，行萬里路，這些，大千先生都做到了。他早年已遍游神州壯麗河山。他讀萬卷書，行萬里路，見聞廣博，不單靠書本，遊歷與讀書相輔相成，名山大川熟稔於心，胸中自有丘壑，下筆有所依據，以自然為師。山水畫如此，花鳥、人物畫也是如此。他畢生主張"如欲脫俗氣，洗浮氣，除匠氣，第一是讀書，第二是多讀書，第三是須有系統，有選擇地讀書。""讀破萬卷，下筆如神。"

　　1958年，大千先生參加在紐約舉辦的世界現代美術博覽會，以國畫"秋海棠"榮膺該會金質獎章，並被公選為"當代世界第一大畫家"。

　　六十年代大千先生六七十歲，不僅已名滿天下，技法上也更臻成熟。他的山水、人物、花鳥，無一不精。

　　且說是日，張大千一揮而就，是一幅大中堂水墨山水，真是淋漓蒼茫。林先生大喜過望，馬上尋有緣人，保存大千先生真蹟。此幅畫雖是一時之作，但興之所至，相當精彩。孰料，此畫輾轉流傳，二十年後，竟有人說是假的，以相當便宜價格售出，為喜愛中國畫入迷的美國人所得。

　　前面提到的那位邱先生，是東北人，原是少帥張學良派來美國留學的。他在舊金山中國城都板街開了一間手工藝品進出口店。一次曹先生到他店裡，看到幾幅中國字畫掛在牆上，僅售三五十元一幅。曹先生對他說，齊白石等都是近代大家，這些畫這麼好，怎麼僅售幾十元呢？老邱不大買帳地說，"你懂畫麼？"曹先生說，"懂是不敢說了，但我保證你這些畫是真蹟，你若願意，賣給我也行。"邱想了想說，"你說賣的太便宜，應當賣多少錢呢？"曹先生說，"起碼得幾百元，按您的價，加一個零，漲十倍就行。"老邱依言，把售價漲了十倍，沒想到全賣出去了。這一下，他來了勁，就問曹先生，從什麼地方可以買到這些人的畫呢？曹先生告訴他，台灣、香港都可以買到，並替他聯絡，買一些中國名家字畫。三十多年前，書畫賣得很便宜，收藏的人不多。

大千先生來到舊金山,邱先生在林清霓處見到他後,便力邀大千先生到南灣卡邁爾,說他在那裡有旅館,願免費招待大千先生。大千先生一口就答應了。邱先生不僅喜歡大千先生的畫,受其感染,對中國古畫也有了興趣。

大千先生後來非常喜歡灣區的自然環境和氣候,決心從巴西遷居此地。遂在灣區購置兩幢房子,一幢分給次子張心一,一幢由他和徐雯波夫婦居住,他自己取名"可以居"。以後更在著名的風景區十七哩處,買了房子"環蓽庵"。後來,在此環境中,大千先生開始了他潑彩畫的創作。大約1983年,我還帶中國畫家關良在張大千舊居前合影。

大千先生的潑彩畫,是繼承唐代王洽以來的潑墨法,並參以現代歐洲繪畫的色光關係,發展出來的。潑彩畫相當費力,所以作品不多。當時在卡邁爾有一座畫廊,是加州第一家西方畫廊而出售中國畫者。該畫廊把鄭月波、劉業昭、王昌杰的畫,介紹到美國來,並捧到很高境界。鄭月波一斗方的貓,就賣上千元。而那時大千先生及齊白石的畫,也不過賣五六百元。後來該畫廊知道了大千先生在中國畫界的地位,便與他簽了合同,幫他推廣。

大千先生在灣區住了幾年,寂寞得不得了。因在美國,大家生活都緊張,你就是做了滿桌子好菜請朋友,朋友可能還沒時間享用。曹先生說,一次大千先生請吃飯,他從舊金山趕去,到了,大千先生端出剛剛做好的東坡肉,顫顫微微的,引人食慾。但曹先生突然想到,公司在燒水,火沒有關。飯也不吃了,馬上往回趕。

此時,台灣方面乘虛而入,說蓋了摩耶精舍,請他回去定居。大千先生1976年回到台北定居,直至1983年4月2日在台病逝,享年84歲。

大千先生是中國畫壇巨匠,他在五十歲前,在藝術上已享有盛名。他從小勤奮學畫,主張"七分人事三分天"。他自己除了努力探討繪畫之外,古文,古詩,詞曲音律的修養也極精到。他又精於鑒定書畫,過眼的真蹟甚多。有《大風堂藏畫》多集。這些收藏,又豐富了他的繪畫技法。一代大師在灣區雖住短短數年,但在藝術史上也留下不可磨滅的一環。

前年我去敦煌石窟,完我平生的夙願。在一個石窟聽年輕的講解員講到,其中一些壁畫是瀝粉貼金時,我對他說,我在清華大學讀研時,寫過一篇論文《鎏金與貼金在中國古代建築上的應用》,發表在清華大學1980年建築史論文集上,他可以找來參考。他聽了非常高興。投桃報李,他也告訴我,一會兒看完石窟,可到不遠處對面大院中,看看張大千來敦煌住過的房子,一般人不會去的,因為外邊掛了很多單位的牌子。張大千於1941年赴莫高窟臨摹壁畫,對十六國、北魏、西魏、北周、隋、唐、五代、宋、西夏、元等各朝代壁畫進行臨摹。1943年,國民政府行政院決議,成立"敦煌藝術研究院籌備委員會",張大千被聘為該會委員。

張大千住過的房子很簡單,就是一間土房,一個土炕,沒有任何家具。想當年,他在那麼艱苦的環境下,孜孜不倦地臨摹壁畫,並把它推向國際。敦煌學成為世界上的顯學,張大千也有一定貢獻。

我的恩師及摯友曹仲英先生常對我說,"你若早來灣區幾年就好了,你可以多接近大千先生,把他講的一些話都紀錄下來。"

高魯冀寫於2018年9月22日
於美國加州舊金山灣區核桃溪樂詩畝寓所

"畫中國故事"的王秉復

  2018年5月3日的《人民日報》7版"美術大觀"有一篇文章，叫《畫中國故事》，作者文慧。文章講 82 歲高齡的王秉復個展"畫中國故事"日前在北京畫院美術館開幕。我看了，非常高興，因為他是我的老朋友，大哥哥，我與他有千絲萬縷的聯繫。我們都是天津一中的同學，他比我高三年級。我們又都是學校美術組的成員，每天在一起畫素描。他和我哥哥是同班同學，也是最好的朋友。我們美術組差不多每年都有人考上中央美術學院，據我記憶中有劉驥林、王秉復、張揚、白瀾生等等。

  王秉復1956年考入中央美術學院，師從葉淺予、蔣兆和、李苦禪、李可染、吳鏡汀、秦仲文、高希舜、陸鴻年等名家。他認為"筆墨造型"應該是傳統的核心。他對傳統的繼承既以歷史為基石，又吸收民間豐富養分。其理論和技法還歸納總結而成《骨法發微》一書。

  我1959年高中畢業，已考上中央美院的白瀾生等，竭力鼓吹我也考中央美院，他們說，我要考，他們可以造輿論，說，又有一個天津一中的來了！但我因為1959年在學校"大鍊鋼鐵"，沒時間每天畫素描，怕手生疏了，就沒考。又聽說，大學的建築系也要學美術的，便報考了清華大學建築系，還真被錄取了。但到校報到時，硬生生被分配到了土木系。我吵著不上了，回家！在北京的父親和哥哥都竭力勸我，我勉強同意了。所以是捏著鼻子硬念了六年的土木系，學了所有的力學課。

  我上大學以後，和王秉復聯絡不多，和白瀾生聯絡倒很密切。白瀾生畢業創作是方志敏全身像，我還給他當半裸體模特兒，叫他看身體結構，為他作雕塑用。畢業後，我留在北京工作，王秉復也在北京工作。我這裡有一份他自己寫的履歷，大約是九十年代我們在舊金山中華文華中心辦畫展，我拿了幾幅他的作品參展，要來的一份畫家簡介。

他是這樣寫的：

　　　　王秉復，字常道，一九三六年生於天津，一九六一年畢業於中央美術學院國畫系，現在北京工藝美術學校任高級講師。一九八八年三月參加在中國美術館的國畫十人展。一九八八年十一月上旬在北京德勝門箭樓舉辦常道個人畫展。一九八九年六月在美術館參加國畫作品展。

我1980年到美國，從此在此定居，1991年全家在舊金山團聚。在此之前，我請在國內的大哥幫我買點小古董，例如鼻煙壺等，他不敢買貴重的，淨買些便宜貨。更離譜的是，他居然給我買了幾十幅王秉復的國畫。當然都是白菜價。我裱好，裝了框，讓給外甥，只收他100美元一幅，就是裝裱費，畫不要錢。我把畫給恩師曹仲英看，他是世界頂級的中國畫鑒定家及收藏家。他看中了一幅紫滕，說這幅好，他誇王秉復的畫得到大家真傳，是用書法的筆，慢慢寫出來的。他說他的字也寫得好，有功力。但問題是，他的畫太像齊白石。曹先生果然有眼力，他可以看到幾十年後，王秉復必成為大家。我對王秉復的字卻不喜歡，以為寫得太隨便。我留著他給我寫的幾封信。不斷從哥哥處聽到王秉復的消息，一次聽說，他娶了個農民，好像是種菜的。以後又聽說，他太太發了，賺的錢比他都多。

1991年暑假期間，我被中國畫鑒定家、收藏家王己千請到紐約，住在他家，為他寫他的藏畫集。那時我在College of San Mateo教書。王先生給我規定了工作時間，每天大約七小時，因為是用腦，所以很累。有一次閒聊，王先生對我說，不知你認識不認識國內有功力的畫家，可以請他們幫忙畫一些春宮圖。春宮乃是古代的淫穢作品，據說女兒出嫁前，要給她看此種畫，對她進行性教育。我想起了王秉復，就寫信姑且一問。他在回信中寫道，"王己千海外收藏大家，見過介紹。至於畫仇英春宮圖，若用任伯年小寫法，且人體比例解剖，我自忖可勉強，只是對原作已是襲其大意，而非師其跡了。若臨畫，自然原作遠隔重洋，不宜拿來，有照片即可。尺寸是否可以合成公制。另，是否可以大些，（小寫意放得開）。致於款與章，是否可另起冷名或不署。因為春宮古之淫穢品也，非大雅堂上物。另外此種東西攜出入海關，是否有難處？雖然較之洋貨尚非真非活，然終屬低下。這些都供魯冀參考。"他倒是考慮週到。以後,他送我兩張聊齋作品,供王己千先生參考,一是連瑣,一是連城,畫得都很精彩。此事後來未成,因為暑假過俊,我又回到舊金山灣區教書,就沒繼續。

正如文慧文中所說,"此次展覽以敘事性的人物畫為主,呈現了王秉復自上世紀80年代以來最重要的三組人物畫創作,《聊齋百圖》《世說新語圖》和《龍文鞭影圖》系列。近500幅作品中,人物神態生動,性格卓然,場景各異。王秉復用精湛而功力雄厚的筆墨,形神生動的造型,拉近了一個重新進入歷史場景的時空隧道。"

大約90年代初期,舊金山的新聞工作者出了一本同仁刊物《大華聞雜誌》。我在其中,撰寫"鑒古藏真"——怎樣欣賞中國畫。這是月刊,出版兩年,我寫了兩年。我幾次提出停止,因為我本身太忙,而且文章太專業,怕曲高和寡。但編輯總是告訴我,有人看,而且很受歡迎。我的恩師曹仲英也每期看,而且鼓勵我說,寫得好!我在其中一期,寫了王秉復,並且寄給他一冊。他收到後,有回信,大約意思是對他太美化了。

從他送我的兩幅聊齋插圖看,人物造型准確,衣飾考究,表情豐富。器物畫得也很嚴謹,燉品用的火爐、沙碼,吃飯的碗、勺、酒壺,書寫的文房四寶,皆精美異常,很好地烘托了氣氛。桌子的棱角及古琴的琴弦,那直綫畫得,像比著尺子畫的,可見其功力之深。一盞台燈,那蛋圓形的燈罩,一筆呵成,似如機械繪圖。衣著先畫墨綫,再填色,衣摺處一般留一綫白,非常生動。其他如髮型、佩飾、頭巾、冠冕,無不微妙微肖。我很理解他,我們在中學時代,已經每天四點鐘下課後,就往美術教室跑,去畫石膏像。堅實的素描基礎,加上簿不離手的速寫本,專抓各種動態。美院考試考兩科:素描和創作。光有素描功底還不行,還要憑藉記憶,遺貌取神,也就是要背著畫。憑記憶畫的一個好處,就是容易做到"氣韻生動"。他送我的另一些畫,是仿石濤等大家的作品,非常令人震撼,足見他功力之深。

王秉復筆墨精練老辣,人物造型準確,人生經驗豐富,而他又豁達開朗,不僅毫無害人之心,而且也無任何追逐名利之心,老老實實地畫畫、創作。他的一生,是光明磊落的一生。

高魯冀寫於2018年9月6日
於美國加州Walnut Creek寓所

第三部分
其他

教育部副部長高沂先生和我

我與高沂 祖孫輩份

堂堂中國教育部副部長和我有什麼關係？還真有點兒關係。什麼關係？爺爺和孫子的關係。這是真的，我一直管他叫三爺爺。他名叫高沂，看那個沂字，就知道，我們真有點關係。因為我是山東沂水人，雖然我從來沒回去過老家，但填籍貫時，我總是填上山東沂水。

1959年，我居然考上清華大學，不過，我報考的是清華大學建築系，錄取的也是清華大學建築系，可到學校，才被告之，我硬生生地被劃到土木系。而且不是我一個人，是一個班。我生氣了，揚言，不報到了，回家！

五十多年後，我和妻到海南島旅遊，那邊有一個清華同班同學。聊起來，他問我，"你跟高沂什麼關係？"我說，"按高沂的說法，我爸和他爸是同一個祖父，是沒出五服的關係。"所謂五服，就是五代人。那同學說，"要是有這層關係，你當年轉系一事，不用他發話，底下的人應該就給辦了。"

高沂承認這層關係，還在他的自傳《沂水長流》中登出他和我、我哥哥、我堂弟合影的照片。不僅注明我們的名字，還寫著孫輩。

我在校期間，蔣南翔是黨委書記兼校長，高沂是黨委副書記兼副校長。後來，蔣南翔被提拔成了高教部部長，但仍兼清華大學校長。高沂被提拔為高教部副部長。他倒是離開了清華大學，到了高教部。

但是，他雖然被調到了高教部，卻仍舊住在清華大學。他住一幢公寓樓的二樓，他對門是我們土木系的教授張典。記得一次到高沂家，在門口遇到張典教授，他教過我，認識我。高沂回憶起文革時期，被批鬥完了回家，門鎖著，家中沒人，只能敲開張典的門，從他家陽台爬到自家陽台。高沂還說，張典總會送來饅頭。張典馬上說，"唉，不值一提，不值一提！"可那時候的幾個饅頭，比現在的山珍海味還重要，那是保命的啊！

高沂在清華期間，辦了幾件實事，他不張揚，很低調，風評不錯。在1960-1962年三年"自然災害"時期（現在知道了，根本沒有什麼自然災害，完全是人禍），學校派他去東北找糧食，因為他在東北人民政府工作過。他向當局要了三千畝退荒地，學校有汽車拖拉機系，開去很多機器開荒，種下大豆，當年就收穫了30萬斤。拉到學校，每個食堂都大量吃豆腐，解決了吃不飽的大問題。一次我去看高沂，他問我，現在吃的豆腐夠不夠，我是喜歡吃豆腐的人，總覺得吃得還不夠。就說不太夠。他馬上給系裡打電話，說有學生反映，豆腐吃得還不夠。

隨著工作 幾次搬家

高沂原住在清華園，住房和一般教授一樣。文革後，他擔任了北京師範大學黨委書記，好像搬到了師大。在師大期間，有一次我去看他，我知道著名書法家啟功在師大任教，便問他，可不可以幫我買啟功一幅字？他怔了一下，說，"我也不知道他的字要賣多少錢，怎麼個賣法。"已經是師大一把手了，這點事也不知道，也不願跟人家打聽。可見他們這一輩人的廉潔。

以後，他又當了教育部副部長，當然是離開了師大，搬到了京西，住在軍事博物館對面的一群樓，就是號稱"部長樓"的公寓。

1989年"6·4"期間，他們這一帶打槍最厲害，戒嚴部隊就是從這裡進城的。"6·4"以後，我從美國回國，去看望高沂。他太太張林一跟我講述了一些事情。她說，"6·4"期間，他們樓下邊街道上，很多裝甲車都在燃燒。她說，"這是又一次國會縱火案。那些裝甲車，你叫我點火，我都不知道從哪裡下手。"她還帶我們看了李鵬原來住的房子，門框上居然被槍彈打下來一塊水泥。玻璃上被打的槍洞，修繕的師傅用兩塊玻璃夾了起來。他們同樓一位冶金部的幹部，竟被戒嚴部隊的流彈打死。

我再次去看高沂，他說，他們住的房子被他們買下來了。買房要看你的工齡，他們夫妻倆的工齡加起來，超過了100年。所以買得很便宜。

1986年，我在美國信了主，2001年去神學院讀書，讀了三年，獲教牧學碩士學位。2005年，被"中華聖經公會"按立作了牧師。以後我回國，去看高沂，他知道我做了牧師，並打算在國內出版新譯本《聖經》，他特別囑咐我要"讓利"。我告訴他，我們把新譯本的國內版權買了下來，在國內印，完全不要錢。他說他從小在教會學校念書。那時正是聖誕節時期，他還和我一起唱聖誕歌曲。

　　張林一曾任北京市朝陽區區委書記。文革時期，大概是1976年，清華黨委副書記劉冰上書毛主席，告了清華黨委書記遲群一狀。那時候我正下放農村普及大寨縣，要去大寨參觀。行前去高沂家告別。張林一突然用虛擬語氣說，"南翔同志正在大寨調研，參加一些力所能及的勞動。如果能見到他，可以把北京的形勢告訴他。"我在大寨還真的見到了蔣南翔，他後面還跟了一個保鏢。我大叫一聲，"蔣校長，我可找到您了！"那位保鏢倒還識相，有意走開幾步。我把北京的形勢概括地告訴了蔣校長。並說是高沂囑去叫我帶的口信，勸他好自為之。他說，"我今後要走與工農兵結合的道路。"他還問了我和高沂的關係，我們就告別了。因為站在街上，不方便講話。

　　高沂曾做過林楓（曾任第二屆、第三屆全國人大常委會副委員長）的秘書，有一次我們去看高沂，聽說林楓夫妻倆來看他，我們趕緊撤。

高沂來信 介紹熟人

　　毛主席紀念堂完工後，我去廣州辦什麼事，寫信給高沂，問他廣東有什麼熟人，高沂回信說，他有個老戰友姓劉，是廣東省建委主任，遂給我寫了介紹信，請他關照一下。信是這樣寫的：

魯冀：
　　來信收到了。湖南我沒有很熟的人。廣州有一位劉兆倫同志，我記得是省建委主任，可持我信到省人委問一下，是否確在這個單位。我們都好，南方沒有什麼要買的。祝你們好。

高沂 6.2

　　另一封是給于康的信。于原來在廣空政治部，如不在，就會是調到廣州民航局做政委去了。因不久前他說過要調他到民航局。又及。
　　我到了廣州，見到省建委劉主任，他很熱情，說，正好，你們紀念堂有個代表團在此，你就參加他們的活動吧。我到了代表團駐地，發現很多是我們公司的人。沈工程師也在其中，他不同意我加入，說從北京出發時沒有我，現在加入不合適等等。接待人說，是建委劉主任的意見，沈某才無話可說。

1980年我去美國，高沂又寫了介紹信找于康，前已說過，他是廣州民航局政委。于康先找了家酒店讓我住下，然後問我有什麼要求？我說，我有些字畫，是朋友送的，不知可否帶出關？他馬上找來海關人員，經他們鑒定，是朋友所贈（因為都寫著我的名款），不是為了出賣圖利，絕對放行。他又托了兩位飛行員，叫他們到了香港照顧我一下。

到了香港，兩位飛行員又托了另一位先生，他帶我先過海關，說，"無煙無酒"。他又問我，飛美國芝加哥的票多少錢買的？我說，"是我姨父在美國買的，要800多美元。"他說，"我這裡買只要不到500元。"我打電話到芝加哥，姨父一口咬定，票不能退！

高沂在清華大學八年，我也在清華大學念了八年。我們肯定有些年交集。但我沒有為個人的任何事，找過高沂。他太太張林一倒是有時照顧我一下。如1962年秋天，張林一給我兩張人民大會堂的招待券，我和同學去了，足吃足喝。招待會後，我回清華，路過鋼鐵學院，就去找我哥哥，告訴他我剛從人民大會回來，兩張用過的票也留下了。結果，他和同學也了人大會堂，但招待會已結束，白跑一趟。

後來，高沂太太因病先去世，他一人生活。他的六個孩子都很出色，都有很好的工作。迄今，他已經105歲了，仍然健康地活著。也有人說，他實際已經107歲了。願他健康長壽，活到120歲。

高魯冀寫於2019年2月12日
美國加州舊金山灣區核桃溪樂詩歗寓所

鲁冀：

来信收到了。

我是省级党员的人。广州有一经到北编目组，我记得是有建委主任，可将你们有人去询问一下，是否确立主个单位。

我们都好。弟方及府时的要贯的。

祝你们好。

　　　　　　高沂
　　　　　　64.2.

为一时给予床用初的钱，他们宁愿改信部。是我只花会是调以广州民税局的政是去了，如又离他优走调他到民税局。
　　　　　　　　　　　　　全

高沂致高鲁冀信函

中國科學院黨組書記、副院長嚴東生

韶山結緣 終生好友

我與嚴東生先生，是因修建韶山毛主席青年時代塑像而結緣，後來成為終生的好朋友。

記得是1960年代末期，我為敬修韶山毛主席青年時代塑像所需材料事宜，奔波於全國，最後還是落腳在上海，由中國科學院上海硅酸鹽研究所，在混凝土表面，用等離子技術噴塗氧化鋁。這件事很偶然，是我們看到硅酸鹽研究所，想到可能有點關係，便拿著文革時期的超硬介紹信，"湖南省韶山特區"介紹信，硬闖該研究所，沒想到所裡介紹到等離子組。我憑著超級口才，介紹了世界人民熱愛毛主席的小故事，打動了研究人員的心，決定為我們研究用等離子噴塗氧化鋁技術，修復塑像。

等離子噴塗是一種高新科技，是用萬把攝氏度高溫，將特種陶瓷氧化鋁融化，噴塗在混凝土表面，起到保護作用。這本來是應用在火箭表面的燒失材料等方面的，沒聽說過用在土木工程上。

等離子組聽了我的介紹，躍躍欲試。該組組長是老丁，好像叫丁傳賢，後來成為中科院院士。組內還有一位五十來歲的老同志，據說是原所長，下放到等離子組勞動改造，叫嚴東生。我留下了我在上海的聯絡地址和電話，並在閒聊中說自己剛剛得一女兒，太太正在坐月子。

沒想到，不久，嚴東生和他太太，原上海交通大學化學系主任孫璧柔夫妻倆，買了件小孩斗蓬來看望我們，慰問我太太，彼此認識了。

後來確定用此方案整修塑像，等離子組成立了小組，準備出行韶山。但幹活兒有他，去韶山沒他，我是指嚴東生。我問組裡，為什麼不讓老嚴去？組裡說，是所裡定的，與他們無關。我到所裡去問，為什麼不讓老嚴去韶山？所方回應，他是反動學術權威，不能去。我說，這是去韶山，毛主席的老家，又不是出國，對他的思想革命化會有幫助。但所裡又說，所裡決定不了他的事。我問，誰管他的事？回答是市革委會第三辦公室。我說，必要時，我可以去市三辦說明情況，如果所裡能定下來，我就不用去了。最後所裡同意他去。

我帶領他們到達湖南韶山後，直奔韶山區革命委員會，我先讓他們在門口等著，我一人進去找人。我當然找一把手。我找到韶山區革委會主任毛澤普，他原是湖南省科委主任。我告訴他，上海硅酸鹽所的科技人員都來了，其中還有原所長嚴東生。他一聽，馬上問，人呢？他當過科委主任，知道一個科學院研究所所長的份量。我回答說，在外邊蹲著呢。他說"快請！"說著跟我走出門。我們受到很好的接待。

那次"敬修"，光硅酸鹽所的設備，就裝了30噸蓬車滿滿一車皮。都是我聯絡調度車皮，裝車等事宜。因為是科學院所屬單位，一律由所裡自付費，韶山地方不需付任何錢。

嚴東生雖還未"解放"，但他的群眾關係好。例如韶山產蜜桔，老嚴買了，給大家吃。他去請我的工夫，那些年輕人把桔子都吃光了。他回來一看，什麼都沒有了，便問，"那些蜜桔呢？"回答，"吃了"，他說，"那是我買的"，對方回答，"你還有資本主義私有化思想！"真讓人哭笑不得。

為了施工，研究所從湖南的軍工大廠借了132個壓縮氣鋼瓶。有一天下午，我和老嚴去塑像工地，有一個大卡車來拉空鋼瓶，我問司機拉去哪兒？他說拉到衡陽，問我們要不要去？我們兩人都要去，居然就這麼去了趟衡陽。吃晚飯時，我們進了一家小飯館，要了幾個小菜。其中有一盤炒豬肚，炒得太老，咬不動，便吐在桌上。有一個人看見，把我們吐出的東西，都吃了。我們噁心死了，趕緊逃離。晚上住了一晚小酒店，次日才回到韶山。我們的夜不歸，並沒引起多少注意。

四十年後 北京聚會

塑像敬修完成，效果如何，一點也不知道。硅酸鹽所甚至有人自己說，硅酸鹽所在韶山"拆了一個大爛污"。多年過去了，我一直打聽不到塑像的消息。甚至湖南的新聞記者都不知道。後來，攝影家成文軍提供了確切的消息，歷經四十年，塑像完好如初。2010年5月8號，我們當年修塑像的一幫人在北京聚會，慶祝四十年前的工作卓有成效。參加人有科學院黨組書記，第一副院長嚴東生；中央美術學院黨委書記盛陽；美院雕塑系主任，大藝術家錢紹武；美院史超雄，曹春生，以及我和上海硅酸鹽研究所的倪祥龍等。另外還有成文軍，他還為我們特製了大型紀念卡，上面有我當年的湖南省介紹信，我提供的塑像明信片及他自己拍攝的兩張照片。

我1980年赴美，之前也和嚴東生聯絡過，知道一些他的情況。他1918生於一個知識份子家庭，1946年獲得留美獎學金，在伊利諾大學香檳分校化學系學習，1949年獲博士學位。1950年回國，以後一直作硅酸鹽方面研究，1960年為硅酸鹽研究所副所長，1978年任所長兼中科院上海分院副院長。1981年任中科院黨組書記，第一副院長。

嚴東生還為我赴美寫了推薦函。我在美期間，我們有書信往來，我還留存了十幾封他的來信，時間為1983年到1986年。信中以他在美國的經驗，對我諄諄教誨。而且我在舊金山灣區，他只要來灣區，我們一定見面。柏克萊大學校長田長霖和他是摯交，他們倆都是我的朋友。故每次他們見面，我幾乎都在場。

鴻雁傳書 友誼長在

1983年10月1日的信，很有典型性。從信中可以看出，他是如何忙碌。信中寫道：

小高：

幾個月沒有通信了，從《時代報》看到你的工作成績，很不錯，可以發揮你的長處，祝你獲得成功。

我想告訴你，我將於7月下旬先到日本開會，再到美國Washington, DC開會，都是我自己的專業會議。會後將和美國科學院院長，工程科學院院長會晤，討論一些問題。美國總統科學顧問將約見我。然後去一些地方，看大工業的Rd D部門，看一些學校，老朋友和國內去的同志們。日程頗為緊張，去的地方也不少。最後將於11月11日花一整天在U Of California, Berkeley。也可能爭取早半天於11月10日下午到。那裡有不少老朋友。這次田長霖副校長將為主，安排我的活動。中午有一個午宴，晚上有中國教授們的一個晚宴，田先生現在正為回國來參加會議準備。上午我將在材料科學系做一個報告，下午將和該系的教授們討論工作，商議合作研究事宜。所以我的日程是十分飽滿的。同行的還有所裡的兩位同志,然後將於12日下午離SF,經香港去新德里參加亞洲科學院院長會議。

我當然希望見到你,但確實沒什麼整段的時間。如果你方便,或可於11日上午到Berkeley,事先和田校長秘書聯繫,參加他們的午宴(這是我的設想)。或下午到,參加中國教授的晚宴。我對美國的習慣還沒有熟悉到這樣的程度,你主動提出是否合適?請你自己考慮。不吃飯,找個機會談談總是可以的。你有什麼想法,我可以傳達到國內給小丁(指我愛人丁蕾萍)。希望能見到你,祝順利

嚴東生

從信中看,老嚴真是馬不停蹄,忙到極點,但他還惦著和我見面一事。他叫我提出參加午宴或晚宴,我都沒有參加,因為不合美國規矩。而且他再三強調,希望見到我。真是老朋友的殷切期盼。

信是用中國科學院的信箋,英文是ACADEMIA SINICA 中國·北京。

1985年1月22號的一封信,講述了他和五位藝術家的聚會。其中寫道:

昨天,星期天,下午,美院的五位,相約在我的住處過了一個愉快的下午。有盛揚、老錢、小曹、史超雄、張照旭。他們現在的工作很有起色,錢、盛是正副系主任,雕塑任務以及他們所應得的報酬都在蒸蒸日上。也可從一個側面反應國內的情況。各方面的聰明才智大有發揮的餘地。

科學也不例外,不過從科學院的大範圍講,困難不少。在改革或轉變軌道的過程中(或需5年),是不會很簡單的。我雖然很忙,但能主動地處理這個變化中的局面,身體也好。每週一二次打網球不斷,有時可連續打二小時。從年齡和個人興趣而言,頗想早一點退離這個崗位,讓年輕的人上來,從工作需要看,或許會再留一兩年,最多兩三年。以後可以安心地回到我的實驗室去,還可以工作若干年。

去年十月初本將去美,後國內的工作關係,推遲到今年春,參加中美科技聯合組會談。但改在擬定的時間和我的預定計劃有矛盾,因為我事先已定好去Australia,參加並主持一個我自己的

專業會議，接下來仍擬去美國接受Ameircan Ceramic Society選我做Fellow的儀式，同時參加在Cincinnati的會議，我希望有2-3天時間在Berkeley，目前預計的日程是4月底到美國。因為沒有定，所以還未通知各有關方面。

信中所提美院五人，老錢是錢紹武，小曹是曹春生。另外，他正在計劃中的行程，還未定，未通知有關方面，但先向我透露，說明對我的信任。說與美院的朋友在他的住處見面，是在北京。他家在上海，但科學院在北京給了他一套房，一輛有司機的汽車。

兩對夫妻 美國出遊

大約是90年代初期，我家人已到美國和我團聚。有一次老嚴到了美西灣區，我們想請他住我家裡。我打聽到他已經訂了酒店，就打電話去，把酒店退掉，並留了我的電話。老嚴果然打來電話，聽到是我，就問，為什麼把他訂的酒店退掉？我說，想請他住到家裡。他說他們必須要兩個房間，因為他睡覺打呼嚕。我說，沒問題，我家有三房兩廳兩浴，完全可以滿足他的要求。他們夫妻在我家住下，老朋友相見，大家十分高興，聊個不停。妻做了很多好吃的招待他們。晚上，他們夫妻一人一間房。

他這次因為帶了夫人，所以行程沒那麼緊。我們決定去優勝美地旅行。請一位中國學者數學家石先生開車，我們一行五個人就出發了。石先生的車是個大吉普車，五個人坐也很寬敞。這次是沒有計劃的隨性之旅，一路上走走停停。不過老嚴提出，他管住宿，那我就管飲食，石先生管交通。這麼一分配，皆大歡喜，不需要爭相付錢。

那次玩得很盡性。雖是多年好友，難得有這麼個機會。不僅去了優山美地，還去了賭城里諾。老嚴他們從未去過賭場，我就簡單介紹了賭博規則，小賭怡情。老嚴他太太手氣好，玩吃角子老虎機，中了個獎，錢幣嘩啦嘩啦掉了半天。我馬上阻止他們繼續玩下去，換了鈔票，趕緊走人。嚴太太正在興頭上，未免有點掃興。但我告訴她我的經驗，她才知道十賭九輸的道理。賭城吃得好，住得好，大家玩得好高興。

清華百年 共同慶祝

2010年，清華大學百年校慶，在人民大會堂有紀念活動。老嚴也是清華畢業的，我問他去不去人大會堂參加紀念會，他說不去，因為他上不去人大會堂的台階。我說我也去，那天我可以與他一起去，架著他走上去，他同意了。

人大會堂的活動在2010年4月24日上午。我和妻事先從美國回到中國，住在清華大學招待所。該日上午，我們開車到老嚴住處，換乘他的專車直到人民大會堂。到了附近，不讓再開進去了，我們跟工作人員說，車裡的老人都九十多歲了，於是被特准將車開到台階下。不用我們攙扶，工作人員一邊一個，把老嚴架了上去。

事後，老嚴告訴我，他看見錢紹武了，怎麼他也參加了清華大學的百年校慶活動？我告訴他，我從電視中看到，錢紹武把他的全部作品和家產，都捐獻給清華大學，清華大學成立了錢紹武研究院，他任院長，所以他也是清華人了。

老嚴家裡也掛了一些字畫，其中有錢紹武給他寫的字，他很珍惜。沒想到，錢紹武也與清華大學有關係了。

博學厚德 完美人生

2007年，是嚴東生90壽辰，有關部門給他出了一本畫傳《博學厚德，完美人生——科學家嚴東生畫傳》，他2009年送給我一本，扉頁題辭為：魯冀 蕾萍 老友惠存 嚴東生 孫璧嬡 2009年夏。

我自八十年代末有了綠卡後，經常回國，每次到上海，都要到老嚴家裡去看望他。以後我信了主，又念了三年神學，做了牧師。記得有一次，在老嚴家裡，他女兒嚴燕來也在場。我隨口背出《聖經》羅馬書一章27節後半段："男和男行可羞恥的事，就在自己身上受這妄為當得的報應。"老嚴說：這不就是說愛滋病嗎？並問，羅馬書是什麼時間寫的？我說，可能是主後57年寫的，據今已兩千年了。我們又討論了宇宙的成因等問題，我只能搬出創世記闡明自己的觀點，嚴燕來可是上海交通大學物理系教授，她講的更符合人類最新研究成果。

燕來後來與我有過一些交流。記得她曾講述她母親在病床上，臨終前受洗成了基督徒。她母親是肺癌，轉移到腦部。施洗人是美國《海外校園》的創辦人蘇文峰牧師。

我最後一次見老嚴，是2015年，他生病已經坐輪椅了。我向他傳講福音，燕來也在場。她很著急，說，"你要不要跟高牧師做決志禱告？"老嚴說，"還不行"。後來燕來告訴我，老嚴於2016年9月19日去世，享年98歲。臨終前，他說了一句，"壁嬡，等我！"她說，他父親這微弱的信心，不知是否蒙上帝悅納？因為他太太已經受洗，成為基督徒，現在在天堂。

　　燕來後又給我發來簡訊，說她父親去世，得到中國最高規格的禮儀。歷屆中國政府領導人，都致了唁電，送了花圈。老嚴，我的摯友，安息吧！

　　　　　　　　高魯冀寫於2019年2月5日（陰曆年初一）
　　　　　　　　　於美國北加州灣區核桃溪樂詩畝寓所

中国科学院

小冀：

　　近况想好！

　　提先告你我将于十一月廿日晚从London到San Francisco，住处已经排好，但即恐时间不多，二三天，即去他处开会。希望在机会到时打个一聚，谈谈你的情况，若有能帮忙处，当尽力。

　　我的事还是太多，匆匆，即祝

顺利

严东生
十月四日

严东生致高鲁冀信函之一

中国科学院
ACADEMIA SINICA
中国·北京
BEIJING, CHINA   1983.10.1

鲁冀：几个月没有通信了，从邮报报看到你的工作成绩，很不错，可以发挥你的长处，祝你获得成功。

我想告诉你，我将于十月下旬飞到美国参加开会，再到Washington, D.C.开会都是我们院外的学术会议。会后将会见到郭学院一长，二级部学院一次会晤，讨论一些问题，美国院科学校间将给见我。还会去一些地方，看大工业的R&D情况，看一些学校，老朋友，本国原在的同志们。订程虽然很紧，去的地方也不少。最后将于十一月十一日花一整天在U. of California, Berkeley，也许能乘飞机早上于十一月十日下午到。那里有不少老朋友，这次回去要他很长保尔安排我们的活动，中午有个午宴，晚上有中国馆内的一个晚宴，因关先生和王先生回国来参加会议。上午我将在材料科学系做一个报告，下午将和该系的教授们计论工作，商谈合作研究事宜。所以我们日程是十分紧凑的，同行的还有苏西的网住同志。还会将于十二日下午二时离S.F.信香港去新加坡里参加亚洲科学院一长会议。

我也很希望见你，但确实没有什么整段的时间。如果你方便，我希望于十一日上午到Berkeley, 事先跟我长的秘书联系，参加他们的午宴（这是我的设想）。我下午到，参加中国馆的晚宴。我将美国的日程还没有放美到这样的程度，你认为我这要怎么？请你配合考虑。不吃饭，我们机会谈一谈也可以。你有什么想法，我和伍告知周如英加J.

希望能见到你，祝

顺利
                                          严东生

严东生致高鲁冀信函之二

原德拉瓦州副州長吳仙標

1983年，我在美國加州舊金山擔任中文報記者，和我採訪過的一些人，保持很好的關係。其中有舊金山州立大學校長吳家瑋。吳家瑋有一次告訴我，他在香港時的一位同學也是好友吳仙標，要競選美國德拉瓦州(Delaware) 的副州長，希望大家為他造勢。我首先在報紙上寫了一篇報導，引起華裔的強烈關注。

德拉瓦州是美國東部的小州，人口僅60萬，其中82％為白人，16％為西語裔及黑人。這兩項加起來，已是98％。亞裔有4,000人，其中華人僅有600人。

吳仙標1937年8月13日生於上海，後移居香港，受教於香港。以後到美國留學，在美國華盛頓大學獲物理學博士。1966年任教於德拉瓦州州立大學，任物理及天文學教授。

吳仙標來到華人聚集的舊金山，一方面造勢，一方面籌款。我們新聞界有很多報導。很快，諾貝爾獎得主楊振寧，建築大師貝聿銘，電腦鉅子王安，加州州務卿余江月桂和舊金山州大校長吳加瑋等五人組成了助選委員會。到1984年6月，全美50位專業華裔人士組成了支持吳仙標委員會，其中有重量級人物諾貝爾獎得主李政道，丁肇中，著名物理學家吳健雄以及著名美籍華人陳香梅等等。陳香梅還是跨黨派支持。共籌得經費23萬元，其中2／3是華人籌的款。

當時我一人在美，家人還在北京，有我太太和兩個女兒。我自己存了三四萬美元，想全部或部分捐給吳仙標。此想法告訴吳加瑋後，受到他嚴厲的批評。他認為，我還不是美國公民，不能捐款，而且要存點錢準備家人的到來，絕不應捐一分錢。我這衝動的想法，便沒實現。

吳加瑋教授對我真是很好，不僅關心我的工作，還關心我的生活。聽說我太太要找人擔保來美國讀書,他主動提出來,由他擔保,叫我太太做他的研究生。並請僑領老魏名義上提供資助。但因美國駐華總領事館批復"有移民傾向",此事沒有辦成。

再說吳仙標,受到我們支持後,分別在1983年8月3號、8月20號、11月18號,1984年3月20號、7月21號,給我寫過五封信。信都很短,有英文及中文兩種文字。其中最短的僅有一字"謝"。最長的為1983年11月18號的信,內容如下:

魯冀先生:

　　在三藩市訪問期間,承熱心採訪,做了很多報導。諒必胸懷華裔久遠福利,深體開拓政壇之必要。不言多謝。祝　好　吳仙標上

　　另,見到蔡雲輔先生時請代問候。

(這位蔡先生曾駕駛私人小飛機,從美國本土飛往台灣,打破了紀錄,受到華人關注。)

吳仙標在全美華人支持下,於1984年11月6號當選為德拉瓦州副州長,並且當選為州眾議院主席,為華人參政,作出了典範。

高魯冀寫於2019年2月6日
於美國加州舊金山灣區核桃溪寓所

S. B. WOO
for
Lieutenant Governor

P. O. Box 584
Newark, Delaware 19711
Telephone: (302) 731-0584

鲁冀先生:

　　在三藩市访问期间,承热心採访,作了很多报导,谅必胸怀华裔久远福利深体开拓政坛之必要。

　　不言多谢。祝

好

　　　　　　　　吴仙標上

見到蔡云辅先生时请代候。

11/18/83.

吴仙標致高鲁冀信函

我在中華《聖經》公會的工作與容保羅牧師

我很早就知道容保羅牧師，他居然組織力量，翻譯了新譯本的《聖經》。我2003年在北加"基督工人神學院"學習，畢業前夕，王永信牧師和容保羅牧師分別來學院選人。他們不約而同都選上了我，因為我的大陸人背景，當時是很稀缺的。

畢業後，我一直在環球聖經公會作義工。2004年初，我進入大陸，探索《聖經》新譯本在大陸出版印刷及普及推廣一事。鑒於大陸的政治生態，可以說是到處碰壁。我曾訪問了印《聖經》單位的"兩會"全國副主席，國務院宗教辦公室，以及很多地方的官方機構，結論是不可能。只能在親朋好友中小範圍推廣。

"兩會"是指全國基督教兩會，包括"中國基督教三自愛國運動委員會"和"中國基督教協會"。這是官方機構，只有他們可以合法印刷《聖經》。他們印刷的《聖經》，前面有註明"本書的印刷承蒙聯合聖經公會捐贈紙張並提供版權，特此鳴謝！"其實，連全部印刷機器，都是愛德基金會提供的。也就是說，他們印《聖經》，是不需要任何成本的。這也造就了他們的獨霸地位，他們不要有任何競爭者。只要有，都受到他們的打壓。

保羅牧師 寫信舉薦

為了我到中國大陸去推廣《聖經》新譯本一事，環球《聖經》公會的會長兼國際總幹事容保羅牧師，曾給我們教會，寫過一封信。信的內容如下：

（用的是環球聖經公會抬頭的信紙）

三藩市國語浸信會

周保羅牧師，各位長執，全體會友們，你們好！

　　貴會會友高魯冀傳道，自今年五月神學院畢業後，一直在我會任義工。今年十月，我會憑信心派遣高傳道到大陸工作一個月。高傳道在大陸的工作有兩部分：

　　（一）到北京，上海，天津，南京等大專院校等處見證耶穌基督傳揚福音，並瞭解當地教會情況。

　　（二）推廣《聖經》新譯本及天道所出版的多類福音書刊（包括連絡在大陸出版事宜）。

　　高傳道此行任務十分艱巨，時間也長，因此懇請貴會弟兄姐妹，迫切地為他禱告，求主保守他的腳步，並賜給他屬天的智慧。另外，本會乃憑信仰望神之機構，此項新增事工，仍無足夠經費。懇請貴會能為他籌措部份所需費用，如貴會匯總統一開具支票給我會，言明資助高傳道宣教經費，我會願開具免稅證明。高傳道在前方進行屬靈爭戰，我們在後方的人，希能做好他的後勤，使他沒有後顧之憂，能勇往直前。祝

　　以馬內利

　　　　　　　　　　　　　　　　　　環球聖經公會執行總監
　　　　　　　　　　　　　　　　　　　　容保羅牧師

　　容保羅牧師不僅是環球聖經公會會長兼國際總幹事，還是《天道書樓》創辦人。他說，1919年西方宣教士翻譯完《和合本<聖經>》，留下一句話："我們已經盡了最大努力了，接下來就看你們了。"

　　《聖經》和合本的翻譯，從1890年到1919年，經歷了29年。而新譯本的翻譯，從1972年到2001年，也是29年。

　　容牧師說，聖經新譯從一開始，就遭到激烈的反對。初期是在一片反對聲中，毅然推進。新譯本工作的主席，是滕近輝牧師，他是德高望眾的老牧師。而容牧師負責推廣，是第一線的人員，矛頭都指向他。他是含淚作工，心中充滿了恐懼。但對主的忠誠及使命感，叫他硬是堅持下來。我親耳聽到許多人對他的攻擊，其污言穢語之惡毒，

恐用在撒旦身上才合適。

新譯《聖經》巨大使命

翻譯新譯本的工作，是十分艱巨而又吃力不討好的。但我們是要討神的喜悅。據容牧師說，和合本需要改進之處為：

（1）舊文字令當代讀者陌生；

（2）解釋與現代文不符。

而對新譯本的改進，則是：

（1）REVISE，從頭到尾檢查一遍；

（2）UPGRADE，校對發現問題，二版修正。

新譯本《聖經》是從原文翻譯的，也就是舊約從希伯來文翻譯，新約從希臘文翻譯。和合本《聖經》是從英文翻譯的。很久以前，中國人懂得希伯來文和希臘文的很少，現在，懂得的人卻很多。像環聖的鄒華成牧師，兩種文字都精通。

容牧師為了推廣新譯本，出版了很多期刊及小冊子。其中"有趣的問題和不一樣的答案"中，容牧師親筆寫下"懇請讀一讀，就知《新譯本》的優點"。這本小冊子第一條就是：

> 彼得在五旬節時演講，是他自己一人，還是十一個使徒和他一起講（徒2：14）
>
> 《和合本》彼得和十一個使徒，站起，高聲說，……
>
> 《新譯本》彼得和十一使徒站起來，他高聲對眾人說，……

從原文《聖經》和幾個最可靠的英文譯本，很快就找到新亮光。

這樣的例子，還有很多，他們從《聖經》的每一章，都選出一些有錯誤，或不合時宜，或不夠貼近原文的經文，列成一張表，使大家一目了然。時至今日，新譯本發行已超過100萬冊。

《和合本<聖經>》經專家檢視，大約有近千處翻譯不大理想之處，需逐一改正。新譯本已改進了幾百處，大約還有幾十處需要再改進。

容牧師信中提到，我在大陸的工作，需要教會弟兄姐妹在禱告上和經濟上都支持。上帝是信實的，教會為我籌的款，竟和我的花銷基本上持平。更重要的是，在大陸我也收到奉獻。如一位女教友說，我能自費來華宣教，她要支持。她竟捐了一萬元人民幣。按當時的匯率，大約是一千美金了。還收到些零星的款項，如我去講道，他們一定付報酬。

我和妻子在大陸的工作，卓有成效。我們在2006年6月7日-10日，在上海復旦大學召開了"經典翻譯與詮釋"的國際學術研討會。共有全世界五十餘個單位參加，我的論文《聖經——一本天書》還是三大主題演講之一。中華聖經公會的會長王大成，為此次會議捐了十萬元人民幣，大約一萬元美金。來參加會議的人，食、住、交通，大會都負責。大概這也是大陸的慣例。

我們也曾去西安的陝西師範大學給碩士班的三十位大陸牧師講課。此外，還到各大城市去傳福音及推廣《新譯本<聖經>》。

我所有的行程及活動、工作，都詳細寫成文字，用Fax發至美國，向容牧師及鄒華成牧師報告。初步統計，約有五六千字。我深信，我所做的一切，都得到聖靈的幫助和教導。

特別是，環球聖經公會還出版了和合本與新譯本對照的《聖經》，更是受到全球中國人的歡迎。

我在大陸期間，和"江蘇神學院"院長蘇德慈的會面，值得一記。他本人非常謹慎，約的會面地點既不在神學院，也不在我住處，而是在上海中山公園門口。可見他小心謹慎到極點，對此我很理解。

他說，大約在1990年代，兩會曾轉給他們一批十八、十九世紀的教會歷史，多是英文的年報、報告等，約有四五萬冊，因存放佔地太大，又無法整理，雖然編了目錄，但很多未有上架。

2002年又轉來一批，多是聖公會、長老會、衛理公會半個多世紀前的資料，多為中文的。很多紙已變脆，要做退酸處理。這麼多中國教會歷史資料，是非常寶貴的，但極缺資深研究人員統籌安排此事。而且兩會雖然交下這些文件，但並不放手，因怕有人利用這些資料，寫不利於政府的文章。因此這批文件不僅對境外不開放，對境內也不開放。願意從事研究的人員很多，但他們一律不接受。

蘇院長說，一切要通過兩會。與我的見面屬於私人見面，不需要報告。所以絕不能在他們學院，而要在一個公眾場合。1990年-1992年，他曾在華盛頓DC做訪問學者，並兼任那裡中華教會的客座牧師。該教會來年七十週年，要請他去，他認為，對於神學交流，一定要通過兩會，所以該教會請他暑假去美國講學，他不接受，也不接受境外人員到他們學院交流。所以我也不能去他們學院訪問，因為是境外宗教人員。他是當地基督教協會的副會長，但他強調，是"掛名的"。

他本人曾擁有寧波話的《聖經》，上海白話文的《聖經》，天主教吳敬雄譯《聖經》等，但在文革中，都被付之一炬。據他說"有人"有一本1872年太平天國出版的《新遺詔書》（即《新約聖經》），僅啟示錄缺了幾頁。我問他，可不可以付錢影印？他不置可否。但說，可以問問人家賣不賣？我馬上說，我們願意買。他又說，也不知要多少錢？大約是待價而沽。我回來仔細想了一下"有人"可能就是他自己，想賣一個好價錢。當時，我初步探討"一千元美金"？他哼哼哈哈不講實話，大約嫌太少。

返美以後，我將在中國的工作向容牧師及鄒牧師作了詳細報告，一些不便訴諸文字的事，也做了口頭報告。

我給容牧師的報告，一定加上鄒牧師，因為鄒牧師是做具體工作的。容牧師雖然不出席在大陸的國際學術研討會，好像也不做具體工作，但他心中裝著一切。例如我的按立牧師一事，他放在心上。但我的按牧典禮，他沒有出席，也未在按立牧師團名單中。我有事，就打電話給天道書樓，但更多時侯，是打到他家裡。每次打電話，都得到滿意的答覆。

他的榮休感恩會，於2007年10月15日在南灣一家餐廳舉行，他為了叫我參加，親自給我打了電話。那次餐會後，就很少看見容牧師了。

後來才知道，雖然他看上去一天到晚樂呵呵的，還經常四處講道，從事很多事情，但實際上，他與疾病奮鬥了三十多年，他的肺被割去三分之二，肋骨也被拆去六根。他真是一個主所重用的僕人，也是一個讓人敬仰的牧師。我有幸和他共事，讓我學習良多。

高魯冀寫於2019年3月14日
於美國加州舊金山灣區核桃溪樂詩畝寓所

環球聖經公會
WORLDWIDE BIBLE SOCIETY
P.O. Box 61843, Sunnyvale, CA 94088-1843
Tel: (408) 720-8129　　　　　　Fax: (408) 720-8133
email: info@wwbibleusa.org

三藩市國語浸信會

周保羅牧師，各位長執，全體會友們，你們好：

　　貴會會友高魯冀傳道，自今年五月神學院畢業後，一直在我會任義工。今年十月，我會憑信心擬派遣高傳道到大陸工作一個月。高傳道在大陸的工作有兩部份：
（一）．到北京，上海，天津，南京等大專院校等處見証耶穌基督傳揚福音；並了解各當地教會情況。
（二）．推廣聖經新譯本及天道所出版的各類福音書刊（包括連絡在大陸出版事宜）。

　　高傳道此行任務十分艱巨，時間也長，因此懇請貴會弟兄姐妹，迫切地為他禱告，求主保守他的腳步，並賜給他屬天的智慧。另外，本會乃憑信仰望神之機構，此項新增事工，仍無足夠經費。懇請貴會能為他籌措部份所需費用，如貴會匯總統一開具支票給我會，言明資助高傳道宣教經費，我會願即具免稅証明。高傳道在前方進行屬靈爭戰，我們在後方的人，希能做好他的後勤，使他沒有後顧之憂，能勇往直前。

祝

以馬內利

　　　　　　　　　　　　　　　　環球聖經公會執行總監

　　　　　　　　　　　　　　　　　　容保羅
　　　　　　　　　　　　　　　　　　容保羅牧師
　　　　　　　　　　　　　　　　　　9/13/04

忠於原文，易讀易懂 "A Better Bible for China"
www.wwbibleusa.org

容牧師為高魯冀赴中國傳教所撰介紹信

我的佛教大師朋友宣化上人

認識宣化 成為好友

宣化上人是加州萬佛城的創立者，也是將佛教傳入西方世界的先驅。我與宣化上人是好朋友。

萬佛城建在北加州的達摩鎮（Talmage），但他們在舊金山中國城有宗廟，記憶中是在都板街，好像是美國銀行樓上。

大約1986年，我在舊金山任中文報業記者。有一次，偶然的機會，我進入了他們的廟，其實是北加州萬佛城在舊金山的辦事處。宣化上人笑瞇瞇地和我打招呼，我就坐在他旁邊，和他聊了起來。一聊，兩個人都停不住，聊了大約一兩個鐘頭。我印象中，他非常有學識，文學水准極高。

從那以後，只要有時間，而又正好路過此地，我一定上去見他。我們聊天時偶爾有信徒進來，虔誠地給他磕頭，我很不舒服。雖是給老和尚磕頭，我也跟著"沾光"，不太好。可宣化上人卻說，沒關係的，他們是拜佛祖，不是拜某個人。

記得有一次，我們正在談話，有他的弟子向他請示什麼，他突然問我，要不要去萬佛聖城看看？我問，怎麼去？他說，正好他們要開車去，你跟著去就行了。萬佛城離舊金山中國城有110英哩，約要開三四個小時。我說，我怎麼回來？他笑著說，有去有回，當然會帶你回來。我就去了萬佛城。車上全是美國年輕人，他們到了一處停下來，說犯規矩了，原來是買可樂喝。

萬佛城之大，出乎我意料之外。記憶中，遠處是山，這塊平地還真好。這裡原來是精神病院，但沒有經費，辦不下去了。而且當地無水，所以賣得很便宜，老和尚決定買下來。又是傳說，老和尚買下之後，用手一指，立刻在此地打出水來。我曾以此問過老和尚，他笑著說，我哪有那麼神，我們需要水，當然要打井了。

但當時的萬佛城沒有規模，甚至沒有大雄寶殿。因為原本不是佛寺。我是學土木建築的，就向老和尚建議，萬佛城要有規劃，要有設計圖，這樣以後才可以一步步地發展。老和尚倒是很聽從我的意見，而且說，那你給幫幫忙，幫我做個規劃。我還真的幫忙，容後再表。

我和老和尚是無話不談。記得有一次，我們談起了中國的領導人，我提出毛澤東，老和尚說，他是大象。周恩來，他就是人。胡耀邦，是猴子。鄧小平，是金蟾。還有什麼人，老和尚都給出解答，還真的很形象。我還寫成了文章，在報上發表。老和尚告訴我，我們兩人的私房話，最好不要公開。我答應了，以後再也不發表。

有時，我從恩師曹仲英先生處拿了畫去賣，先挾著進了萬佛寺。老和尚看了很喜歡，我就讓給他。說是讓，一點也不假，因為不賺他的錢。他大概買了幾幅，都是有名有姓的。記得一位清朝的大將軍，喜畫梅花，也讓給他了。我問他，這些畫買了何用？他說，是中國文化，需要保留。他一再追問，是否是真跡？我說，我是大樹底下好乘涼，經曹先生的法眼鑒定過，我認為是真的。

他的徒弟，很多有博士學位的美國人，對他都非常尊重。記得還有一位女性，大概叫廖鳳鳴，中英文都極好。以後好像回了香港。他的徒弟都是恆字輩的，大徒弟叫恆實。一位同業朋友說，你去跟老和尚說，我也要飯依了，法名都起好了，叫"恆財"。我告訴老和尚，他笑笑，說，出家人不愛財。

我也曾質疑他們的宗旨：精誠持戒，夜不倒單，過午不食。老和尚說，這是他們修行的必須。近年才知道，過午不食反倒能長壽。他們的齋飯我吃過，真不好吃，是水煮的青菜。很多超市過了期的或賣相不好的蔬果，都送給他們。老和尚認為，酒肉穿腸過，吃齋不是絕對的。他說，台灣一位天主教領袖于斌到訪，他還給他吃雞。

幫助規劃 北京請人

大約是1988年，我為了幫助他們規劃萬佛寺，準備到北京去請專業人士。老和尚跟我就是一說，也沒有任何請人的手續，當然更沒有合同。我就憑著彼此的信任，帶著一封萬佛城的介紹信將出發了。我人到北京，在中央美術學院請了三位：美院副院長，油畫家侯一民；

藝術大師，雕塑家錢紹武；雕塑家史超雄。清華大學建築系三人：建築史家陳志華，他是我讀研究生時的導師，還有兩位教授。因為是為佛教辦事，又通過了北京統戰部的關係，事情辦得很順利。

回來後，我在舊金山向老和尚報告，他很高興，問怎麼付我錢？我說，您就付我飛機票錢就行了。他就拿了一些現金給我，我也不計較。

請來的人原本被安排住在萬佛城，但他們報怨吃不飽，因為那裡過午不食，而且沒有肉。我告訴老和尚，他一想也是，就叫他們搬到舊金山城裡住。住的是一位醫生的房子，後來醫生在萬佛寺出家，把自己的房子也捐給了老和尚。

住處解決了，吃又是大問題，我只好去"化緣"，不過我化的不是齋，而是肉食。侯一民的兄弟在聖馬刁（San Mateo）開中餐廳，捐助了我們一些。我也為他們募捐，倒還真有響應。特別是帶他們認識了曹仲英先生。以後，侯一民、錢紹武都為曹先生的鉅著《近現代中國繪畫集萃》寫了序或評論。兩位先生都對曹先生的收藏大加讚賞，稱曹先生是大行家。曹先生說，錢紹武是海內外支持他的第一人。曹先生多次在高級餐廳宴請他們。

不知為什麼，規劃圖最終也沒拿出來。萬佛城還處於不定型狀態。這些年怎麼樣了，我也不知道。

宣化上人生於1918年4月26日，今年是他的百歲生辰，在舊金山總圖書館三樓，有他的事跡展覽會。

他15歲就拜常智老和尚為老師，學習四書五經，諸子百家，醫卜星相。他字"度輪"。記得我去大陸給他請人，用極好的壽山石，找名家給他刻了一方印章，"宣化度輪"。回來送給他，他說了一句"其實這是兩個名字"。

1948年，他去廣州曹溪南華寺，拜師釋虛雲。1959年，他在美國成立"中美佛教總會"，後改名為"法界佛教總會"。1962年，他在舊金山成立萬佛城。

他發下三大宏願：（1）在佛教裡辦教育，（2）翻譯經典，（3）在美國推廣佛教。他基本上都做到了。他在萬佛城辦了育良小學，培德中學，法界佛教大學。他主持翻譯了大量佛經，從中文譯成英文。他收了許多美國青年學者成為他的弟子，推廣佛教。所以他的三大弘願：弘法、譯經、教育，都做到了。

佛家的六大戒律是不爭，不貪，不求，不自私，不自利，不打妄語。我曾對老和尚說，你們出家人做到了這六點，真的是無煩惱了。不擔心失業，不擔心股票下跌……跟他學佛的美國青年，都要首先學好中文，因為佛經基本上都是中文的。他們印的佛經都很考究，他也送了我一些。萬佛城僧衆的生活很有規律，記得每週某日還有對對聯的集會，就是提出上聯，要對出下聯。只有中文水准高的人，才能應對。當然，參加次數多了，中文也會提高的。

有一次，老和尚對我說：世界上的一切紛爭，都脫不開兩個字"財"和"色"。他說，不信你就仔細想想。我想了想，觉得還真有一定道理。

1986年，我遭到極大的不幸，一個中國人在美國所能擁有的一切，都消失殆盡，我向老和尚敞開心扉哭訴，說，我的美國夢只剩下一個字"死"。老和尚反問我："你怎麼知道死了比活著好？"把我問住了。

老和尚的驚人之舉，是1987年舉行"世界宗教聯席會議"，集佛、儒、道教、基督教、天主教、回教等於一堂，舉行世界會議，討論宗教對世界的作用。為了宏揚佛法，他從中國請來了百多人，其中有他家鄉黑龍江五常市他的一些親屬，還有直系親屬呢。

萬佛城太遠，我和老和尚不是常見面，慢慢失去了聯絡。聽說他得了癌症，終於不治，1995年6月7日撒手人寰。

高魯冀寫於2019年3月11日
於美國加州舊金山灣區核桃溪樂詩畝寓所

孫中山的孫女孫穗芳

2018年12月15日，夏威夷聖路易學校（St. Louis School）在校園內豎起了一座孫中山先生銅像。這也是國父孫中山的孫女孫穗芳博士許下大願，要在全球廣設國父銅像的第251座。與之前不同處在於，這次孫穗芳特別在國父肖像與底座間加了一張孫中山與孫科的照片，指出此次捐贈特別要紀念她的父親孫科。

1845年，夏威夷國王卡美哈美哈三世時期，撥了數百英畝土地創建了這所天主教學校，招收對象是從幼稚園到12年級學生。孫科就是在1906-1911年在該校求學。

15日豎立的銅像，由孫穗芳捐贈。聖路易學校監督米德洛博士說，這座銅像意義重大，特別是可以改變學生的世界觀，並更瞭解中國近代史。孫穗芳表示，孫中山思想歷時百年，至今仍然適用於全人類。國父曾外孫王祖耀介紹孫科在夏威夷求學的歷史淵源，同時展示了一張孫科1970年赴柏克萊大學時，途經檀香山與孫穗芳全家合影的照片。

長期以來一直為孫穗芳製作國父銅像的蔡再輝表示，他很欽佩孫穗芳女士的堅持不懈。他由2003年開始製作銅像，至今做了251座，每座花費約2萬5千元。初步估算一下，251座銅像，已花費627萬5千元。這只是製作費用，還有她到處旅行、考查、訪問的費用，總得千萬美元左右。而且一個八秩高齡的老人，仍孜孜不倦地在全世界各地奔波，推行孫中山先生的理念，讓人肅然起敬。

我與孫穗芳女士結緣，是在八十年代初，我在舊金山擔任中文報記者，經孫穗芳表弟馬必超介紹，認識了她，並對她進行了不止一次

的採訪。記得採訪後,我把報上登出的文章寄給她,收到她的回信。信寫於1986年3月14號,內容為:

高魯冀先生:您好!

值此新春佳節,遙祝您身體健康,萬事如意。

去年八月,在表弟馬必超安排下,有幸與您暢談半日,後又收到您寄來對我報導的報紙,謝謝您!

最近廣東中山市的中山僑刊要我寫一些東西,因此我寫了一篇《孫中山先生的救國主張並和平統一中國》。後收到回信,他們大家都十分欣賞,以為這篇文章寫得合時代要求。準備在第十期《中山僑刊》發表。我這裡寄一份給您,可能您《文匯報》美洲版也可登載,同時也想聽聽您的意見請多多指教!

最近香港大公報的費斐來信,《大公報》為配合四化,擴大海外宣傳,擬在館內選拔若干青年從業員,分期分批派出海外學習,提高他們的業務水平,增長見識。本埠的夏威夷大學新聞系為十從業員專門設有訓練班,為期九個月(一學年二學期)。她希望我能助他們夏大獲一名獎學金名額,我與夏大新聞系的Prof. John Luter接洽後,獲同意可免學費三分之二,即二學期連學費,住宿,膳食等一共只需六千美元。教授說,今秋可收二名這樣的學員。《大公報》只預備派一名學員來學習,因此我想到您《文匯報》了。我已寫了一信至香港《文匯報》李子誦先生。不知您個人是否有興趣來這裡學習九個月呢?

最近我為中央衛生部的二名青年,擔任他們今秋來本埠的夏威夷太平洋學院讀商業管理,目前他們正在西安進修英文。衛生部預備一共派五名青年來美國進修商業管理。我是該學院的董事會成員之一,因此對中國來之學生都可予以學費減半至免90%。
匆祝 快樂。

孫穗芳 敬

孫穗芳1936年3月18日生於上海,是孫科的非婚生女。其母嚴藹娟原是孫科的秘書,與孫科同居。孫穗芳1955年高中畢業,品學兼優,還是三好學生。但因孫科是國民黨員,她政審不合格,未能入讀大學。不得已之下,她向祖母宋慶齡求助。宋慶齡時任中國國家副主席。祖母回信,勸她要心胸寬廣,上大學不是唯一的道路,但也祝她明年能如願以償,進入大學。次年,她果然被上海同濟大學建築系錄取。

1959年其母嚴藹娟得心臟病，她赴港探親。1965年嫁給香港富商王時新之子王守基，後移居美國夏威夷。1966年11月，在同父異母長兄孫治平協助下，在台灣見到父親孫科，當年孫科75歲。

1986年3月，孫中山誕辰120週年，她前往廣東省中山縣翠亨村，宣揚孫中山思想。她是最虔誠的使者。她為捐贈孫中山先生銅像，賣掉了自己的兩幢房子。

1985年，她向出訪美國的中國國家主席李先念建議，在深圳建立孫逸仙心血管醫院，獲准。該院於1992年1月開院。她同時支持"黃河大學"於1985年5月在河南鄭州成立。她曾經幫助八十多名中國學子到加拿大、法國等國家深造。

2011年，為紀念辛亥革命100週年，她於2010年11月10日，在香港中文大學逸夫書院捐贈一尊孫中山先生銅像。2016年，她將另一座孫中山先生銅像捐贈給珠海書院，並於10月14日參加揭幕典禮。

她擔任著眾多社會職務：孫中山和平基金會主席；夏威夷中國婦女慈善會會長；夏威夷太平洋大學校董；中山大學香港校友會名譽會長。也是深圳孫逸仙心血管醫院的創辦人。

為宣揚孫中山先生的理念，她不僅著書立說，而且到處豎立孫中山先生紀念銅像。2017年，為紀念辛亥革命151週年，她發表世界和平宣言，並在金門捐贈孫中山"奔走革命"全身銅像。5月12日參加揭幕典禮。

高魯冀寫於2019年1月10日
於美國加州灣區核桃溪樂詩畝寓所

孙穗芳致高鲁冀信函

香港影展金像獎得主嚴浩先生

我與嚴浩先生在美國相識。那時我是香港《文匯報》駐美特派員，一次採訪舊金山舉辦的香港電影節，與他相識，並進一步交往，成為好友。他來參加影展時，離了婚，僅一個人，有時間。而我也是"光棍"一條。我將在週末帶他逛我所喜愛的舊金山百老匯大街一帶，這里真的是聲色犬馬。酒巴也有不同的屬性。有一個是藝術家聚集之處，去的人有畫家、作家、表演藝術家等。我們偶然和其中某人聊上幾句，覺得此地真是"臥虎藏龍"。酒巴裡還有一尊小型的孫中山先生石膏像。孫中山鬧革命時，舊金山是他的大本營，籌款基地。

當然，還有很多形形色色的場所。例如一間美國共產黨辦的書店，裡邊居然有《毛語錄》等紅色書籍，當然是英文的。也有一些色情場所。脫衣舞場是不用說了，但要坐在裡面看，且要買一定量的酒，我們沒看。也有真人秀，是一間屋子，有許多小窗戶，你放了錢，窗戶就打開，一個裸體女人在裡面扭著。到了時間，窗戶關閉。你若不斷放錢，窗戶將一直開著，裸女就扭到你跟前，展示自己的女性器官。有的你還可以伸手進去摸一把，當然小費是必須的。

也有賣非洲藝術品的。記得中國畫鑒藏家王己千先生最喜歡非洲的藝術品，說是原始的，粗曠的，最震撼人心的。也有賣各種寶石的，如蜜蠟石，綠松石等。也有賣首飾的。

嚴浩還曾訪問過我的斗室。黃永玉管他在北京的小屋叫"美術罐頭齋"，我的斗室可稱為"美國罐頭屋"。在舊金山的華盛頓街上，是高尚生活區，離中國城很近。我房子雖小，但卻有不少寶貝。因為其時我已經開始蒐集中國畫及古董。記得有一塊中國宜州魚化石，發現於遼寧省義縣境內的中生代侏羅紀地層中，距今已有一億二千萬年。嚴浩看了驚訝不已。他說這應該是博物館級的，怎麼我會有？我告訴他，類似化石，在中國東北有很多賣的，並不值錢。我說，"這塊就送給你了！"說著，用圓珠筆在化石上寫上送給嚴浩的字樣。化石很硬，筆都寫壞了。他一再叫我停止。

嚴浩對我收藏的字畫，也覺得不可思議。實際上，在專家指導下，學習鑑定並收藏，是一個循序漸進的過程。我們還談到我寫的一篇小說，實際上是我親身經歷。他認為寫得很好，可以寄給他，他在港想辦法發表，或改編為電影劇本。聽說嚴浩在香港報刊上還寫了他在舊金山的見聞，我也未曾見到。

嚴浩為拍《似水流年》和女主角顧美華傳出緋聞，導致雙方都離婚。該部片子領銜主演的是斯琴高娃，嚴浩說，他很敬重斯琴高娃，她是資深演員，憑此片得到第四屆香港電影金像獎之最佳女主角。首次從影的顧美華也因此片得到最佳新人獎。從談話中感覺，他要拍下一部片子很難。他一直鼓勵自己，要盡快開拍下一部電影。現在想想，可能找投資方不易。

嚴浩的老爸很有名，叫嚴慶澍，筆名"唐人"，是小說《金陵春夢》的作者。嚴浩生於1952年，1973年畢業於英國倫敦電影學院。1975年返港，任香港無線電視台編導。1984年拍電影《似水流年》，獲香港金像獎之最佳影片獎及最佳導演獎。1990年拍攝《滾滾紅塵》，獲八項香港金像獎。1996年拍《太陽有耳》，獲德國柏林影展最佳導演獎及國際影評人獎。

嚴浩返港後，曾有兩次明信片寄來，都寫於1986年，日期已不可考。一封寫道：

老高兄：大函收到，承蒙錯愛，不勝汗顏。你的決定很好，準備拜讀大作。同時謝謝你的信任。我近日常返港陸兩地，不日將赴雲南。此去又是數月。十分懷念與你促膝談心之情。祝萬事如意！嚴浩。

另一封是：

魯冀兄：我又到北京來了，可惜忘了問您家中地址，否則可以去拜訪尊夫人。自美國回港後基本上沒停留幾天，畫的事只好暫時耽擱。"文章"的事及小說代筆之事已在接洽中。我月底回家當有消息。希望很快可以見到你。嚴浩。

　　我到香港時曾找過他。但他的電話很難接通，轉來轉去，最後也沒找到。可見他很忙。嚴浩是香港八十年代新浪潮電影主力，自有他本身的功力。從報上看到，他58歲時，娶了26歲的嫩妻賈楠，並且生下一女。祝福他。

高魯冀寫於2018年11月15日
於美國加州舊金山灣區核桃溪樂詩畝寓所

祖炳民傅虹霖伉儷長眠灣區

看到前白宮顧問委員會亞太裔主席祖炳民的夫人傅虹霖，2018年10月24日病逝於加州聖馬力諾市的消息，心中十分悲痛。這對賢伉儷的種種，浮上心頭。

10月31日，傅虹霖安葬於柯瑪市的聖十字墓園。她與丈夫祖炳民同葬，一同長眠於舊金山灣區。當年祖教授下葬，我曾出席葬禮。那墓園離我家極近，走路就能到達。

傅虹霖1938年12月25日生於四川長壽縣書香門第。父親傅克軍乃抗日名將，被譽為中國"工兵之父"，曾任中國獨立集團軍指揮官，兼任中國遠徵軍指揮官，負責修建史上聞名的"中印公路"，也稱"史迪威公路"。在台灣退役後，被蔣經國重用建設台灣橫貫公路與花蓮東部土地開發。

傅虹霖是紐約大學歷史學博士，她的博士論文《張學良與西安事變》被翻譯成中文及日文，在中國大陸，台灣及日本，影響頗深。當年我任香港文匯報特派員，和他們夫妻有很好的關係。我知道祖太太竟是紐約大學博士，吵著要看她的論文。她說，"那都是陳年的黃歷了。"

她和祖炳民1965年結婚，兩人夫唱婦隨，長年從事教育，育人無數。兩人也一生致力於亞太裔融入美國政府的工作，幫助亞太裔參與美國政治，貢獻美國社會。我曾問過祖教授，為什麼是亞太裔？祖教授微笑著說，實際上就是華裔。說亞太裔，範圍大一點。

祖教授是東北人。他1924年生於吉林，早年留學日本，1946年東京大學法學院畢業。後移民美國，1949年在喬治敦大學獲碩士學位，1954年在福特海姆大學獲政治學博士學位。二十世紀50-60年代，在西東大學任教。祖教授敦實的身材，對人非常親切。我清楚地記得他有點東北口音的國語。見面總是一聲"魯冀啊"，聽著都舒服。他與舊金山州立大學陳立歐教授也是好朋友，兩人親密無間。

祖教授的中文、英文、日文都好。我有一次聽他的英文講演，聲如洪鐘，慷慨激昂，印象深刻。有一年，大概是2001年，他被小布什總統任命為亞太裔事務顧問委員會主席。記得有一次，正值中國農曆新年夜，他剛從首都華盛頓回來，我打電話去他家。他聽見是我，第一句話就說，"魯冀啊，在哪兒呢？快來家裡吃餃子。"雖然餃子沒吃成，但情誼在。

我1986年被人騙了六萬多塊錢。他知道以後，總是帶我到各地去賣太陽眼鏡，是台灣生產的。雖是太陽眼鏡，但上面有民主黨和共和黨的代表動物，分別是驢子和大象。他到會場開會，我在外邊賣眼鏡。因為設計新穎，物美價廉，所以生意興隆。他開完了會，我當然也結束了生意。當我向他交賬時，他說，"交什麼帳！賣的錢都是你的！"

他每次開會都開車帶我去。有一次在路上，他對我說，"你被人騙了錢，我想想，你去買樂透獎，也許中了獎，你就發了。"我雖然沒有聽從他的建議，但他也是盡心想幫助我。

1970年代早期，祖教授在聯合國結識了後來的美國第41屆總統老布什，二人成為朋友。所以他成為老布什總統的顧問，順理成章。以後尼克松，福特，里根總統，小布什總統任上，他都是顧問。尼克森訪華時，祖炳民被聘為白宮亞太裔共和黨主席及中國顧問。 2001年小布什總統任命他為亞太裔事物顧問委員會主席。 他對兩岸中國人的和平與在美亞太裔參政貢獻甚大。

他這個顧問，可是又顧又問。據勞工部長趙小蘭介紹，布什總統任內，他推薦了150多名亞太裔美國人進入政府機構。小布什總統時期，他更推薦了210多名亞太裔進入美國主流，為亞太裔從政，提供了更多的機會和途徑。

祖炳民和傅虹霖膝下無子女，一生奉獻給了美國亞太裔族群，服務社會與國家。柯瑪的墓園，祖教授的黑色大理石墓碑十分壯嚴，上書"祖炳民博士之墓"，頂部刻有十字架。他是一個基督徒。他太太的墓碑緊貼著他的。

高魯冀寫於2018年11月8日
美國加州核桃溪樂詩畝寓所

在美國劇院演忽必烈·汗的名演員孫道臨

　　1988年，孫道臨先生來到美國舊金山，參演ACT劇院排演的美國著名劇作家尤金·奧尼爾的《馬克百萬》。此劇是描寫馬克波羅到中國的故事。該劇有八十幾個角色，時間及空間跨度都很大，非常難演。據悉全美只有兩三家劇院能演。中國演員中，據說能用流利英文演出的，只有兩人：孫道臨和英若誠。孫道臨在劇中飾演忽必烈汗。要演兩個月呢。ACT劇場非常之有名，在舊金山市中心聯合廣場附近。

　　說起孫道臨，那可是大大地有名，我們是從小看他的電影長大。剛解放時看《烏雅與麻雀》，當時我上小學一年級，大概太小了，看不明白。可母親非常喜歡。以後他演的《永不消逝的電波》《早春二月》《渡江偵察記》等等，都是膾炙人口。其中《早春二月》被批是"黑電影"，但解禁後看看，並沒有什麼"反黨反社會主義"的內容，只是太溫情了，不符合階級鬥爭觀點。他後來又主演並導演了《雷雨》《非常大總統》《詹天佑》等。

　　後來我才瞭解到，他是燕京大學哲學系畢業的，怪不得英文那麼好，而且人有書卷氣。當然，演出解放軍角色，就有陽剛氣。他是1921年生人，來舊金山時已是 67 歲了。但絲毫看不出來，我以為他只有 50 歲。實際上，他大我整整 20 歲！

　　他來舊金山演出，而那時我在舊金山當中文報業的記者，曾多次採訪他，並請他吃飯、邀談，兩人成了好朋友。他為什麼來舊金山演出，其中還有一段動人的故事，我也曾寫出來，發表在報上，可惜文章找不到了，而且三十年前的往事，我也不清楚記得。好像是他一次坐火車，大概從杭州到上海，遇到一美國人。那人是尤金·奧尼爾戲的導演，兩人用英語交談起來，促成了他的舊金山之旅。我們當然也去看了演出，孫道臨的戲份不多，可想而知，有八十幾個角色呢。但他僅有的戲，演得極好。記得有仰天長嘯場面，他聲如洪鐘，令人印象深刻。我曾不止一次地看他的演出。因為我有舊金山警察局發的記者證。此證每年要更新一次，但非常有用。很多演出、展覽甚至球賽，憑證都可以免費，但要事先領票，當場票不可以。我們記者還可以有一張特殊的停車證，因為要搶新聞，所以幾乎可以在任何地方停車。很多高官為此眼紅，但也毫無辦法。

他回上海後，我寫的一個電影劇本曾托他找人給看看，與他有書信往來。1988年12月的信是寫在一張賀卡上。信說：

魯冀兄：

舊金山二月有承兄多方照顧，並盛情款待，厚誼難忘。我兄所寫提綱及資料已交上影文學部一位編輯，閱後當奉復。謝謝你的友誼及信託！

恭祝 新年快樂 一切如意！

孫道臨 1988年12月 上海

我是寫了一個電影劇本，有原作小說及劇本詳細大綱。曾給香港導演嚴浩看過，他認為很好，所以才敢請孫先生找人看看。他曾看了我寫的詳細大綱，說，你這部戲還真全活，情節，人物，對話，場景，甚至追逐，打鬥，什麼都有。說完，呵呵大笑。

他的第二封信寫道：

魯冀兄，你好。

寄來賀年卡及附信均收悉。大作提綱及資料我早已交我廠文學部的編輯陸壽鈞先生。陸是經驗很豐富的編輯。最近謝晉組飛星公司，就由他擔任劇本編輯部主任。他本人也寫過不少投入拍攝的影視劇本，因此我已拜託他，看過後即和你取得聯繫，想來不久會給你去信的。

我回來後拍完了一部電視喜劇片《純金的城》（上下集，片長一百分鐘），中央電視台準備在春節播映。前不久膽囊炎舊病復發，住了幾天醫院，現正在家休息，很可能一個月後要去動一下手術。今年準備投入拍攝的《金錢世界》，劇本正由沈效先生修改中。

　　回憶舊金山兩個多月，華人新聞界對我倍加關切，使我感到友情的溫暖，極大的鼓勵。你和你的朋友的熱情款待照顧更令人難忘。但願有一日我們能重在舊金山或上海歡聚！請代問各位朋友好。還有鹽水鴨的滋味確是難能可貴。都代道謝吧！春節快樂！一切順利！

道臨 1989年1月27日 上海

　　關於我的劇本計劃，孫先生托的編輯有無回復，不記得了。信中有幾個字頗難辨認，只能存疑。我甚至上網去查，也無結果。孫先生也是性情中人，居然大贊我在舊金山帶他去吃的鹽水鴨的滋味。我是"本地人"，所以哪家館子有什麼好菜，當然一清二楚。

　　孫道臨是中國男演員中最出眾的，演技一流，英語流利，又是那麼親切友善，平易近人，虛懷若谷。他來美國演出，完全沒什麼特殊，而且生活應該說很拮据。所以我幾次請他吃飯，又不能刻意表現出來，只能小心從事。因為在美國演戲，人家發給你工資，你吃住都得自己解決。那時候還都想帶點美金回去買"大件"，就更加入不敷出。

　　中國浙江省嘉善縣，也就是他的故鄉，2003年就立項，建立"孫道臨電影藝術館"，這是中國第一間以一位演員的名義建立的電影藝術館。2007年正式建成。館內有300多幅歷史性的照片，有12部影視資料，還有19尊惟妙惟肖的電影場景蠟像。孫道臨也正在該年12月28日去世。他是心臟病突發，於上海華東醫院去世，享年86歲。他墓地的銅像也在宋慶齡陵園揭幕，這是中國演員中的最高榮譽了。

　　他來信中，曾送我一張他扮演忽必烈汗的照片，真是精彩，照片中，他穿一件看上去非常高貴的黃色龍袍，閃閃發光，戴頂帽子，留著長鬍鬚，頗有皇帝的威嚴。不過龍袍上的龍是藍頭紅嘴，倒也很好看。美國人能設計出這襲龍袍，也很不簡單了。照片背面有他的題詞，"孫道臨 1988年10月 於 ACT 後台走廊"。又找到一張照片，是他和我請來的中央美院副院長侯一民、雕塑家史超雄等一起吃飯，在餐廳裡的合影。我請美院侯一民、錢紹武、史超雄三人，是為北加州萬佛城宣化上人籌劃建大雄寶殿。我和宣化上人是好朋友，所以對他的事，盡心盡力。侯一民是油畫家，他也是中國鈔票的設計者。這些大藝術家彼此交流，談得很高興。

　　江澤民曾對孫道臨有過評價，八個字，"孜孜不倦　光彩照人"。雖然人們對江有不同看法，但我覺得，他對孫道臨的評價，還蠻中肯。

電影人黃蜀芹評論說，"孫道臨是一位有名望的演員，雖然我們來往不是很多，但他是我們的前輩。他的離世還是讓大家惋惜。"他的追悼活動多姿多彩。有孫道臨經典電影回顧展，《藝術人生》節目錄制的特別節目。"夢游天姥吟留別——孫道臨音樂詩歌朗誦會"在北京中山公園音樂堂舉行。紀念孫道臨的另一場詩歌朗誦會在上海影城舉行。並有《孫道臨傳》發售。也算是極盡死後榮哀了。

高魯冀寫於2018年10月26日
於美國加州核桃溪樂詩畝寓所

鄒森先生與我的短暫情緣

鄒森先生是台灣影視歌三棲紅星。他與女藝人夏台鳳曾經是夫妻，後離婚。大約1985年他們聯袂到舊金山演出，我曾採訪過他，和他見過幾次面，初次見面是陳立鷗先生介紹認識的。陳先生是舊金山州立大學中文系主任，他父親是中國末代皇帝溥儀的老師陳寶琛，他岳母是林則徐的孫女（大概如此）。

那時，剛好有四位中國畫家在舊金山中華文化中心展出，我參加了記者會，並獲贈一本展覽目錄畫冊，我分別請四位畫家簽了名。記得有吳冠中先生，版畫家顏函先生等。我與鄒森談得高興，竟把那本畫冊送給了他。記得鄒森好像提及，他收藏了某些歐洲畫家的版畫作品。

鄒森曾回我一張賀卡，上書"魯冀兄如握，好想念您，那聲音，那熱忱，還有許多沒有說完的話。收到您的賀卡，是我感到最興奮的一張，因為它來自我最想念的人。誠摯地致上我們的祝福。鄒森敬賀1985。"

這麼簡單幾個字，把他的情感完全表達。他是藝術家，對人與事都很敏感。他又是歌手，對聲音也非常有素養。而我的聲音還是不錯的，尤其講一口完美的京片子。

鄒森和夏台鳳婚後，曾育有一子鄒少懷，不幸，其子四十歲就去世了。鄒森後與夏台鳳離婚，並在美國洛杉磯生活。他成立了萬年青合唱團，團員年齡為60-90歲。他在洛杉磯一定生活得很愉快，因為能有一個萬年青合唱團成為他的寄託，使他能發揮自己的專長，而又自娛娛人。

他住在美國，與在台灣天差地別，首先，台灣那時尚未開放去大陸探親訪友。但從美國去，絕無問題，所以他不但多次進出大陸，而且訪問了他思慕已久的大藝術家謝冰心、劉海粟、王洛賓。這三位都是國寶級的藝術家，以他熱情的性格，一定與他們成為好友。

　　他人在洛杉磯，離舊金山並不遠，但我們從此再無交集。不然，以我們共同的爽直個性，一定能成為相互交流，彼此敬重的好朋友。

高魯冀寫於2019年4月6日
於美國舊金山灣區核桃溪樂詩畝寓所

氣功大師嚴新

嚴新先生是位醫師，也是一位氣功師。他1950年出生，在四川綿陽衛校畢業後，當了一名赤腳醫生。1974年於成都中醫學院醫學系畢業，成了一名醫生和氣功師。1985年《氣功與科學》雜誌報導了他。他與中科院與清華大學合作，進行氣功在物理、化學中的應用的研究。1990年代，他在美國、加拿大進行了一系列氣功生命科學的研究。

那時候，對氣功吹捧到極點，因為中央首長有人對此深信不疑。據說，氣功可攔截飛彈，可撲滅山火。氣功師都稱自己有特異功能。這些大師中有嚴新，胡萬材，張香玉，張寶勝等人。張寶勝竟把魔術表演也稱之為氣功科學。張還是中南海的座上客。

1987年，黑龍江省大興安嶺發生森林火災，嚴新自稱大火是他發功滅掉的。科學家何祚麻先生寫文章揭露嚴大師早不滅，晚不滅，大火快把森林燒光了才發力滅火。何院士是物理學家，科研之外，致力於揭露偽科學揭露和"大師"們的騙術。

大興安嶺森林大火時，瀋陽軍區司令部辦公室給嚴新寫信，說"你對氣功滅火很有研究，能否給予支持？"嚴新把自己封閉在離火場2,000公里外的一座小洋樓裡發功，並預測，三天後火勢會緩解。幾天後，在消防官兵的奮力撲救下，大火全被撲滅。嚴新居然說是他的功勞。

1990年，嚴新到舊金山灣區講氣功，我在台下聽，身子不由自主地搖了起來。後來，我為恩師曹仲英先生請嚴新到他的畫廊，他還租了加長禮車和我一起去接嚴新。在畫廊，嚴新給很多人都題了字。給我的題字是"麟筆"。他說，"你會寫文章，你有一枝麟筆"。他在題字上還寫了"魯冀先生正之 庚午夏 嚴新"。

我一位老友，美院雕塑系教授劉小岑，給我畫了許多大幅國畫。

一幅荷花翠鳥，嚴新在上面題了字，上書"清風"並題"魯冀委託老友小芩畫荷花翠鳥贈送姨父母大人。庚午訪美題 嚴新。"

　　大陸在文革時期有很多怪象，像給人打雞血，據說可以增進健康和治病。但雞血熱很快停止了，因為出了事。又比如氣功，曾經被吹捧上了天。那是因為有權勢人物的支持。那時，中央首長們很多都有氣功保健師，嚴新也在其列。但很快，這一切都消失了。一些所謂大師，還被投入監獄。嚴新跑得快，到了美國。我曾問過他，還回國嗎？他說，國內的環境，他不適宜回去。他在美國教人氣功，給人醫病，還有人相信他，他生活不成問題。

　　2008年，中國申辦奧運會，我看到在美國華僑支持中國申奧的集會中，居然有"中國留學生，訪問學者嚴新氣功團支持申奧"的標語。嚴新當然不願與中共當局關係搞僵。但他在留學生中是否有影響力，誰也不知道。

　　但自此以後，他就消聲滅跡，再也沒有出現過。美國是自由國家，允許合法宗教生存並傳播。氣功據說有邪靈作祟，但也沒有證據。所以，嚴新低調地在美國生存，應該沒有問題。

高魯冀寫於2019年4月1日
於美國加州舊金山灣區核桃溪樂詩畝寓所

附：

李東致作者函

　　拜讀了二百多頁的回憶錄。敘事與評論相結合，又像散文。因為是同齡人，有些事又是一同經歷過，所以看著很親切，引起許多回憶。士別三日，當刮目相看，讀後讓我對你有了更多了解。你的確是一個有大能量的人，小人物幹出了大事情。首先我認為你是個全面發展的人。在學校，我只會讀書，其他的都不行，五音不全，美術一竅不通。你在學校軍樂隊吹長號，歌也唱得不錯。你是要考建築系的，畫得自然好，體育方面游泳水平高，還學過拳擊。我羨慕多才多藝的人。我佩服你的領導才能和組織能力，你在清華搞雕塑，也只是一個剛畢業的毛頭小夥，竟能突發奇想，並付諸實施，乃至成為引領潮流的大事件。雕塑是綜合性工程，涉及設計造型材料工藝等，還要和各色人等打交道。你有大將之風，有條不紊，調動各方面人才出色完成任務，讓我敬佩不已。我贊賞你的正義感。在你下鄉幫助插隊女青年和江南事件中都能體現。江南是有缺點的人，但罪不該死。你為了搞清他被害真相，冒著生命危險，周旋於竹聯幫、聯邦調查局、使館、媒體與僑民社團之間，終於揭露真相，完成了轟動一時的大事。

　　我欽佩你鍥而不捨，不成功決不罷休的精神。你幹了許多事，有些很難做成，你都做到了做好了。比如調人記，我最喜歡這篇，一口氣看完。小說也不會如此精彩。在文革那麼亂的環境下你硬著頭皮，一關一關地闖，生生把不可能辦成的事辦成了。你的這種精神貫穿在你一生的事業中，只做事不居功不戀權。我羨慕你與眾多名人交往有貴人相助的經歷，這些如雷貫耳的大家，我只能在他們的作品和新聞中相識，而你常常近距離交往。近朱者赤，他們的造詣和藝術修養一定給你很多啟發。

　　我吃驚於你的坦率和實事求是的自黑勇氣，你寫自己五關斬六將，但也不避諱敗走麥城。如你被騙得窮途末路，受人鼓動，寫入黨申請，分明動機不純，可以不寫的，但你還是寫了，足見你的坦誠。

再如你對餐廳老闆持刀相向，怒扇守門人耳光的舉動，我是絕對做不出的。但那就是真實的你，一個有優點也有缺點，有脾氣也有性格，讓人忍俊不禁的活生生的你。

我感嘆你做人有底線，講真話的品格。你愛中國，也常向使領館報告情況，配合使領館工作，但不隱瞞自己的觀點。如對國內新聞人的看法。六四時你寫的文章和官方觀點相左，還去參加六四紀念活動。做這些要除私心雜念，也要有勇氣。大陸不出版你的回憶錄也是順理成章的事了。

我驚嘆你的才華與能力，雕塑、新聞、教書、收藏、牧師，各種不同的行當，一輩子幹好一種就不容易，而你得心應手地轉換，樂此不疲，而且都有不俗的成績。當然你必然付出了艱辛的努力才能夠做到。特別是年屆六十，依然潛心神學，終獲成功，這是你應得的。

高魯冀，高魯冀，實在是高！

李東